高职高专"十二五"规划教材

药学系列

药品生产过程验证

夏晓静　黄家利　主编

化学工业出版社

·北京·

本书依据药品生产企业进行药品制剂生产验证和确认的工作过程，选取了以验证总计划的制定、厂房和设施验证、设备验证、清洁验证、灭菌工艺验证、制剂生产工艺验证、药物质量分析方法的验证七个典型工作任务为主要内容，设计源于企业工作一线的具体工作项目，参照《药品生产质量管理规范（2010年修订）》和行业标准，项目化方式编排教学内容，培养学生具备典型制剂生产过程验证的基本知识和技能，树立药品质量保证体系的质量观。

　　本书适用于高职高专药物制剂技术专业和药学等相关专业的师生阅读，也可供从事制剂车间生产操作及管理的人员参考。

图书在版编目（CIP）数据

药品生产过程验证/夏晓静，黄家利主编．—北京：化学工业出版社，2015.3（2023.1重印）
高职高专"十二五"规划教材
ISBN 978-7-122-23044-7

Ⅰ.①药⋯ Ⅱ.①夏⋯②黄⋯ Ⅲ.①制药工业-质量管理体系-验证 Ⅳ.①F407.763

中国版本图书馆CIP数据核字（2015）第031296号

责任编辑：梁静丽　迟　蕾　　　　　装帧设计：关　飞
责任校对：王素芹

出版发行：化学工业出版社（北京市东城区青年湖南街13号　邮政编码100011）
印　　装：三河市延风印装有限公司
787mm×1092mm　1/16　印张11¼　字数256千字　2023年1月北京第1版第6次印刷

购书咨询：010-64518888　　　　　售后服务：010-64518899
网　　址：http://www.cip.com.cn
凡购买本书，如有缺损质量问题，本社销售中心负责调换。

定　　价：25.00元　　　　　　　　　　　　　　　　　版权所有　违者必究

《药品生产过程验证》编写人员名单

主　编　夏晓静　黄家利
副主编　胡　英　钦富华
编　者　（以汉语拼音为序）
　　　　胡　英（浙江医药高等专科学校）
　　　　黄家利（中国药科大学高等职业技术学院）
　　　　计竹娃（浙江医药高等专科学校）
　　　　刘晓鸣（浙江华海药业股份有限公司）
　　　　钦富华（浙江医药高等专科学校）
　　　　王　鸿（浙江医学高等专科学校）
　　　　夏晓静（浙江医药高等专科学校）

前言

药品生产过程验证是药品生产及质量管理中一个全方位的质量活动,是实施药品生产质量管理规范(GMP)的基础。通过企业调研和行业专家咨询,制剂车间的操作人员应具备一定的生产验证与确认方面的知识,专业的教学中缺乏该部分知识和相关技能的环节。顺应药物制剂工业发展和行业标准的提高,药品生产过程验证课程成为药物制剂技术专业重要核心课程之一。GMP(2010修订版)自2011年3月1日实施以来,验证和确认是制剂生产车间GMP检查的重中之重,对制剂生产影响面较广。本书拟从高职高专教育出发,参照GMP(2010修订版)标准,按药物制剂技术专业学生就业首岗——药品的生产及质量控制所需知识和技能进行分解,以培养学生具备典型药品生产验证的基本知识和技能为编写目标。

本书在内容编排上以任务为框架,基于药物制剂生产验证和确认的工作过程,选取了验证总计划的制定、厂房和设施验证、设备验证、清洁验证、灭菌工艺验证、制剂生产工艺验证、药物质量分析方法的验证七个典型工作任务为主要内容,每个任务下按不同工作情境再细分为十六个具体项目并明确学习目标。依照"理论够用,突出实践"的原则,确立了工作项目的要点、方法为必备知识,工作背景和工作内容的延伸为拓展知识,并设立了可操作性的实践内容,便于学生在做中学,学中做。

本教材在编写中力求体现如下特色。

1. 反映我国药物制剂生产验证的总体情况,严格按照GMP(2010修订版)要求,适当介绍国际上较为先进的验证设计理念。

2. 根据工作过程选取了七个典型工作任务为教材内容,涵盖了制剂生产企业生产过程中与验证相关的制定验证计划、厂房设施验证、设备验证、清洁验证、灭菌工艺验证、制剂生产工艺验证和药物质量分析方法验证七个方面的内容。

3. 任务下按照不同情境分解为十六个工作项目。项目内首先对验证对象进行阐述,再引入标准要求,达到标准采取的措施,最后证明能始终如一地达到标准。

本教材适合于高职高专药物制剂、药学等相关专业的教学使用,也可供从事制剂车间生产操作及管理的人员参考用书。由于编写时间仓促,又限于编者经验有限,书中难免有疏漏和不妥之处,敬请广大师生在使用过程中提出宝贵意见,以便进一步修改,谢谢!

编者

2014年12月

目 录

任务一 验证总计划的制定 /1

项目一 认识验证 …………………… 1
 必备知识 …………………………… 1
 一、验证的起源 ……………………… 1
 二、验证的定义与意义 ……………… 2
 三、验证的目的 ……………………… 3
 四、验证的常用术语 ………………… 4
 五、验证的分类 ……………………… 4
 拓展知识 …………………………… 10
 一、验证在医药工业上的发展进程 …… 10
 二、验证合格标准制定的基本原则 …… 10

项目二 制定验证计划 ……………… 11
 必备知识 …………………………… 11
 一、建立验证组织 …………………… 11
 二、验证的基本程序 ………………… 12
 三、验证的文件管理 ………………… 14
 拓展知识 验证工作相关机构及职责 …… 16
 实践内容 验证总计划的制定 ……… 17

任务二 厂房和设施验证 /18

项目三 空气净化系统的验证 ……… 18
 必备知识 …………………………… 18
 一、空气净化系统的介绍 …………… 18
 二、HVAC 系统的安装、运行与性能
  确认 …………………………… 22
 三、高效过滤器（HEPA）检漏 ……… 28
 四、洁净度级别验证 ………………… 29
 拓展知识 …………………………… 36
 一、环境消毒效果的验证 …………… 36
 二、洁净室环境验证的周期 ………… 39
 实践内容 空气净化系统的再验证 … 40

项目四 制药用水系统的验证 ……… 44
 必备知识 …………………………… 44
 一、制药用水标准 …………………… 45
 二、制药用水的制备 ………………… 47
 三、制药用水系统的安装、运行与性能
  确认 …………………………… 53
 四、制水系统验证的合格标准 ……… 56
 拓展知识 …………………………… 57
 一、制水系统的消毒与灭菌 ………… 57
 二、制水系统验证周期 ……………… 59
 实践内容 纯化水系统的验证 ……… 59

项目五 过滤系统的验证 …………… 61
 必备知识 …………………………… 61
 一、微孔滤膜的简介 ………………… 62
 二、除菌过滤器 ……………………… 63
 三、过滤系统的验证 ………………… 63
 拓展知识 …………………………… 67
 一、气体除菌过滤器的完整性确认 …… 67
 二、除菌过滤器结构灭菌的验证 …… 68

实践内容　过滤系统验证 …………… 68

任务三　设备确认 /74

项目六　制剂设备的确认 ………… 74
　　必备知识 ……………………………… 74
　　一、设备的终生管理 ………………… 75
　　二、设备的选型 ……………………… 75
　　三、设备验证 ………………………… 76
　　拓展知识　关于 FAT 和 SAT ……… 80
　　实践内容　总混设备确认 ………… 81

任务四　清洁验证 /84

项目七　清洁方法与清洁程序 …… 84
　　必备知识 ……………………………… 84
　　一、清洁的定义与重要性 …………… 84
　　二、清洁方法 ………………………… 85
　　三、清洁程序 ………………………… 86
　　拓展知识　清洁剂的选择原则 …… 88
项目八　清洁验证 ………………… 89
　　必备知识 ……………………………… 89
　　一、清洁验证方案的合格标准 ……… 89
　　二、取样与取样方法的验证 ………… 92
　　三、制定清洁验证方案 ……………… 94
　　四、清洁验证方案的实施与再验证 … 95
　　拓展知识 ……………………………… 96
　　一、残留物成分不稳定时限度标准的
　　　　制定 ……………………………… 96
　　二、清洁验证的范围和开发 ………… 97
　　三、清洁规程的再验证 ……………… 98
　　实践内容　槽形混合机的清洁验证 … 98

任务五　灭菌工艺验证 /100

项目九　灭菌与无菌保证 ………… 100
　　必备知识 ……………………………… 100
　　一、灭菌方法的选择 ………………… 101
　　二、热力灭菌的有关参数 …………… 102
　　三、生物指示剂 ……………………… 106
　　四、无菌保证 ………………………… 107
项目十　湿热灭菌工艺的验证 …… 110
　　必备知识 ……………………………… 110
　　一、湿热灭菌设备的确认 …………… 110
　　二、湿热灭菌工艺验证 ……………… 110
　　拓展知识　湿热灭菌工艺程序的开发 … 113
项目十一　干热灭菌工艺的验证 … 114
　　必备知识 ……………………………… 114
　　一、干热灭菌设备 …………………… 115
　　二、干热灭菌的确认与验证 ………… 116
　　拓展知识 ……………………………… 117
　　一、环氧乙烷灭菌介绍 ……………… 117
　　二、环氧乙烷灭菌程序及设备 ……… 118
　　三、环氧乙烷灭菌装置的性能确认 … 119
　　实践内容　湿热灭菌工艺验证 …… 121

任务六　制剂生产工艺验证 /125

项目十二　片剂生产工艺验证 …… 125
　　必备知识 ……………………………… 125
　　一、片剂的生产工艺 ………………… 126
　　二、工艺验证的阶段及一般步骤 …… 128
　　三、湿法制粒压片工艺验证 ………… 132
　　拓展知识　物料的质量监控 ……… 135
　　实践内容　制粒工序工艺验证 …… 136
**项目十三　小容量注射剂生产过程
　　　　　　验证** ……………………… 137
　　必备知识 ……………………………… 138

一、生产过程管理要点 …………… 138
二、工艺流程 …………………… 138
三、生产环境验证 ………………… 138
四、药液过滤系统验证项目与标准 …… 140
五、关键设备验证 ………………… 142
拓展知识 ………………………… 144
一、小容量注射剂产品验证 ………… 144
二、小容量注射剂清洁验证 ………… 145

**项目十四　大容量注射剂生产过程
　　　　　验证** ……………………… 146
必备知识 ………………………… 146
一、生产管理和质量控制 …………… 146
二、生产过程验证工作要点 ………… 148

三、关键设备验证 ………………… 149
拓展知识 ………………………… 151
一、大容量注射剂的产品验证 ……… 151
二、大容量注射剂的在线清洁与在线
　　灭菌验证 …………………… 152
三、大容量注射剂在线清洁验证方案
　　示例 ………………………… 154

项目十五　粉针剂生产过程验证 …… 155
必备知识 ………………………… 156
一、冻干设备的确认 ……………… 156
二、冻干工艺验证 ………………… 159
拓展知识　冻干机的在线清洁—灭菌
　　　　　验证 …………………… 160

任务七　药物质量分析方法的验证/162

项目十六　检验方法的验证 ………… 162
必备知识 ………………………… 162
一、检验方法验证的意义 …………… 163
二、方法验证的前提条件 …………… 164

三、检验方法验证的内容 …………… 164
拓展知识　检验方法验证过程 ……… 167
实践内容　检验方法的验证方案制定 …… 168

参考文献/169

任务一 验证总计划的制定

项目一 认识验证

学习目标

【知识目标】
1. 掌握验证的常用术语。
2. 熟悉验证的分类和目的。
3. 了解验证的起源及意义。

【技能目标】
能说出各种常用术语的定义。

必备知识

药品可用于预防、治疗、诊断人的疾病，有目的地调节人的生理机能，并规定有适应证或者功能主治、用法和用量。药品质量的好坏，直接关系公众的生命安全和身体健康，而其生产过程涉及人员、厂房、设施、设备、工艺、质量管理等很多环节，任何一个环节的疏忽都会影响药品质量。药品生产质量管理规范（good manufacturing practice，GMP）是对药品生产全过程进行标准化管理的法定技术规范，是防止药品生产全过程发生交叉污染、确保药品质量的有效手段。

一、验证的起源

与一切法定技术规范的发展一样，验证的理论遵循"形成、发展和不断完善"的规则。验证是美国FDA对污染输液所致触目惊心的药难事件进行调查后采取的重要举措。20世纪50年代至60年代，输液由于受到污染，导致了各种败血症病例的发生。1971年3月第一周内，美国7个州的8所医院发生了150起败血症病例；一周后，败血症病例激增至350起；

1971年3月27日止，总数达到405起病例，污染菌为欧文菌（*Erwimz spp*）或阴沟肠杆菌（*Enter-obactercloacae*）。1972年，英国德旺波特（Devonport）医院临床出现污染的葡萄糖输液导致6起败血症死亡病例。1976年，据美国会计总局（General Accounting Office）的统计：1965年7月1日至1975年11月10日期间，从市场撤回大容量注射剂（large volume parenteral，LVP）产品的事件超过600起，410名病人受到伤害，54人死亡。

对于频频出现的败血症案例，FDA成立由政府药品监管官员、微生物专家及工程师等多学科专家组成的特别工作组，对美国输液生产厂着手进行全面的调查，调查的内容涉及大、小容量注射剂生产及质量控制的全过程，涵盖了厂房设施与设备、人员、物料、生产工艺、质量控制等方面。调查结果表明，企业按规定对败血症案例相关批进行了无菌检查，且并没有违反药事法规的条款将无菌检查不合格的批号投放市场，出现败血症的原因在于无菌检查本身的局限性、设备或系统设计建造的缺陷以及生产过程中的各种偏差及问题。FDA从调查的事实清楚地看出，输液产品的污染与各种因素有关，如厂房、空调净化系统、水系统、生产设备、工艺等，关键在工艺过程。例如，调查中FDA发现安装在灭菌柜上部的压力表及温度显示仪并不能反映出灭菌柜不同部位被灭菌产品的实际温度；产品密封的完好性存在缺陷，以致已灭菌的产品在冷却阶段被再次污染，管理不善，已灭菌及待灭菌的产品发生了混淆，操作人员缺乏必要的培训等。企业在投入生产运行时，没有建立明确的控制生产全过程的运行标准，在实际生产运行中缺乏必要的监控，以致生产全过程运行状态出现了危及产品质量的偏差而企业并没觉察，生产过程出现"过程失控"。从质量管理是系统工程的观念出发，FDA当时认为有必要制订一个新的文件，以"通过验证确立控制生产过程的运行标准，通过对已验证状态的监控，控制整个工艺过程，确保质量"为指导思想，强化生产的全过程控制，进一步规范企业的生产及质量管理。1976年6月1日发布的《大容量注射剂GMP规程（草案）》，它首次将验证以文件的形式载入GMP史册。证明、验证是一个系统工程，是制药企业将GMP原则解释具体地运用到生产过程中的重要科学手段和必由之路，是制药企业是否真正实施GMP的镜子，未经验证的GMP的实施带有盲目性，缺乏依据。验证使GMP的实施水平跃上了一个新的台阶。

二、验证的定义与意义

世界卫生组织（World Health Organization，WHO）对验证的定义为：证明任何程序、加工、设备、物料、活动或系统确实能达到预期结果的有文件证明的一系列活动。在我国2010版GMP第七章《确认与验证》针对不同对象所进行的该项活动进行了区分：确认是证明厂房、设施、设备能正确运行并可达到预期结果的有文件证明的一系列活动；验证是证明任何操作规程（或方法）、生产工艺或系统能够达到预期结果的有文件证明的一系列活动。广义的验证包含了上述两方面的概念。验证的关键是确定哪些变量是重要的变量，以及变量的合格范围，进而对这些变量如何进行连续控制。只有这样，才能保证药品质量在"已验证的"生产工艺过程中形成。具体地说，验证是一个证实或确认设计的过程，是一个确立文件的过程；也是一个提前发现问题的过程。

我国2010版GMP第七章《确认与验证》从第一百三十八条至第一百四十九条，从与药品生产相关的各个方面对验证进行了翔实的描述，明确了验证是一个涉及药品生产全过程的质量活动，强调了验证工作是质量保证的基础工作和常规工作，是质量管理部门的一项常规管理工作。

验证是制药企业正确、有效实施 GMP 的基础，其意义在于：①经过验证的工艺为产品的质量提供了可靠的保证；②验证活动能减少产品报废、返工和复检的次数，并使用户投诉以及从市场撤回产品的事例大为减少，会消耗掉一切可以利用资源的黑洞，是一项有价值的商业行为，亦即可以为企业创造效益；③符合药品监管法律法规要求，易于通过药品管理部门的检查，因为"验证是质量保证的一种手段，质量保证靠它来实现对GMP 的承诺"。

三、验证的目的

根据验证的定义，可以把过程验证的目的概括为：保证药品生产过程处在严格的受控状态，生产过程和质量管理以正确的方式进行，并证明这一生产过程是准确和可靠的，且具有重现性，能保证最后得到符合质量标准的药品，为 GMP 总的目的服务。

1. 新药开发过程验证

新药开发阶段需要验证的内容有：新产品的规格和起始原料、工艺条件、成品质量要求，起始原料以及成品的鉴定、纯度、药效、均一性等的分析方法等。这些验证可以为新药报批提供一份可靠的申报资料，为药品正式生产提供确认的工艺标准、确认工艺的重现性和可靠性以及确认在什么样的工艺控制条件下可以达到什么样的结果，为药品生产工艺验证提供基础条件。

2. 药品生产过程验证

药品生产过程验证是在完成厂房、设备的验证后，对生产线所在生产环境及装备的局部或整体功能、质量控制方法及工艺条件的验证，目的是确认工艺的重现性和可靠性。生产过程验证包括所用设备和仪器的操作参数，能保证设备、仪器适用于生产指定质量的产品，保证工艺的安全与效率。

药品生产过程验证的内容包括：①空气净化系统；②工艺用水系统；③生产工艺及其变更；④设备清洗；⑤主要原辅材料变更；⑥对于无菌药品，还应增加灭菌设备、药液过滤及灌封（分装）系统。

3. 药品检验过程验证

药品检验过程验证的对象包括检验方法和实验室标准操作程序（standard operation procedure，SOP）。检验方法验证包含了大型精密仪器的确认、检验方法适用性验证等内容，目的是确认检验方法的可靠性与重现性。实验室 SOP 验证包含了实验室中所有与实验研究有关的活动，其主要内容包括样品接收、登记、保管、试剂配制、仪器保养与校正、分析测定、质量保证与质量控制、数据复审、结果报告等的详细叙述。

总之，验证是企业制定标准及达标运行的基础。企业的运行必须以质量保证体系为手段，有明确的"标准"，而"标准"的确立又必须以生产过程验证的结果为基础。企业员工在实施 GMP 时，必须按标准对各种过程进行控制，实现过程确实受控的目标。

四、验证的常用术语

1. 工艺验证（process validation，PV）

工艺验证是一个有文件和记录的方案，它能使一项专门的工艺过程确实始终如一地生产出符合预定规格及质量标准的产品。工艺验证以工艺的可靠性和重现性为目标，证明此工艺是在做规定所要做的，工艺处于控制之下，体现可靠性。通过工艺验证决定此工艺的变量和这些变量的合格条件，并建立相宜的中间控制，实现重现性。

2. 设计确认（预确认，design qualification，DQ）

设计确认通常指对项目设计方案的预审查，包括平面布局、水系统、净化空调系统、待订购设备对生产工艺适用性的审查及对供应厂商的选定等。设计确认被认为是项目及验证的关键要素，因为设计的失误往往会造成项目的先天性缺陷。

3. 安装确认（installation qualification，IQ）

安装确认主要指机器设备安装后进行的各种系统检查及技术资料的文件化工作，确认生产设备及辅助系统能够在规定的限度和偏差范围内稳定操作。

4. 运行确认（operational qualification，OQ）

运行确认是为证明设备达到设计要求而进行的运行试验及文件化工作。

5. 性能确认（performance qualification，PQ）

性能确认是为证明设备或系统达到设计性能的试验，通常是指模拟生产试验。

6. 产品验证（product validation）

产品验证是在生产过程（工序）验证合格基础上，进行全过程的投料验证，以证明产品符合预定的质量标准。

7. 挑战性试验（challenge test）

挑战性试验亦称为苛刻条件试验，旨在确认某一个工艺过程或一个系统的某一组件（如一个设备、一个设施）在设定的苛刻条件下能否达到预定的质量要求的试验。其目的是参数处在可能出现的最差条件时，产品质量是否会受到影响。

8. 最差状况（worst status，worst Case）

最差状况系指导致工艺产品失败的几率比正常运行工艺条件高得多的工艺条件或状态。在常规运行中可能发生，这些条件不是必然会导致产品或加工操作失败。

五、验证的分类

为了研究和认证方便，验证一般按验证方式或按验证对象进行分类。根据验证对象可分为设备验证、公用工程系统验证、工艺验证、检验方法验证、清洗验证、计算机验证等。设备验证即所有单台设备或配套的系统的验证。公用工程系统验证，涉及厂房、空调净化系统、水系统（包括饮用水、纯水、注射用水等）。工艺验证即从原料投入至成品包装整个过程的验证。检验方法验证包括准确度、精密度、重复性、中间精密度、专属性、检测限、定量限、线性、范围、耐用性等。

按验证方式可分为前验证、同步验证、回顾性验证、再验证。

1. 前验证（prospective validation）

前验证（也称为预验证）一般是在新产品、新设备以及新的生产工艺正式投入生产前，按照设定的验证方案进行的验证。前验证强调的是前期行为，描述的是一切从零开始的验证，目的是考察并确认设备、工艺的重现性及可靠性，杜绝先天性缺陷。

（1）前验证的适用范围　前验证适用于以下情况。

① 新产品、新处方、新工艺、新设备在正式投入生产前。

② 有特殊质量要求的产品。

③ 靠生产控制及成品检验，不足以确保重现性的工艺或过程。

④ 价值较高的产品生产工艺。

⑤ 产品的重要生产工艺或过程。

⑥ 历史资料不足，难以进行回顾性验证的工艺或过程。

如最终灭菌产品生产中所采用的湿热灭菌工艺、干热灭菌工艺以及除菌过滤工艺，无菌操作产品生产中采用的灌装系统在线灭菌程序。产品的重要生产工序也需要前验证，表1-1列举了不同制剂关键工序的质量特性，前验证时可根据这些质量特性制定相关的验证方案。

表 1-1　不同制剂关键工序的质量特性

剂型＼质量特性	无菌性	限菌性	含量均一性	溶出性
最终灭菌制剂	灭菌	—	配制、灌装	—
无菌操作制剂	除菌过滤、无菌灌装、冷冻干燥	—	除菌过滤、无菌灌装、冷冻干燥	—
固体制剂	—	生产过程	混合、制粒、压片、包装	制粒、压片
液体制剂	—	生产过程	配制、灌装	—
软膏剂、栓剂	—	生产过程	配制、灌装	—

前验证是生产过程中极为必要的程序。前验证是无菌产品生产中灭菌工艺安全生产的先决条件，也是新产品、新设备及新生产工艺投入生产的必要条件。前验证的成功是实现新工艺从研究和开发部门向生产部门转移的必要条件。

（2）前验证实施条件　验证的目标是确定工艺的重现性、可靠性，而不是优选工艺条件，更不是优选处方。在验证前必须有比较充分的完整的新产品和新工艺的开发资料。从现有的资料审查中应确信以下几点。

① 处方的设计、筛选及优选已完成。

② 中试生产已经完成，关键的工艺及工艺变量已经确定，相应参数的控制限已经摸清。

③ 已有产品及生产工艺方面的详细技术资料，包括有文字记载的产品稳定性考查资料。

④ 至少完成了一个批号的试生产，从中试放大至试生产没有出现过明显的"数据飘移"现象。

⑤ 生产和管理人员验证前进行必要的培训。

(3) 前验证的工作流程　前验证一般包括：设计确认、安装确认、运行确认、性能确认和试生产的产品验证。

① 设计确认（也称为预确认）　广义的预确认就是项目的计划编制，比如选择厂址、选择设计、机构与人员、项目范围、编制验证大纲、能力计算、流通路径、房间布置，设备、环境控制系统平面布置、辅助房间等。设备的预确认主要内容是对待订购设备技术指标适用性的审查以及对供应商的优选。

② 安装确认　安装确认主要工作内容包括进行各种检查，以确认厂房设施和设备符合供应厂商的标准、GMP 及本企业的技术要求；将供应厂商的技术资料归档进行管理；收集制订有关管理软件。具体工作内容如下。

a. 检查登记机器设备生产厂商名称、设备名称、型号、生产厂商的编号及生产日期，公司内部的设备登记号。

b. 收集、汇编供货厂商规定的机器设备的要求。

c. 收集、汇编供货厂商的生产规格标准。

d. 检查并记录所验收的机器设备是否符合厂方规定的规格标准。

e. 检查并确保有该机器设备的使用说明书。

f. 检查安装是否恰当。

g. 制订维修保养规程及建立维修日记。

h. 制订清洗规程。

i. 明确机器设备技术资料（图、手册、备件清单、各种指南及该机器设备有关的其他文件）的专职管理人员。

③ 运行确认　运行确认的目标是确定机器设备的运行是否确实符合设定的标准，即单机试车及系统试车是否达到预期的技术要求。安装确认与运行确认的通过是验收设备的先决条件，安装确认与运行确认一般可以由设备供应商与使用单位共同完成。

在开展运行确认工作时应注意以下各点。

a. 检查各种计量器具是否已按规定进行检定/校准及是否在校验有效期限内。

b. 检查功能测试是否符合标准。

c. 起草相关操作规程，运行确认的后期由有关人员批准这类草案，使其成为正式规程。

d. 进行人员培训，人员培训可以由设备供应商与本企业相关部门共同完成。

④ 性能确认　性能确认有两种主要类型，即 a. 系统试车类：就辅助系统而言，经过安装确认、运行确认后，再进行系统试车，是辅助系统验证的终点。如工业蒸汽、冷冻站、压缩空气系统，它们的性能确认即是系统试车，没有模拟生产可言。b. 模拟生产类：就生产设备而言，性能确认系指通过系统联动试车的方法，考察工艺设备运行的可靠性、主要运行参数的稳定性和运行结果重现性的一系列活动，即为模拟生产。

在进行性能确认中应注意以下几点：a. 监测仪器必须按国家技术监督部门规定的标准进行校验，并有校验证书；b. 制订详细的取样计划、试验方法和试验周期，并分发到有关部门或试验室；c. 性能确认时至少应草拟好有关的 SOP 和 BPR（batch production record，批生产记录）草案，按照草案的要求操作设备、观察、调试、取样并记录运行参数。

⑤ 产品验证　产品验证（PV）是在特定监控条件下的试生产，在试生产期间，为了在正式投入常规生产时能有把握地控制生产工艺，往往需要抽取较多的样品，包括半成品，并对试生产获得的产品进行必要的稳定性考察试验。一个产品在经过 3 次逐次的、有效的、全批号的验收后可认为验证完毕。

⑥ 验证报告　上述工作完成后，应以一个简要的技术报告的形式来汇总验证的结果，并根据验证的最终结果作出结论，以备以后的验证管理或供新的技改项目参考。在准备验证报告时，应当按照验证方案的内容认真加以核对和审查。

a. 检查主要的验证试验是否按方案计划完成。

b. 检查验证方案在实施过程中有无修改，修改的理由是否明确并有批准手续。

c. 重要试验结果的记录是否完整。

d. 验证结果是否符合设定的标准，对偏离标准的结果是否做过调查，是否有适当解释并获得批准。

⑦ 批准验证报告　验证报告必须由验证方案的会签人加以评估和批准。在批准之前应按要求进行审查，然后出具合格证明。

一个完整的（前）验证周期至此告一段落，已验证过的工艺及相应的管理软件从此可交付正常生产使用。只有在验证报告已经批准，已出具合格证书的前提下，质量管理部门（或称质量保证部门，简称 QA 部门）才有权将验证过程中生产出来的产品投放市场。

2. 同步验证（concurrent validation）

同步验证是指在生产中运行某项工艺的同时进行的验证，实际上是特殊监控条件下的试生产，同步验证既可获得合格产品又可得到证明"工艺重现性及可靠性"的数据。如泡腾片的生产往往需要环境相对湿度低于 20%，此时空调净化系统是否符合环境设定的要求，可以选择同步验证的方式。

同步验证一般用于非无菌工艺的验证，采用同步验证时需具备下列先决条件：①有完善的取样计划，即生产及工艺条件的监控比较充分；②有经过验证的检验方法，检验方法的选择性、灵敏度、准确性、重现性和可靠性等比较好，才能确证相应的质量标准得到了保证；③对所验证的产品或工艺已有相当的经验与把握。

同步验证适合于以下情况：由于需求很小而不常生产的产品，如"孤儿药物"（即用来治疗罕见疾病的药物）或每年生产少于 3 批的产品；生产量很小的产品，如放射性药品；从前未经验证的遗留工艺过程，没有重大改变的情况下；已有的、已经验证的工艺验证过程发生较小的改变时；已验证的工艺进行周期性再验证时。

3. 回顾性验证（retrospective validation）

回顾性验证是以历史数据的统计分析为基础，以证实某一生产工艺条件适用性的验证。回顾性验证一般用于：①非无菌产品生产工艺的验证；②质量控制系统的验证；③设备、设施、系统运行状态的验证；④消毒剂有效性的验证。回顾性验证通常与同步验证结合使用。

（1）采用回顾性验证应具备条件　同前验证的几个批或一个短时间运行获得的数据相

比，回顾性验证积累的资料比较丰富，从对大量历史数据的回顾分析可以看出工艺控制的状况，因而可靠性也更好。采用回顾性验证应具备以下条件。

① 一直按照市售产品批量规模进行生产，能够很好地理解生产中的工艺过程，并有完整的记录。一般应有20～30批次符合要求的数据，批次应是连批次的。

② 检验方法通过药典规定或经过验证，检验结果应当定量化以供统计分析。

③ 批生产记录应有明确的工艺条件，对关键程序参数和关键质量特性做了规定并进行了控制。如以物料总混为例，如果没有设定转速，应明确设备型号、转速、混合时间等工艺条件，只有这样，相应批的检验结果才有统计分析价值。

④ 建立了工艺过程的中间控制和可接受的标准。生产过程中的工艺变量必须标准化，并始终处于受控状态，如原料标准、生产工艺的洁净级别、分析方法、微生物控制等。

⑤ 没有由于操作失误和设备故障之外而引起的任何工艺过程或产品失败。

⑥ 在产品生产中应用的药物活性成分的杂质谱已经建立。

同时还具备：工艺过程没有重大的历史改变；所有关键工艺参数和关键质量特征都可以作为有代表性的历史数据进行回顾性验证的决定应得到质量部门批准。

(2) 回顾性验证的工作流程　回顾性工艺验证通常不需要预先制订验证方案，但需要一个比较完整的生产及质量监控计划、以便能够收集足够的资料和数据对生产和质量进行回顾性总结。最后，应由有关领导审查和批准这个总结。

① 收集数据　通过对大量历史数据的回顾分析可以看出工艺控制的状况，因而数据的收集是回顾性验证的基础，历史数据的来源主要包括：a. 成品检验记录；b. 半成品检验记录；c. 原辅料包装材料检验记录；d. 批记录；e. 稳定性试验记录；f. 洁净环境监测记录；g. 水系统检验记录；h. 设备运行维护保养记录；i. 能源动力系统运行记录；j. 各种偏差调查报告。历史数据甚至包括不合格产品或中间体的数据，还有用户投诉等。

② 数据汇总　在取得相应的历史数据后，通过数理统计（如 T 检验、方差分析等）、趋势分析、控制图分析（如直方图、控制图、散点图、因果图）等工具对数据进行汇总分析。

③ 回顾性总结　通过回顾性验证的趋势分析，通常可以获得的结果有以下几个：a. 解释工艺运行和质量监控的"最佳条件"；b. 预示可能的"故障"、"漂移"的范围和趋势；c. 确认是否需要进行"再验证"及其频次；d. 导致"补充性验证"方案的制定与实施。

同步验证、回顾性验证一般用于限菌制剂（如片剂、胶囊剂）生产工艺的验证，二者通常可结合使用。例如在移植一个现成的限菌制剂时，如已有一定的生产类似产品的经验，则可以同步验证作为起点，运行一段时间，然后转入回顾性验证阶段。经过一定时间的正常生产后，将生产中的各种数据汇总起来，进行统计及趋势分析。系统的回顾及趋势分析常常可以揭示工艺运行的"最差条件"，预示可能的"故障"前景。

4. 再验证（监督验证 revalidation）

所谓再验证，系指经过验证的一项生产工艺、一个系统、一台设备或者一种原材料，在使用一个阶段以后而进行的证明其"已验证状态"没有发生飘移的验证工作。关键工艺往往需要定期进行再验证。使用一段时间后，状态有漂移，结果一般是修订有关 SOP。

（1）再验证分类　再验证主要包括以下三方面的验证。

① 强制性再验证　强制性再验证指药品监督管理部门或法规要求进行的验证，如无菌操作的培养基灌装试验，主要有以下几方面。

a. 计量仪器的强制检定，如长度计量、力学计量、热学计量、电磁学计量、物理化学计量、无线电计量等。

b. 压力容器的检定，如锅炉的定期检验、用于药品生产的气瓶的定期检验。

c. 消防器材，如灭火器的定期检验。

d. 无菌操作的培养基灌装试验。

② 改变性再验证　药品生产过程中由于各种主观及客观的原因，需要对设备、系统、材料及管理或操作规程做某种变更，有些情况下变更会对产品质量造成主要的影响，因此需要进行再验证，这类验证称为改变性再验证。如有验证常设机构，可由该机构来判断发生变更时是否要再验证以及再验证的范围。变更时的再验证，应和最初验证一样，以可能受影响的工序和设备作为验证对象。这些变更可能包括以下几方面。

a. 原辅料改变，如密度、黏性、粒度、含量等物理性质的变更有可能影响物质的机械性质。

b. 包装材料改变，特别是容器-塞子系统发生改变时（例如以塑料代替玻璃），就可能要求改变包装规程，而且这完全可能导致产品有效期的改变。

c. 工艺方法参数的改变或工艺路线的改变，如混合时间、灌装时间、干燥时间、冷藏时间等变更，是否会对后道工序及产品质量产生影响。

d. 设备改变，设备的修理和保养，乃至设备更换，都可能影响生产过程。

e. 生产品种的改变，这会带来生产区和介质系统的改变。

f. 清洁方法的改变，如清洗的时间、顺序，清洗使用的工具等岗位 SOP 改变时，应进行清洗的重新再验证。

g. 生产处方的修改或批量数量级的改变，标准转正后，处方的改变应确认是否对产品质量有影响；批量改变后在规定的灌装时间里是否能完成，如不能完成应确认是否能影响产品质量。

h. 常规试验数据显示系统存在着影响质量改变的迹象。如尘埃粒子监测数据突然增高，尤其是对无菌制剂厂房，有必要对生产环境是否适合产品质量要求进行再验证。

i. 意料之外的改变：这种变更多发生在自检自查或对工艺数据进行定期解析的时候，因此也应进行再验证。

③ 定期再验证　对产品的质量和安全起决定作用的关键工艺、关键设备，在生产一定周期后即使在设备及规程没有变更的情况下也应定期进行再验证。如无菌药品生产过程中使用的灭菌设备、关键洁净区的空调净化系统、纯化水系统、喷雾干燥系统、与药物直接接触的压缩空气等。

在制药企业，即使是熟练的操作工完全正确地按 SOP 工作，仍然可能发生"生产过程漂移"的情况。其原因是多方面的，例如设备轴承的渐渐磨损可能引起缓慢改变。因而即使对于没有发生明显改变的生产过程，也需要定期进行再验证。

历史数据的审查是定期再验证的主要方式，即首先审查自上次验证以来，从中间控制和成品检验所得到的数据，以确证生产过程处于控制之中。对于某些生产过程，例如无菌生产过程，其再验证除了要审查历史数据之外，还需要做一些附加试验，但所要求试验的质量与复杂性应明显少于初次验证。

（2）实施再验证的状态　再验证在以下情况下进行。

① 关键工艺、设备、控制设备在原起始状态或条件下使用一定周期（3～5年）后。

② 影响产品质量的主要因素，如工艺、质量控制方法，主要原辅材料，主要生产设备或生产介质发生改变时。

③ 投料量（同时扩大或同时缩小）发生变化时。

④ 趋势分析中发现有系统性偏差（连续三批或日、季、年度趋势分析发现相关参数有系统偏差，如片重差异、崩解、溶出度等）。

拓展知识

一、验证在医药工业上的发展进程

1976年6月1日《大容量注射剂GMP规程（草案）》的发布，标志着验证工作进入了一个新的阶段。其后验证工作引入各相关系统中，1978年引入灭菌过程，1981年引入水系统，1982年引入HVAC系统，1985年引入诊断学、无菌填充灌装、无防腐剂产品，1986年引入计算机系统，1986年引入大包装产品，1990年引入生物工艺学。

随着验证工作在各相关领域的开展，验证管理规范也随之发展，FDA于1976年2月在联邦法规上颁布《人用及兽用药现行优良制造规范》，1978年6月FDA公布《药品工艺检查验收标准》，FDA于1987年5月发布了《药品生产工艺验证总则指南》，此为世界首部《验证管理规范》（GVP）。1994年11月FDA颁布《人用药厂及兽药厂上报灭菌验证文件指南》。

二、验证合格标准制定的基本原则

在设定验证合格标准时，应遵循以下原则：①凡我国GMP规范及药典有明确规定的，验证合格的标准不得低于法规及标准的要求；②应参照国家标准或行业标准制订；③国内尚无法定标准而世界卫生组织WHO已有明确要求或国际医药界已有公认的，可作本企业设定验证标准的参考依据；④根据实际生产产品工艺要求制订。

在设定验证合格标准时，应考虑以下几个要素：①现实性，即验证不能超越客观条件的限制，或造成沉重的经济负担，以至无法实施；②可验证性，即标准是否达到，可通过检验或者其他手段加以证实；③安全性，即应能保证产品的安全性。

验证工作成功的关键在于管理上的保证、验证的基本纲领、验证所采用的方法和良好的协作关系。

项目二 制定验证计划

学习目标

【知识目标】
1. 了解验证的组织机构。
2. 熟悉验证实施过程。

【技能目标】
能根据不同要求制定验证计划。

必备知识

验证是制药企业的基础性工作,又是常规性的工作。为了有序地开展验证工作,必须实施有效的验证管理。制药企业的验证管理包括确定适当的验证组织机构、设定各级组织机构的职能、建立实施验证的基本程序。

一、建立验证组织

制药企业应根据本企业的具体情况及验证的实际需要来确定适当的验证组织机构,建立验证组织原则是精简、实效、因地制宜。

一个已运行多年的制药企业,其药品生产及质量管理全过程均建立有明确的"运行标准",验证工作的重点是考核"运行标准"制订的合理性及有效性,一般由常设的验证职能机构来完成。对于一个新建制药企业或者一个大型技术改造项目,验证工作的目的是确立生产及质量管理的运行标准,有大量的验证工作须在较短时间内完成,因此,就需要成立一个临时性的兼职验证组织机构。临时验证机构一般是根据不同的验证对象而设立的,立足适应新建厂或老厂较大的技改项目的需要,有大量的前验证工作要在较短时间内完成。临时验证机构可称为验证领导小组,在人员安排上,主任委员由生产副总经理或总工程师来担任,验证管理部门的负责人兼秘书长,设计或咨询单位的专家为顾问,验证领导小组的成员由相关各职能部门负责人组成。临时验证机构是为适应完成战役性的验证工作,其职能主要体现在负责验证的总体策划与协调,制定验证方案并予以审核实施,组织员工技术培训,协调企业各部门完成各自的验证计划,并为验证提供充足的资源。

1. 验证组织机构及其职能

验证工作涉及企业相关部门的综合性工作过程,需要协调各职能部门的活动,因而企业通常由分管生产、技术、质量管理的企业负责人或总工程师分管企业整个验证工作,在企业层面成立包括各相关职能部门负责人的验证指导委员会,下设一个常设职能部门来负责验证管理。验证项目的具体实施通常由若干验证小组承担，工作人员应由生产、技术、质量、工程或其他专业技术人员组成。常设验证组织机构见图1-1。

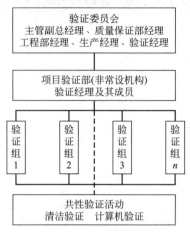

图1-1 验证组织机构示意图

验证指导委员会从宏观上进行领导、在技术上指导本企业的验证工作，并为验证提供足够的资源。其主要职能有以下几方面。

① 负责验证的总体策划与协调。
② 批准年度验证总计划。
③ 验证文件的审核批准。
④ 对本企业验证工作从宏观上进行领导、在技术上进行指导。
⑤ 对验证的有效性负责。

2. 验证管理部门

验证管理部门在我国通常由QA部门担纲，负责日常验证管理工作，其主要职责包括：编制验证计划、组织成立验证小组、组织起草验证方案、协调验证活动、管理验证文件等。

3. 验证小组的职责

验证项目实际上由数个验证子项目组成，由数个验证实施小组共同实施完成。不同的验证小组承担某一子项目的验证具体实施工作。按照经过批准的验证方案，承担不同的子系统或设备的验证实施、验证记录的收集分析工作以及验证报告的编制等。例如，制药用水处理系统各项目的验证由设备验证小组、工艺验证小组等共同实施完成。验证小组成员应参与验证方案的起草，并接受经批准的验证方案的培训，负责对验证资料和数据的收集、总结工作。

二、验证的基本程序

1. 实施验证的必要条件

企业必须具备GMP基本条件，才能实施验证。药品质量管理的证明，GMP是保证药品质量最基本的管理标准。在人员、设备、环境等条件偏离了GMP的标准时，产品质量保证就失去了基础，企图用有限次数的验证试验去证明工艺的可靠性和重现性将没有任何实际意义。因此，GMP是实施验证的必要条件，也就是说，不具备GMP基本条件的制药企业无法进行有效的验证。

实施验证时应注意不能用反证法，按照统计学的原理，在对产品无菌要求高，污染品所占比例小的情况下，无菌检查存在极大的局限性。因此，灭菌工艺、无菌灌装工艺验证必须按前验证的要求做，而不能采用成品无菌检查的结果来反证灭菌工艺和无菌灌装工艺的可靠性。同样，固体制剂关键工序也不宜只用最终成品含量测定结果来反证工艺的合理性和可靠性。

2. 验证程序

（1）提出验证要求　企业相关职能部门依据验证总计划，结合工作进展需求，对本部门相关内容提出验证需求。如对于产品研发部门，因生产过程验证起始于产品的研究与开发这一阶段，必须提出相关验证要求。

① 新产品的质量特性。
② 生产产品所需要的原辅料和包装材料的质量标准。
③ 工艺要求。
④ 制订出产品生产规程（所有生产步骤和条件都应保证产品的生产达到规定的质量标准，规程还应包括必要的过程控制，并定义允许的合格限度）。
⑤ 外部条件可能对产品质量影响的验证。
⑥ 检验方法的验证。

（2）建立验证实施小组　根据验证工作需要，结合企业自身条件，成立相应的验证组织，保证验证工作的完成。

（3）提出验证项目　验证项目是验证总计划的子系统计划，一般由企业各职能部门提出，如生产设备验证项目由生产车间提出，生产工艺变更验证由技术部门提出，公用工程验证项目由工程部门提出，检验方法验证项目由质量检验部门提出。验证总负责人批准后立项。

（4）制定和批准验证方案　制定验证方案有两种方式：一种方式是由设计单位或委托的咨询单位提供草案，经制药企业的验证委员会讨论、修订后会签。另一种方式是由提出验证项目的部门起草，由质量保证部门及项目相关部门会签。

不同的验证对象应制定不同的验证方案，如设备验证方案、环境验证方案、介质确认方案、生产过程验证方案、产品确认方案等。验证方案的内容有验证范围、验证目的、实施验证的人员、测试方法、实施验证所需要的条件（人员、设备、仪器、物资等）、合格标准、漏项和偏差等。

建议人完成验证方案初稿，验证委员会所有成员传阅并提出修改意见，统一意见后，验证方案批准、生效。

（5）组织实施验证　验证小组是验证方案的实施者，其成员来自几个相关职能部门，并事先经过验证培训。由验证项目负责人根据验证方案所规定的方法、步骤、标准具体实施。验证小组应严格按验证方案分工实施，验证的原始记录应及时、清晰并有适当的说明。验证过程中必然会出现一些没有预计到的问题、偏差，甚至出现无法实施的情况，这种情况称为漏项。漏项应作为验证的原始记录在记录中详细说明,并作为验证方案的附件,附在验证报告中。

(6) 提出要验证报告　验证报告是一份由验证实施记录所组成的文件。当某一系统(项目)的所有验证活动完成后,验证项目负责人应及时汇总验证结果完成相应的验证报告。一份验证报告的内容包括以下几方面。

① 简介　简要描述验证对象概况、验证的目的及内容。

② 验证文件　将相关的验证计划、验证方案、验证报告列一索引。

③ 验证人员及职责　说明参加验证的人员及各自的职责。

④ 该验证方案依据的合格标准　说明该验证方案依据的参考资料,如药典标准或通用标准(如洁净区的级别),应注明标准的出处。

⑤ 验证的实施情况和结果　说明验证试验的实施情况和主要结果(附验证原始记录)。

⑥ 偏差及措施　总结验证实施过程中所发现的偏差情况以及所采取的措施。它们是制订常规生产操作规程的重要背景资料。

⑦ 验证结论　明确说明验证对象是否通过验证并能否交付使用。

(7) 批准验证报告　验证报告完成后,经验证委员会批准后生效。一般由项目负责人完成验证报告的初稿,验证委员会所有成员传阅并提出修改意见,统一意见后验证报告批准、生效。

(8) 建立验证档案　将与验证工作有关的文件归档、编号,以便日后查找,最终建立完整的验证档案。

三、验证的文件管理

1. 验证文件

验证文件(validation documentation)是有关验证的信息及其承载媒体,是用数据证明产品工艺能力或某一个操作方法(例清洗方法)是否达到预期的效果。验证文件的媒体可以是纸张、计算机磁盘、光盘或其他电子媒体、照片或标准样品,或它们的组合。验证文件作为药品生产文件体系中的一个组成部分,它是验证活动的基础和依据,同时也是实施验证的证据。

验证文件的制定需经过与其他文件一样的制定程序,在文件编码标识方面验证文件有相关的通用用词,VP 表示验证方案(validation protocol)、IQ 表示安装确认、OQ 表示运行确认、PQ 表示性能确认、PV 表示产品验证(product validation)或工艺验证(process validation)、GVR 表示验证总报告(general validation report)、P 表示计划或方案、R 表示报告、S 表示小结。例如 000-VMP-P1,000 为数字,是某一设备或系统的代号,可预先确定;VMP 表示验证总计划(validation master plan);P1 表示类别和版本号,即为计划类第一版。再如 VTP-002-00,VTP 为验证实验规程(validation test procedure),002 为 VTP 的第 2 号文件;最后二位数字为版本号或修订程序号。

2. 验证文件种类

验证文件除标准类的验证文件如验证技术标准、验证 SMP(标准管理规程)及 SOP 等之外,还有在验证全过程中形成的相关文件,主要包括以下几方面。

（1）验证总计划（validation master plan） 验证总计划，又称验证规划，是制药企业依据 GMP 标准和企业的特殊要求，对企业或项目总的验证工作制定的计划。验证总计划的关键信息如下。

① 简介：对企业及项目的概述，包括项目的总投资、建筑面积、生产能力和产品等内容，公司的确认和验证方针，对于验证总计划所包含的操作的一般性描述，位置和时间安排等。

② 验证目标及合格标准：即 GMP 和其他药事法规的要求，以及企业产品与工艺的特殊要求。

③ 组织机构、人员与职责：验证组织机构与人员组成，设定职责权限。

④ 验证的原则要求：包括对 IQ、OQ、PQ 等一般验证活动的概述、验证文件的管理、偏差及谓项的处理原则等。

⑤ 验证范围：待验证的各个子系统及相关验证项目，可结合图文作出原则说明。

⑥ 相关文件：列出项目验证活动所涉及的相关管理规程（SMP）及操作规程（SOP）或验证试验规程（VTP）的代号与名称。

⑦ 验证进度计划：具体实施的时间安排。

⑧ 附录：如平面布置、工艺流程图、系统图以及其他各项图表等。

验证总计划应包含所有厂房、设施、设备、仪器的清单及确认需求；所有工艺过程、分析方法和清洁程序的清单以及验证的需求；所有计算机化系统的清单以及验证的需求。

（2）验证计划（validation plan） 验证计划是根据验证规划而针对每个子系统或设备验证制定的计划，其关键信息如下。

① 简介：对待验证的系统或设备进行描述。

② 背景：概述子系统或设备验证计划的内容。

③ 目的：阐述子系统或设备所要达到的总体验证要求。

④ 验证的有关人员及其职责。

⑤ 验证内容与验证进度计划。

⑥ 附录：如平面布置、工艺流程图、系统图以及其他各项图表等。

（3）验证方案（validation protocol） 验证方案是陈述如何进行验证的书面计划或方案，包括测试参数、产品特性、生产设备及主要组分认可的检验结果。验证方案不仅是实施验证的工作依据，也是重要的技术标准。验证方案制定一般由验证小组组长起草，并由主管部门负责人审核，必要时应组织有关职能部门进行会审。例如设备验证方案由来自设备管理部门或工程部门的主管负责起草；生产工艺的验证方案由来自生产部门的主管负责起草；检验方法的验证方案由质量检验部门（QC）负责人起草，而后分别由各自的部门主管审核。其关键信息有：简介、背景、验证范围、实施验证的人员、试验或检查的项目、试验的方法和程序、合格标准、谓项与偏差表、附录，在对关键信息描述时应注意以下几方面。

① 充分详细描述工艺验证如何进行，使用什么物料和设备，谁负责执行，回顾，批准和记录。

② 根据研发报告或注册资料确定药品每片和每批的处方量，各成分的功能，物料及其编码；参考的原料、辅料和包装材料质量标准和检验规程。

③ 参考的生产规程及其版本号；全部工艺包括过程控制的总流程图；工艺使用的仪器、设备，控制仪器及辅助器具（如过滤器、管等）及其编号的列表。

④ 验证所需药品连续批的批号及其批量，如可能验证批使用不同批次的原料。

⑤ 为了提供充足的验证数据显示工艺的连续性。在质量风险分析中确定影响产品质量的关键工艺参数的目标值、操作范围及其各自的过程控制检验，特定的验证检验等须一一列出。

⑥ 取样：充分的数据点（样品）证明工艺是自始至终包括潜在的中断是在完全控制下。取样频率一般要比正常生产高。取样规程应科学合理可参考相关 SOP 和质量风险分析报告。所有样品须有明确的编码。

⑦ 参考的产品/工艺特定的分析方法和相关 IPC 检验。项目参考的特定方法及记录和评估检验结果及其统计分析的 SOP。

⑧ 验证时间表及适用的验证主计划。如果没有在相关 SOP 及相关工作描述中规定，则需确定执行验证活动和批准结果的负责人。

⑨ 设备和药品及其源于质量风险分析的特定接受标准，一般生产标准和项目特定要求。

⑩ 任何需要的辅助研究如中间体存放时间，容器盖完整性验证，运输验证，或注明参考的文件。

对验证对象（如设备、工艺过程等）需要用流程图及文字说明进行描述；对挑战性试验的内容、检验方法以及认可的标准，应慎重对待、详细说明。工艺验证方案（产品验证阶段的方案）中要求有至少 3 个连续批的生产性试验。

(4) 验证报告（validation report） 验证报告是在完成验证工作后简明扼要地将结果整理汇总的技术性报告，其关键信息有验证项目名称、验证对象、验证日期、验证人员、验证结果（包括验证方案实施情况、数据综述、偏差情况分析）、最终结论。在准备写验证报告时，必须按照验证方案的内容进行审查与核对。具体有以下几点。

① 核对验证是否按规定方法与步骤进行。
② 验证过程对原方案有无修改。
③ 若对验证方案有修改，是否按规定程序办理批准手续。
④ 验证记录是否完整。
⑤ 验证结果是否符合原定合格标准。
⑥ 如有偏差或因故无法进行的试验，是否进行分析及合理的解释，并经批准。

拓展知识　验证工作相关机构及职责

1. 设计咨询单位

目前国内已出现设备厂家或咨询公司提供验证服务的情况。制药企业在新建或技改项目上，聘请设计或咨询单位的资深专家作为工艺验证顾问，他们在制定和协作实施验证方案时比较切合实际。他们可做到提供技术方面的咨询服务、提供验证方案的草案、协助制药企业实施验证、保证项目达到基本的设计要求。

在明确设计或咨询单位职责的同时，制药企业应该意识到本身在验证管理中自始至终是组织者和实施者的主体地位。

2. 制药企业各部门在验证中的职责

制药企业内各主要职能部门在验证中的职责简要概括如下。

（1）质量管理部门　制定验证总计划、起草验证方案、检验方法验证、取样与检验、环境监测、结果评价、验证报告、验证文件管理。

（2）生产部门　参与制定验证方案，实施验证，培训考核人员；起草生产有关规程；收集验证资料、数据；会签验证报告。

（3）工程部门　确定设备标准、限度、能力和维护保养要求，提供设备操作、维护保养方面的培训，提供设备安装及验证的技术服务。

（4）研究开发部门　对一个开发的新产品，确定待验证的工艺条件、标准、限度及检测方法；起草新产品、新工艺的验证方案；指导生产部门完成首批产品验证等。

（5）其他部门　环境监控、统计、培训、安全等部门的工作也需要进行验证。如环境监控部门负责监控厂区环境空气、水源的质量，而质量保证部门负责洁净室（区）的微粒与微生物的监控等。

实践内容　验证总计划的制定

【实践目的】

1. 熟悉验证机构组成成员。
2. 熟悉验证总计划的制定和验证基本内容。
3. 掌握验证相关术语。

【实践场地】

教室。

【实践内容】

验证工作需通过验证组织开展，试以小组为单位准备资料并完成以下工作：模拟一个制药企业，成立验证委员会，制定企业验证的总计划，并深入了解其中一个验证案例。

【实践要求】

介绍企业主要产品，企业验证组织机构，验证总计划组成，以及从本企业的验证总计划中举例说明属于哪一种验证（前验证、同步验证、回顾性验证、再验证）。

任务二 厂房和设施验证

项目三 空气净化系统的验证

学习目标

【知识目标】
1. 掌握空气净化系统的组成。
2. 掌握空气净化系统验证的要素。

【技能目标】
1. 能进行D级洁净区的生产环境的验证。
2. 能进行C级、B级、A级洁净区的生产环境的验证。

必备知识

为了保证产品质量,对药品生产环境提出了洁净生产,甚至无菌生产的要求;要求防止交叉污染,特别是人员对产品的污染;要求物料、产品合适的储存条件;需要防止有害物质对人员的危害等要求。而空气洁净技术是建立洁净环境的综合性技术,其涉及的范围很广,如净化空调系统、环境消毒方法、无菌操作程序的运行及管理等。2010版GMP洁净室的设计思路是对厂房的配置和设备的排列做出合理安排,满足规范、工艺、建筑、安全和卫生的要求,在车间布局中充分考虑工艺布置、洁净度、人净用室、物净用室和净化通道与设施的基本要求。除需进行建设认证外,以下主要是以空气洁净技术为主体的洁净厂房受控环境的验证。

一、空气净化系统的介绍

空气净化系统(heating and ventilation and air conditioning,HVAC),亦称净化空调系统,由空气净化处理、空气输送和分配等设备组成,对空气进行冷却、加热、加湿、干燥、净化处理后，由送风口向室内送入，室内滞留的灰尘和细菌被洁净空气稀释后由回风口排出室外，或由回风口经空气过滤除去灰尘和细菌，再进入系统的回风管路。空气净化处理包括空气过滤、组织气流排污、控制室内静压等综合措施。

1. 空气过滤器

空气过滤系利用过滤器有效地控制从室外引入室内的全部空气的洁净度，是空气净化最重要的手段。在室内环境中，悬浮于空气中的尘粒粒径绝大多数小于 $10\mu m$，而且其粒度分布在 $1\mu m$ 以下的占 98% 以上，因此，空气过滤通常把粒径小于 $10\mu m$ 的粒子作为主要处理对象，在洁净室技术中以 $5.0\mu m$ 和 $0.5\mu m$ 作为划分洁净度等级的标准粒径。

（1）空气过滤器的性能 药厂洁净室的空气净化过程多采用各种空气过滤器。评价空气过滤器的主要性能指标有四项：风量、过滤效率、空气阻力和容尘量。空气净化系统的组成单元及工作原理如图 2-1 所示。

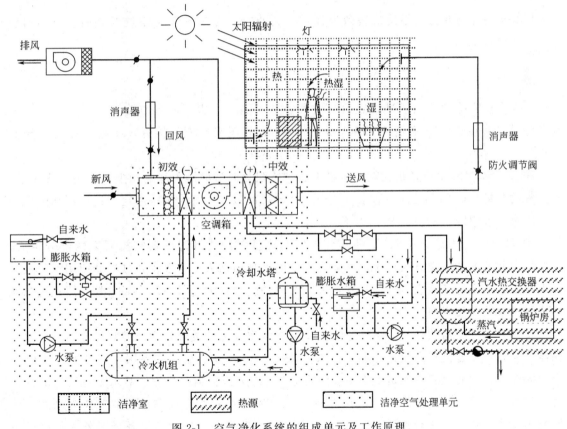

图 2-1 空气净化系统的组成单元及工作原理

① 风量

通过过滤器的风量(m^3/h)＝过滤器面风速(m/s)×过滤器截面积(m^2)×3600

② 过滤效率 过滤效率是衡量过滤器捕获能力的一个特征指标，是过滤器的重要参数之一。它是指在额定风量下，过滤前后空气中的含尘浓度 C_1、C_2 之差与过滤前空气含尘浓度的百分比，η 为过滤效率。当含尘浓度以质量浓度（mg/m^3）表示时，η 为计重效率；以大于或等于某一粒径（例如 $\geqslant 0.3\mu m$ 或 $\geqslant 0.5\mu m$ 等）颗粒计数浓度（个/升）表示

时，η 为计数效率。计数效率中若按某粒径范围的颗粒浓度来表示，则为粒径分组计数效率。

对一个过滤器，其过滤效率为：

$$\eta_1 = \frac{c_1 - c_2}{c_1} \tag{2-1}$$

当第一个过滤器后串联第二个过滤器，则第二个过滤器的过滤效率为：

$$\eta_2 = \frac{c_2 - c_3}{c_2} \tag{2-2}$$

上述两个过滤器串联后的总过滤效率为：

$$\eta = 1 - (1 - \eta_1)(1 - \eta_2) \tag{2-3}$$

设有 n 个过滤器串联，则总过滤效率为：

$$\eta = 1 - (1 - \eta_1)(1 - \eta_2)\cdots(1 - \eta_n) \tag{2-4}$$

用穿透率来评价过滤器的最终效果往往更为直观。穿透率 k 是指过滤后与过滤器前空气含尘浓度的百分比。即：

$$k = \frac{c_2}{c_1} = 1 - \eta \tag{2-5}$$

k 值比较明确地反映了过滤后的空气含尘量，同时表达了过滤的效果。例如：两台高效过滤器的过滤效率分别是 99.99% 和 99.98%，看起来性能很接近，实则其穿透率相差 1 倍。

③ 容尘量　容尘量是指在额定风量下达到终阻力时过滤器内部的积尘量。超过容尘量，已捕集的尘粒将会再次飞扬到洁净空气中，降低过滤效率。容尘量一般定为过滤器初阻力的两倍或过滤效率降至初值的 85% 以下。

④ 阻力　空气流经过过滤器所遇到的阻力由滤材阻力和过滤器结构阻力两部分组成。滤材阻力和滤速的一次方成正比，并随容尘量的增加而增大。一般将新过滤器使用时的阻力称为初阻力，把过滤器容尘量达到规定最大值时的阻力称为终阻力。一般中效与高效过滤器的终阻力大约为初阻力的 2 倍。

(2) 空气过滤器的分类　空气过滤器按过滤效率高低分类可分为：初效过滤器、中效过滤器、亚高效过滤器和高效过滤器等数种（表 2-1）。初效过滤器主要用作对新风及大颗粒尘埃的控制，主要过滤对象是大于 $10\mu m$ 的尘粒；中效过滤器主要用作对末级过滤器的预过滤和防护，主要过滤对象是 $1\sim10\mu m$ 尘粒；亚高效过滤器用作终端过滤器或作为高效过滤器的预过滤，主要过滤对象是小于 $5\mu m$ 的尘粒；高效过滤器作为送风及排风处理的终端过滤，主要过滤对象是小于 $1\mu m$ 的尘粒。

由于污染空气中所含尘粒的粒度范围非常广，不宜只用一个过滤器同时除掉所有粒度范围的尘粒，因此过滤器的组合通常选用初效过滤器、中效过滤器、亚高效过滤器、高效过滤器中的两级或三级组合过滤方式。

2. 室内气流组织与换气

室内气流组织是指为了特定目的组织空气以某种流型在室内运行循环和进、出的形式，

表 2-1 常用空气过滤器的分类

指标类别 性能	额定风量下效率 $\eta/\%$	额定风量下初阻力/Pa
初 效	粒径≥$5.0\mu m$　　$80>\eta\geqslant 20$	≤50
中 效	粒径≥$1.0\mu m$　　$70>\eta\geqslant 20$	≤80
亚高效	粒径≥$0.5\mu m$　　$99.9>\eta\geqslant 95$	≤120
高 效	粒径≥$0.3\mu m$　　A级≥99.9 B级≥99.99	≤190 ≤220

是保证空气洁净度的重要手段。洁净车间组织气流的基本原则是：①最大限度地减少涡流；②射入气流经最短流程尽快覆盖工作区；③气流方向能与尘埃的重力沉降方向一致；④回流气流有效地将室内灰尘排出室外。

(1) 气流组织形式　由末端过滤器送入洁净室内的洁净空气其流向安排直接影响室内洁净度。净化空调系统根据洁净室的要求不同，气流组织形式也有所不同。

目前对全室空气净化采用的主要气流组织有单向流、非单向流两类。

① 单向流　单向流的特点是流线平行、单一方向、有一定的和均匀的断面流速、各流线间的尘粒不易从一个流线扩散到另一个流线上去。该气流方式类似于汽缸内的活塞动作，把室内发生的粉尘以整层气流形式推出室外，洁净室在净化空调系统启动后能在较短时间内达到并保持一定的洁净度。

单向流方式分为垂直单向流和水平单向流两种。垂直单向流高效过滤器送风口布满顶棚，格栅地板做成回风口，气流在过滤器的阻力下形成送风口处均匀分布的垂直向下的洁净空气流，将操作人员和工作台面的粉尘带走。水平单向流高效过滤器送风口满布洁净室一侧墙面，对面墙上满布回风格栅作为回风墙，洁净空气沿水平方向均匀地从送风墙流向回风墙。

单向流系统在其工作区域必须均匀送风，风速为 0.36～0.54m/s（指导值）。应当有数据证明单向流的状态并经过验证。

② 非单向流　非单向流形式包括乱流和辐流两种。乱流式是气流具有不规则的运动轨迹，也称紊流式。乱流方式和单向流方式相比，由于受到送风口形式和布置的限制，不可能使室内获得很大的换气次数，而且不可避免地存在室内涡流。辐流也称矢流，该流线不平行但不交叉，它的净化功能不同于乱流方式的稀释作用，也不同于单向流方式流线平行的活塞作用，而是靠流线不交叉气流的推动作用，将室内尘粒排出室外，缺点是气流在障碍物后会形成涡流。

(2) 换气次数　换气次数是送风量与房间体积的比值，其单位是次/h。洁净室的送风量应根据自净时间确定洁净室换气次数，并对各项风量进行比较，取其中的最大值。不同洁净级别的风速和换气次数要求见表 2-2。

① 根据洁净要求所需之风量。

② 根据室内热平衡和稀释有害气体所需之风量。

③ 根据室内空气平衡所需风量。

表 2-2　不同洁净级别的风速和换气次数要求

洁净级别	风速	换气次数	过滤器*
A	0.36～0.54 m/s	—	H14
B	—	≥45	H14
C	—	≥25	H14
D	—	≥20	H13

注：* 针对 0.3μm 粒子；H13 过滤效率一般是指 99.97%～99.99%，H14 过滤效率一般是指 99.995%～99.999%。

3. 静压控制

洁净室外空气的渗入是洁净室污染的原因之一。为防止免受邻室的污染或者污染邻室，在洁净室内维持一个高于或低于邻室的空气压力是必需的。气流总是从压力高的地方流向压力低的地方，合理地利用压差来控制气流的流向，从而控制交叉污染的风险，常用的方法有：①提高关键操作房间的静压差；②降低产生污染的操作间静压差；③采用气闸将洁净、非洁净区域隔离。洁净室内空气压力的调节，可通过在回风管及新风管上设风量调节阀，使送风量大于或小于排风量与回风量之和的办法来达到。送风量大于排风量与回风量之和则实现正的静压差，反之，则实现负的静压差。压差设定原则是：洁净区与非洁净区之间、不同等级洁净区之间的压差应不低于 10Pa，相同洁净度等级不同功能的操作间之间应保持适当的压差梯度，以防止污染和交叉污染，洁净级别高的房间呈相对正压。工艺过程中产生大量粉尘、有害物质、易燃易爆物质的工序，其操作室与其他房间之间应维持相对负压，如青霉素类高致敏性药品的分装室相对同一空气洁净度级别的邻室应保持相对负压。

二、HVAC 系统的安装、运行与性能确认

净化空调系统是通过风管将空调设备、过滤器、送风口、回风口等末端装置连接起来，形成一个完整的空气循环系统。净化空调系统设计的风险点主要表现在送风风量、换气次数、D 级以上的区域的风口要求（顶送侧回）、过滤器选择与组合，产尘量大的区域不能回风，产尘的区域相对于走廊负压，排风应做相应的处理后排放，局部产尘区域应有除尘装置，进风口要装有百叶和丝网以防止鸟及昆虫进入，进排风口要装有截止阀，风管要密封保温且标示流向，高效风管的设计避免折弯，除湿、加湿段要在高效过滤器的前段等方面。而日常管理的风险点主要表现在温湿度、过滤器更换（根据差压监控报警）、记录、仪表的定期校验、预防性维修、系统恢复、机组清洗清洁、定期测试（包含气流流向、换气次数、微生物取样、粒子计数、高效过滤器完整性实验、年度回顾）。

净化空调系统的验证是证明该净化空调系统是否能达到 GMP 及生产的要求，药品生产企业在选型工作完成后，验证应包括安装确认、运行确认和性能确认等三个阶段，所需文件见表 2-3。

表 2-3　净化空调系统的安装、运行与性能确认所需文件

程序	所需文件	确认内容
安装确认	1. 洁净室(区)平面布置及空气流向图(包括洁净度、气流、压差、温度、湿度、人流和物流流向等) 2. 洁净室(区)HVAC 系统描述及设计说明 3. 仪器、仪表、高效过滤器的检定记录空调设备及风管的清洗规程和记录,风管漏光检查记录 4. 高效过滤器的安装、检漏记录 5. HVAC 系统的操作规程及控制标准	1. 空调机、降湿机、风管的安装检查 2. 风管、空调设备的清洗风管检漏及检查、运行调试 3. 安装中效过滤器 4. 安装高效过滤器 5. 高效过滤器的检漏
运行确认	1. 空调设备的运行调试报告 2. 洁净室温、湿度及压差记录 3. 高效过滤器检漏记录、风速及气流流型报告 4. 空调调试及空气平衡报告 5. 悬浮粒子和微生物预检 6. 安装确认有关记录及报告	1. 空调设备的系统运行 2. 高效过滤器风速及气流流向测定,风量取额定的 60%,风速≥35m/s 3. 室压、温度、湿度等空调调试及空气平衡
性能确认	1. GB/T 16292—2010《医药工业洁净室(区)悬浮粒子的测试办法》 2. GB/T 16294—2010《医药工业洁净室(区)沉降菌的测试办法》	1. 悬浮粒子测定 2. 沉降菌测定

1. HVAC 系统的安装确认

安装确认的主要内容有：空调设备的安装确认,风管制作与安装的确认,风管及空调设备清洁的确认以及按照随箱清单清点材料或数据的完整性等。空调设备所用的仪表及测试仪器的一览表及检定报告,空气净化系统操作手册,标准操作规程(SOP)及控制标准,高效过滤器的检漏试验都属于检查范畴。净化空调系统安装确认主要由施工单位和工程部门来完成。

(1) 空气处理设备的安装确认　主要是针对除湿机和空调器的检查。

① 对照设计图纸及供应商提供的技术资料,检查空调机和除湿机的技术资料。

② 检查电源连接情况并记录。

③ 检查蒸汽连接情况并记录。

④ 检查冷却水情况并记录。

⑤ 加热或冷却盘管应有压力试验报告。

(2) 风管的制作和安装　风管的制作和安装主要需要检查风管材质、保温材料、风管走向、密封情况等；风管应采用镀锌薄钢板、PVC 板、不锈钢板；风管上应安装消声器和防火阀。

(3) 风管及空调设备清洗　洁净度 D 级及以上的 HVAC 通风管必须清洁。吊装前,用

清洁剂或酒精将内壁擦拭干净，并用PVC将风管的两端封住，等待吊装；清洗静压箱；空调器拼装完毕后，清洁内部后安装初、中效；开启风机进行吹扫一定时间，安装高效过滤器。

(4) 风管漏风与漏光试验

① 风管漏风试验　1~5级洁净环境的风管应全部进行漏风试验；6~9级洁净环境的风管应对30%的风管并不少于1个系统进行漏风检查。检查时可以分段测试，也可以整体测试。

检测方法：将支管取下，用盲板和胶带密封开口处，将试验装置连接到被试风管上；关闭进风挡板，启动风机；逐步打开进风挡板，直到风管内静压值上升并保持在试验压力下，风管的咬口或其他连接处没有张口、开裂等损坏的现象。

② 风管漏光试验　对一定长度的风管，在漆黑的周围环境下，用一个电压不高于36V、功率100W以上、带保护罩的灯泡，在风管内从风管的一端缓缓移向另一端，若在风管外能观察到光线射出，说明有比较严重的漏风，应对风管进行修补后再查。

风管漏光试验可接受标准为：低压系统风管每10m接缝，漏光点不应超过2处，且100m接缝平均不应大于16处。中压系统风管每10m接缝，漏光点不应超过1处，且100m接缝平均不应大于8处为合格。漏光试验中发现的条形漏光，应进行密封处理。

2. HVAC系统的运行确认

净化空调系统的运行确认是通过空载运行试验证明该系统是否达到设计要求及生产工艺要求。在安装确认阶段，除做高效过滤器的检漏试验时需开动风机，其余设备可以不开，而在运行确认阶段，所有的空调设备都必须开动，与空调系统有关的工艺排风机、除尘机也必须开动，以利于空气平衡，调节房间的压力。运行确认的主要内容有空调设备的测试、高效过滤器的风速及气流流向测定、空调调试和空气平衡、悬浮粒子和微生物的预测定等。

3. HVAC系统的性能确认

净化空调系统的性能确认是通过装载运行试验对洁净室的综合性能进行全面测试评定，以证明该系统的适用性。综合性能测试前必须已经通过安装确认和运行确认，并已进行足够的清洁、连续运行24h以上。综合性能测试时，洁净室环境控制的全部参数均为必测项目，必须全部测定，各单项测定或某几项测定结果都不能为洁净室环境的性能确认提供充分的依据。

(1) 风量测定　净化空调系统风量的测定内容包括测定总送风量、新风量、排风量和系统风量等。验证所需要测定的是房间的风量，也就是送风口的风量，并以此来计算房间的换气次数。

① 测定方法　送风口风量的测定方法是风量罩直接测定法。风量罩由套管及热球式微风速仪两部分组成。套管由合适的轻质材料制作，其截面应能正好套住风口或风口外的扩散板，不宜太大，其长度等于风口长边边长的两倍，但不宜大于1.5m，房间净高大于3m时可再延长（图2-2）。热球式微风速仪的最大量程为10m/s。测量时，先将套管擦拭清洁，记录下口部净面积；然后在套管下口垂直的两边作标记，如图2-3所示，分为长宽各200~250mm的若干等分，每一等分中心为测杆位置，做好标记，测杆长度位置按测点位置变换，

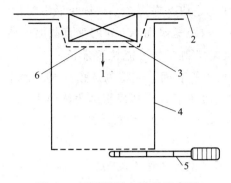

图 2-2 风量罩测定风量示意图

1—气流；2—顶棚；3—过滤器；4—套管；5—测杆；6—扩散板

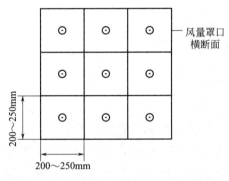

图 2-3 风量罩罩口横断面上测点位置

如划分的测点少于六点，则最少取六点；最后将风速仪测杆头拉到图 2-3 所示的标记处，紧挨套管、平置测杆，记录测定值。

② 计算 每一个送风口的风量按下式计算：

$$L = 3600FV \tag{2-6}$$

式中 L——每个送风口的风量，m^3/h；

F——每个被测送风口的面积，m^2；

V——每个被测风口平均风速，m/s。

每一间洁净室的换气次数按下式计算：

$$N = \frac{L_1 + L_2 + \cdots + L_N}{AH} \tag{2-7}$$

式中 N——洁净室换气次数，次/h；

$L_1, L_2, \cdots, L_N$——洁净室各送风口的风量，m^3/h；

A——洁净室面积，m^2；

H——洁净室高度，m。

③ 评定标准 各风口送（排）风量与设计值的偏差为 $\pm 15\%$。

（2）截面风速测定

① 布点 在垂直单向流洁净室的地面上或局部垂直单向流送风面在地面上的投影区，等分不少于 20 个接近正方形的小块，小块每边不应大于 0.3m；洁净面积很小又不需要评价

均匀度时,可等分不少于10个小块,在每个小块中央做上标记。

对于水平单向流洁净室,取距送风面0.5m的垂直截面,截面布点同上。

② 测定　将热球式微风速仪测杆尽可能拉至最长,人伸直手臂,持杆将测头置于记号上方0.8m高处测定。遇到桌子等表面,应将测点抬高至表面上方25cm处,遇到大的障碍物则应避开。对于局部单向流投影区,应从投影区边缘向内10cm的四周边界上布置测点。

③ 评定标准　单向流洁净室实测工作区截面平均风速应大于设计风速,但不应超过其20%。

单向流可能存在弱点,需要检查风速不均匀度。

$$\beta_v = \frac{\sqrt{\frac{\sum(v_i-v)^2}{n-1}}}{v} \tag{2-8}$$

式中　β_v——风速不均匀度;

v_i——任一点实测风速;

v——平均风速;

n——测点数。

可接受标准:应不大于0.25。

(3) 静压差测定　一般采用液柱式微压计(最小刻度2Pa)测定风压,以判断洁净室与邻室之间是否保持必需的正压或负压。该测定项目应在风量测定之后进行。

测试前应把洁净区内所有的门关闭并开启室内的排风机或除尘机,如果有不可关闭的开口,开口处的流速、流向需要测试。洁净级别D级及以上的洁净室,需要测试"开门效应"来表明气流保护的效果;即在门开启状态下,离门口0.6m的地方的工作高度的悬浮粒子数。测试应从级别最高的房间依次向外测定,凡是可相通的两间邻室都要测,一直测到可与室外相通的房间。测试操作应由两人共同完成,其中一人在待测房间手持伸入该房间的测定胶管,另一人操作仪器。测试时应注意测定管口的位置,一般可取0.8m高度,管口端面垂直于地面,避开气流方向和涡流区。测试时每隔20秒测定一次,共测3次取其平均值为测点压差值,记录所测的数据。

风压测定也可在需测静压的房间或走廊墙壁上安装微压表,可随时观察到压力变化的情况,此类表的量程一般为0～49Pa(0～5mmH$_2$O)。

(4) 温度与湿度测定　温度与湿度测定应在风量、风压调整后、净化空调系统已连续运行24h以上进行。根据温度和相对湿度的波动范围,应选择足够精度的测试仪表,测试仪表需检验合格,可采用通风干湿球温度计、自记式温湿度计、手持式多点温湿度测试仪记录房间温湿度,进行24h监测(根据实际需要而定)。

无恒温要求的房间,只在房间中心设定一个测点;有恒温要求的房间,测点设在恒温工作区内有代表性的地点(如沿着工艺设备周围布置或等距离布置);根据温湿度波动范围要求,每次读数间隔不大于30min。

除工艺有特殊要求外,所有测点宜在同一高度布置,离地面0.8m,距外墙内表面应大于0.5m、小于1m。有恒温要求的场合,测定时间宜连续进行8～48h。

室温波动范围按各测点的各次温度中,偏差控制温度的最大值整理成累计统计曲线,若

90%以上的测点偏差值在室温控制范围内为合格,相对湿度波动范围按湿度波动范围的规定进行,相应房间实测湿度值在湿度波动范围内为合格。

(5) 照度测定　照度测定必须在室温稳定、光源输出稳定后进行。测定应在天黑以后进行,完全无窗的房间也可在白天进行,测量时应关闭局部照明。

测定采用便携式照度计,测点平均离地面0.8m,按1～2m间距布置,测点距墙面1m（15m^{2}以下房间为0.5m）。实测最低照度应不少于GMP规定值。

(6) 噪声测定　噪声测定须测净化空调系统全部运行工况和全部停机的背景工况,有要求时,再区分局部净化设备开与不开的工况。背景工况测定应在晚上进行。

测定采用精密声级计,不足15m^{2}的房间在室中心一点测量,高度为1.1m；超过15m^{2}的房间应测五点,除中心一点外,四角各一点,测点朝向角落。测量时房间的门应关上,禁止洁净区内人员起动和说话,保持安静。

实测房间平均噪声值应不大于GMP规定或《洁净厂房设计规范》的规定值。

(7) 气流方向　气流方向的验证采用烟雾发生器释放可见的烟雾进行观察。

① 测定位置　垂直单向流（层流）洁净室选择纵、横剖面各一个,以及距地面高度0.8m、1.5m的水平面各1个。水平单向流（层流）洁净室选择纵剖面和工作区高度水平面各1个,以及距送回风墙面0.5m和房间中心处等3个横剖面,所有面上的测点间距均为0.2～1m。乱流洁净室选择通过代表性送风口中心的纵、横剖面和工作区高度的水平面各1个,剖面上测点间距为0.2～0.5m,水平面上的测点间距为0.5～1m,两个风口之间的中线上应有测点。

② 测试方法　检测应在空气净化调节系统或层流罩正常运行并使气流稳定后进行。检测送风口或层流罩的风速符合规定要求。检查压差表读数,确认洁净室压差符合规定要求。

用发烟器在规定的测点以及"典型位置"（产品或原料在工作环境中暴露的上方及四周等）释放可见的烟雾,并随气流形成可见的流线。用发烟器或悬挂单丝线的方法逐点观察、记录（有条件的话可以拍摄）气流流型,并在测点布置的剖面图上标出流向。

当烟雾流过"典型位置"时可拍摄下流线。烟雾应能够流经这些"典型位置",而不因空气的湍流造成回流。否则应对空调系统、设备位置或物料摆放位置进行调整。

③ 合格标准　确认所产生的湍流是否会将污染物从其他地方携带到流水线的关键操作点。如果能,调整气流以得到最小的湍流并迅速清洁。如果不能防止湍流,则必须建立不同的空气动力学模型,对洁净室内气流组织进行改善。

④ 存在的风险　现有无菌制剂的生产过程是利用气流组织通过气流与机械设备的相互作用,使之产生最小的湍流和最大的清除能力,形成无菌的保护。影响单向流的流行的因素较多,如：工作台面的物体、单向流的分隔板过宽,在设计中应给予充分考虑。

(8) 自净时间　我国GMP附录1《无菌药品》第十条中明确提出：生产操作全部结束、操作人员撤出生产现场并经15～20min（指导值）自净后,洁净区的悬浮粒子应达到表中的"静态"标准。

洁净室自净时间的测定应在洁净室停止运行相当时间（24h）,室内含尘浓度已接近大气尘浓度70%以上时进行。先测出洁净室内浓度（N_0）,立即开机运行,将悬浮粒子计数器的采样管放在室中心工作区高度上,定时（如每分钟）读数,直至浓度达最低限度（N）或符合相应洁净度级别的要求为止，这一段时间即为实测自净时间。

洁净室自净时间的测试状态为静态，测试仪器采用发烟器、悬浮粒子计数器。测试方法可采用大气尘源或人工发烟。如果要求很快测定，可用发烟器人工发烟。以人工发烟为基准时，将发烟器放在离地面 1.8m 以上的室中心点，发烟 1~2min 即停止。之后，在工作区平面的中心点测定含尘浓度（N_0），作为基准。然后立即开机运行并计时，定时（如每 5 分钟）读数，直至浓度达到最低限度（N）或符合相应洁净度级别的要求为止，以这一段时间为实测自净时间。

由测得的开机前原始浓度或发烟停止后 1min 的污染浓度（N_0），室内达到稳定时的浓度（N），和实际换气次数（n），查表，得到计算自净时间，再和实测自净时间进行对比，不得超过计算自净时间的 1.2 倍。

三、高效过滤器（HEPA）检漏

高效过滤器的安装密封性是空气净化的关键，也是长期以来的一个难点。过滤器安装后的检漏是最难通过的一项检验，许多洁净室的不成功就是因为密封没做好。即使洁净度达标，其检漏也未必达标。泄漏就意味着生菌，所以密封对生物洁净室来说是关键中的关键。

目前常用的密封方式有：负压密封、机械压紧和液槽密封。高效过滤器安装示意图见图 2-4。

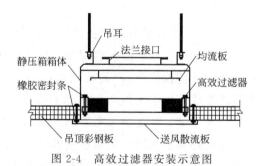

图 2-4 高效过滤器安装示意图

通过对高效过滤器测出允许的泄漏量，发现高效过滤器及其安装的缺陷所在，以便采取补救措施。高效过滤器检漏试验是粒子测定的基础，其重要性不亚于粒子测定。检漏试验和空气流速达到了规定要求，气流均匀度也在规定的控制范围内，则洁净度有了保证。

1. 检漏方法

（1）气溶胶作尘源，与气溶胶光度计配合　常用气溶胶为聚 α-烯烃（PAO）。PAO 法检漏仪器包括①尘源：PAO 溶剂；②气溶胶发生器：即产生烟雾的装置；③气溶胶光度计：即测定和显示气溶胶浓度的仪器。检漏原理是在被检测高效过滤器上风侧发生 PAO 气溶胶作为尘源，在下风侧用光度计进行采样，含尘气体经过光度计产生的散射光由光电效应和线性放大转换为电量，并由微安表快速显示。采集到的空气样品通过光度计的扩散室，由于粒子扩散引起灯光强度的差异，经测定这个光强度，光度计便可测得气溶胶的相对浓度。

（2）大气尘作尘源，与粒子计数器配合　因为光度计读数为瞬时读数，便于扫描，巡检速度快；而粒子计数器读数为累积读数，不利于扫描，巡检速度慢，另外由于在被测高效过滤器上风侧往往大气尘浓度较低，需补充发烟才能明显、容易地发现泄漏，因此气溶胶光度计检漏法恰恰弥补了粒子计数器法检漏的不足之处，在生产实际中前者采用较多。

2. 高效过滤器检漏的范围与检漏周期

高效过滤器检漏范围包括：①过滤器的滤材；②过滤器的滤材与其框架内部的连接；③过滤器框架的密封垫和过滤器组支撑框架之间；④支撑框架和墙壁或顶棚之间。

高效过滤器通常在以下状况下进行检漏：①新安装的高效过滤器；②更换后的高效过滤器；③正常使用条件下一年至少一次。高效过滤器扫描方法示意图见图2-5。

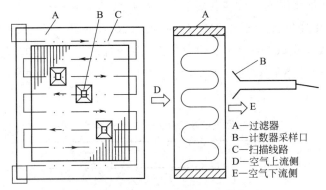

图2-5 高效过滤器扫描方法示意图

3. 高效过滤器检漏判断标准

由受检过滤器下风侧测得的泄漏浓度换算成穿透率，对于高效过滤器，不应大于过滤器出厂合格穿透率的2倍，对于D级高效过滤器不应大于出厂合格穿透率的3倍。

四、洁净度级别验证

在生产环境验证中，洁净度级别验证是对空气净化系统是否能达到规定的洁净度做出判断，即合格还是不合格。洁净室验证是HVAC系统验证的最后阶段，主要的测试有：①房间的洁净级别确认：在静态下按GMP的要求进行，测试方法可参照ISO 14644-1洁净室及环境控制的规定；②洁净室动态测试，包括空气微粒和微生物项目；③洁净室由动态恢复到静态标准的时间测试；④房间的温湿度。

静态测试和动态测试的次数可灵活组合。例如，对新系统或重大改造后的系统进行连续三次的静态测试，三次试验通常分别在3d完成，然后进行连续两周的模拟动态监测。对于已有系统的年度再验证，可以仅进行一次静态测试，动态监控可在生产时同步进行，或通过回顾过去一年的动态监控记录的形式完成。

1. 悬浮粒子的测定

悬浮粒子测定是通过测定洁净环境内单位体积空气中含大于或等于某粒径的悬浮粒子数，来评定洁净室（区）的悬浮粒子洁净度级别。

（1）悬浮粒子的测定方法　主要有自动粒子计数法及显微镜法。

① 自动粒子计数法　是把洁净室内粒径大于或等于 $0.5\mu m$ 的悬浮粒子，用光散射粒子

计数器连续计数的方法。其原理是利用空气中的悬浮粒子在光的照射下产生光散射现象，然后用悬浮粒子的光散射量与相同光散射量的标准粒子球体直径比较。

② 显微镜法　是把粒径大于或等于 5μm 的悬浮粒子，用滤膜显微镜计数的方法。其原理是用抽气泵抽取洁净室内的空气，把在测定用的滤膜表面上捕集到的粒径中大于 5μm 的粒子用显微镜进行计数。

(2) 悬浮粒子洁净度监测　监测悬浮粒子洁净度时，要控制监测的条件。洁净室（区）的温度和相对湿度应与其生产工艺要求相适应，温度控制在 18～24℃，相对湿度控制在 45%～60% 为宜。空气洁净度不同的洁净室（区）之间的压差应≥5Pa。测定悬浮粒子洁净度应注意采样点数目及其位置、采样点的采样次数和采样量的设置。

① 采样点数目及其位置　根据 GB/T 16292—2010 医药工业洁净室（区）悬浮粒子的测试方法，对于取样点数为 2～9 个的取样点，应遵循 95% 的置信限度要求，超过 9 个取样点的，可以不计算置信限度；取样点计算可以采用 ISO 的方法，也可按照表 2-4 确定。

表 2-4　空气洁净度测定的最少采样点数目

面积/m²	洁净度级别		
	A 级、B 级	C 级	D 级
<10	2～3	2	2
≥10～<20	4	2	2
≥20～<40	8	2	2
≥40～<100	16	4	2
≥10～<200	40	10	3

采样点的位置应根据产品生产工艺中的关键操作区设置。一般对于高效过滤器装在末端（天花板）的空气净化系统及单向流罩，只需在工作区（离地面 0.8m 处）均匀布置测点即可；而高效过滤器装在空调器内及末端为亚高效过滤器的空气净化系统，除在工作区布置测点外，还需在每个送风口处（离开风口约 0.3m）布置一个测点。

② 每个采样点的采样次数及采样量　根据 GB/T 16292—2010 要求，采样点的数目不得少于 2 个，总采样次数不得少于 5 次。每个采样点的采样次数可以多于 1 次，且不同采样点的采样次数可以不同；布点位置的风险：静态应力求均匀，不得少于最少采样点数。采样点少于 5 个时，在离地面 0.8m 高度的水平面上均匀布置；采样点多于 5 个时，在离地面 0.8～1.5m 高度的区域内分层布置。动态测试根据生产及工艺关键操作区设置。悬浮粒子测定时的最小采样量见表 2-5。

(3) 悬浮粒子洁净度级别的评定

① 采样数据处理　悬浮粒子浓度的采样数据应按下述步骤作统计计算。

a. 采样点的平均粒子浓度

表 2-5　悬浮粒子测定时的最小采样量

洁净度级别	采样量/(升/次)	
	≥0.5μm	≥5μm
A级、B级	5.66	—
C级	2.83	8.5
D级	2.83	8.5

$$A = \frac{C_1 + C_2 + \cdots + C_i}{N} \qquad (2\text{-}9)$$

式中　A——某一采样点的平均粒子浓度，粒/m³；

　　　C_i——某一采样点的粒子浓度（$i=1, 2, \cdots, n$），粒/m³；

　　　N——某一采样点上的采样次数，次。

b. 平均值的均值

$$M = \frac{A_1 + A_2 + \cdots + A_i}{L} \qquad (2\text{-}10)$$

式中　M——平均值的均值，即洁净室（区）的平均粒子浓度，粒/m³；

　　　A_i——某一采样点的平均粒子浓度（$i=1, 2, \cdots, L$），粒/m³；

　　　L——某一洁净室（区）内的总采样点数，个。

c. 准误差

$$SE = \sqrt{\frac{(A_1-M)^2 + (A_2-M)^2 + \cdots + (A_i-M)^2}{L(L-1)}} \qquad (2\text{-}11)$$

式中，SE 为平均值均值的标准误差，粒/m³。

d. 置信上限

置信上限（UCL）定义为：从正态分布抽样得到的实际均值按给定的置信度（此处为 95%）计算得到的估计上限将大于此实际均值，则称计算得到的这一均值估计上限为置信上限。

$$UCL = M + t \times SE \qquad (2\text{-}12)$$

式中，UCL 为平均值均值的 95% 置信上限，粒/m³；t 为 95% 置信上限的 t 分布系数，见表 2-6。

表 2-6　95% 置信上限的 t 分布系数

采样点数/L	2	3	4	5	6	7	8	9	>9
t	6.31	2.92	2.35	2.13	2.02	1.94	1.90	1.86	—

注：当采样点多于 9 个点时，不需要计算 UCL。

② 评定标准　在计算出上述结果后，要对结果评定。判断悬浮粒子洁净度级别应依据下述两个条件：a. 每个采样点的平均粒子浓度必须低于或等于规定的级别界限，即 A_i≤级别界限；b. 全部采样点的粒子浓度平均值的均值 M 的 95% 置信上限必须低于或等于规定的

级别界限,即 UCL≤级别界限。

A 级洁净区洁净级别确认:每个采样点的采样量不得少于 1m³。A 级洁净区空气悬浮粒子的级别为 ISO 4.8,以≥5.0μm 的悬浮粒子为限度标准。

B 级洁净区洁净级别确认:静态的空气悬浮粒子的级别为 ISO 5,同时包括表中两种粒径的悬浮粒子。

C 级洁净区洁净级别确认:静态和动态而言,空气悬浮粒子的级别分别为 ISO 7 和 ISO 8。

D 级洁净区洁净级别确认:静态空气悬浮粒子的级别为 ISO 8。

(4) 悬浮粒子洁净度级别评定示例　设某一百级单向流洁净室面积小于 $10m^2$,按表 2-3 规定采样点为 3 个,各点采样次数为 3 次,测得各采样点的 ≥0.5μm 粒子浓度如表 2-7 所列。

表 2-7　某一百级单向流洁净室采样点粒子浓度

采样点		1	2	3
采样点粒子浓度 /(粒/升)	①	0	3	2
	②	1	2	2
	③	0	2	1

则采样点的平均粒子浓度:

$$A_1 = \frac{0+1+0}{3} = 0.33 \text{ 粒/升}$$

$$A_2 = \frac{3+2+2}{3} = 2.33 \text{ 粒/升}$$

$$A_3 = \frac{2+2+1}{3} = 1.66 \text{ 粒/升}$$

该洁净室的平均粒子浓度:

$$M = \frac{0.33+2.33+1.66}{3} = 1.44 \text{ 粒/升}$$

$$SE = \sqrt{\frac{(1.44-0.33)^2+(2.33-1.44)^2+(1.66-1.44)^2}{3\times(3-1)}} = \sqrt{\frac{2.07}{6}} = 0.59$$

查表 2-6,$t=2.9$,则　UCL$=1.44+2.9\times0.59=3.15$ 粒/升

由此可判其悬浮粒子洁净度级别达到 A 级。

这里需要说明,我国 GMP(2010 年版)附录对洁净室尘粒数与微生物浓度标准作了如下规定:"洁净室(区)在静态条件下检测的尘埃粒子数、浮游菌或沉降菌数必须符合规定,应定期监控动态条件下的洁净状况"。也就是说,洁净室(区)空气洁净度的测定要求为静态测试,动态监控。所谓静态测试,是指洁净室(区)净化空调系统已处于正常运行状态,工艺设备已安装,但在洁净室(区)内没有生产人员的情况下进行的测试;动态测试是指洁净室(区)已处于正常生产状态下进行的测试。为了对静态下测得的含尘浓度和运行时(动态)测得的浓度关系进行比较,验证时可按动、静比取(3~5):1 判定。

空气洁净度级别以静态控制为先决条件、动态控制为监控条件是必要的，因为生产环境的污染控制，最终必然是正常生产状态下空气中悬浮微粒和微生物的控制。

2. 微生物的测定

细菌通常看不见，因此可将它们采集或沉降到培养基中培养。细菌培养时，由一个或几个细菌繁殖而成的一细菌团称为菌落形成单元（CFU），亦称菌落数。浮游菌用计数浓度表示（CFU/L 或 CFU/m^3），沉降菌用沉降浓度表示［CFU/（皿·min）］。

微生物进行动态监测，评估无菌生产的微生物状况。监测方法有沉降菌法、定量空气浮游菌采样法和表面取样法（如棉签擦拭法和接触碟法）等。

(1) 浮游菌的测定　浮游菌的测定应采用国家标准《医药工业洁净室（区）浮游菌的测试方法》（GB/T 16293—2010）的规定。通过采集悬浮在空气中的生物性微粒，置于专门的培养基平皿内，在适宜的生长条件下让其繁殖到可见的菌落进行计数，通过计算单位体积空气中的活微生物数，来评定洁净室（区）的洁净度。

① 测定仪器　浮游菌测定仪器有如下几个。a. 浮游菌采样器：如狭缝式采样器或离心式采样器。狭缝式采样器由附加的真空抽气泵抽气，通过采样器的缝隙式平板，将采集的空气喷射并撞击到缓慢旋转的平板培养基表面上，附着的活微生物粒子经培养后形成菌落，计数。离心式采样器由于内部风机的高速旋转，气流从采样器前部吸入从后部流出，在离心力的作用下，空气中的活微生物粒子有足够的时间撞击到专用的固形培养条上，经培养后形成菌落，计数。b. 真空抽气泵：真空抽气泵的排气量应与采样器匹配，宜采用无油真空抽气泵，必要时可在排气口安装气体过滤器。c. 恒温培养箱：必须定期对培养箱的温度计进行检定。

② 培养皿和培养基　狭缝式采样器一般采用 ϕ150mm×15mm、ϕ90mm×15mm、ϕ65mm×15mm 三种规格的硼硅酸玻璃培养皿。可根据采样器选择合适的培养皿。离心式采样器采用专用的固形培养条。培养基选用普通肉汤琼脂培养基或其他药典认可的培养基。将培养皿置于121℃湿热灭菌20min 或 180℃干热灭菌2h。将培养基加热熔化，冷却至45℃时，在无菌操作要求下将培养基注入培养皿。注入量分别为 ϕ65mm 培养皿约 10ml，ϕ90mm 培养皿约 20ml，ϕ150mm 培养皿约 60ml。待琼脂凝固后，将培养基平皿倒置于 30~35℃的恒温培养箱中培养48h，若培养基平皿上确无菌落生长，即可在 2~8℃的环境中存放供采样用。

③ 测定步骤　a. 消毒：仪器、培养皿表面必须严格消毒。采样前先用消毒剂消毒采样器的顶盖、转盘以及罩子的内外表面以及培养皿的外表面；采样后再用消毒剂喷射罩子的内壁和转盘，采样口及采样管必须灭菌处理。采样者应穿戴与被测洁净区域相应的工作服，在转盘上放入或调换培养皿前，双手应用消毒剂消毒。b. 采样：开动采样器真空泵，使采样器中的残余消毒剂蒸发，时间不少于5min，并调好流量、转盘转速。关闭真空泵，放入培养皿，盖上盖子后调节采样器狭缝高度。置采样口于采样点后，依次开启采样器、真空泵、转动定时器，根据采样量设定采样时间。c. 培养：采样结束后，将培养皿倒置于恒温培养箱 30~35℃下培养，时间不少于48h，每批培养基应有对照试验，用于检验培养基本身是否污染。d. 菌落计数：用肉眼直接计数、标记或在菌落计数器上点计，然后用 5~10 倍放大

镜检查是否有遗漏。若平板上有2个或2个以上的菌落重叠,可分辨时仍以2个或2个以上菌落计数。

④ 测定规则　测定状态有静态和动态两种,静态测定时,室内测定人员不得多于2人。测定状态的选择必须符合生产的要求,并在报告中注明测定状态。浮游菌测定前,被测定洁净室(区)应经过消毒,温度、相对湿度须达到规定的要求,静压差、换气次数、空气流速必须控制在规定值内。

测定开始的时间:测定单向流洁净室时,应在净化空调系统正常运行不少于10min后开始;测定非单向流洁净室时,应在净化空调系统正常运行不少于30min后开始。

⑤ 浮游菌浓度计算

a. 采样点数量及其布置　浮游菌测定分为日常监测及环境验证两种情况,最少采样点数目见表2-8。

表2-8　浮游菌测定的最少采样点数目

面积/m²	洁净度级别					
	A/B		C		D	
	验证	监测	验证	监测	验证	监测
<10	2~3	1	2	1	2	—
≥10~<20	4	2	2	1	2	—
≥20~<40	8	3	2	1	2	—
≥40~<100	16	4	4	1	2	—
≥100~<200	40	—	10	—	3	—
≥200~<400	80	—	20	—	6	—
400	160		40		13	

注:1. 表中的面积,对于A级、B级单向流洁净室,指的是送风口表面积;对于C级、D级的非单向流洁净室,指的是房间面积。

2. 日常监测的采样点数目由生产工艺的关键操作点来确定。

采样点的位置与悬浮粒子采样点位置相同。工作区测点位置离地0.8~1.5m(略高于工作面),送风口测点位置离开送风面30cm左右,可在关键设备或关键区,如药液灌装口增加测点。

洁净室(区)采样点的布置力求均匀,避免采样点在某局部区域过于集中或某局部区域过于稀疏。

采样量根据日常检测及环境验证确定,每次最小采样量见表2-9。

b. 采样次数　每个采样点一般采样1次。

c. 采样注意事项　对于单向流送风口,采样时采样管口应正对气流方向;对于非单向流送风口,采样管口应向上。布置采样点时,至少应离开尘粒较集中的回风口1m以上;测试中应记录房间温度、相对湿度、压差及测试状态。

表 2-9　最小采样量

洁净度级别	采样量/(升/次)	
	日常监测	环境验证
A级、B级	600	1000
C级	400	500
D级	50	100

d. 结果计算　用计数方法得出各个培养皿的菌落数。每个测点的浮游菌平均浓度：

$$平均浓度(个/m^3) = \frac{菌落数}{采样量}$$

例1：某测点采样量为400L，菌落数为1，则：

$$平均浓度 = \frac{1}{0.4} = 2.5 \text{ 个}/m^3$$

例2：某测点采样量为$2m^3$，菌落数为3，则：

$$平均浓度 = \frac{3}{2} = 1.5 \text{ 个}/m^3$$

⑥ 评定标准　用浮游菌平均浓度判断洁净室（区）空气中的微生物浓度。a. 每个测点的浮游菌平均浓度必须低于 GMP（2010年修订）附录评定标准中关于细菌浓度的界限。b. 若某测点的浮游菌平均浓度超过评定标准，则必须对此区域先行消毒，然后重新采样两次，两次测试结果必须合格。

(2) 沉降菌的测定　沉降菌的测定应采用国家标准《医药工业洁净室（区）沉降菌的测试方法》（GB/T 16293—2010）的规定。测试方法采用沉降法，通过自然沉降原理收集空气中的生物性微粒，在适宜的条件下让其繁殖到可见的菌落进行计数，以平板培养皿中的菌落数来判定洁净环境内的活微生物数，并以此来评定洁净室（区）的洁净度。

沉降菌测定所用设备主要为高压消毒锅、恒温培养箱、培养皿（$\phi 90mm \times 15mm$ 的硼硅酸玻璃培养皿）和培养基（普通肉汤琼脂培养基或药典认可的其他培养基）。

① 测定步骤

a. 采样方法　将已制备好的培养皿按要求放置，打开培养皿盖，使培养基表面暴露0.5h，再将培养皿盖盖上后倒置。

b. 培养　全部采样结束后，将培养皿倒置于30～35℃的恒温培养箱中培养，时间不少于48h。每批培养基应有对照试验，检验培养基本身是否污染。

c. 菌落计数　用肉眼直接计数，标记或在菌落计数器上点计，然后用5～10倍放大镜检查有否遗漏。若培养皿上有2个或2个以上菌落重叠，可分辨时仍以2个或2个以上菌落计数。

② 注意事项　测定用具要做灭菌处理，以确保测试的可靠性、正确性。对培养基、培养条件及其他参数做详细记录，由于细菌种类繁多，差别甚大，计数时一般用透射光于培养皿背面或正面仔细观察，不要漏计培养皿边缘生长的菌落。

③ 测试规则

a. 测试状态　有静态和动态两种，测试状态的选择必须符合生产的要求。沉降菌测试前，被测试洁净室应经过消毒，温湿度应达到规定的要求，静压差、换气次数、空气流速必须控制在规定值内。

b. 测试人员　必须穿戴符合环境洁净度级别的工作服；静态测试时，室内测试人员不得多于2人。

c. 测试时间　测定单向流洁净室时，应在净化空调系统正常运行不少于10min后开始；测定非单向流洁净室时，应在净化空调系统正常运行不少于30min后开始。

d. 沉降菌计数　沉降法的最少采样点数与悬浮粒子测定方法的采样点数相同。沉降菌测定在满足最少采样点数的同时，还需满足最少培养皿数，如表2-10所示。

表2-10　沉降菌测定的最少培养皿数

洁净度级别	所需 ϕ90mm 培养皿数(以沉降0.5h计)
A、B	14
C	2
D	2

④ 采样点的位置　与悬浮粒子的采样点位置相同。工作区采样点的位置离地0.8～1.5m（略高于工作面），可在关键设备或关键工作区增加采样点。测定时应记录房间温度、相对湿度、压差及测试状态。

⑤ 结果计算　用计数方法得出各个培养皿的菌落数。测点的沉降菌平均菌落数：

$$\overline{M} = \frac{M_1 + M_2 + \cdots + M_n}{n}$$

式中，$\overline{M}$ 为平均菌落数；M_1 为1号培养皿菌落数；M_2 为2号培养皿菌落数；M_n 为n号培养皿菌落数；n 为培养皿总数。

拓展知识

一、环境消毒效果的验证

1. 环境消毒措施

我们在使用洁净技术获得一定洁净度的洁净环境后，不能认为洁净室内的微生物数控制在规定的范围内，室内各种表面就不沾污细菌了。实际生产时，由于人员和物料的进出、机器的运行，均会产生尘粒从而滋生细菌。据统计，在各种污染源中，人体是主要的细菌来源。当温度、湿度合适时，细菌即在洁净室的地面、墙面、顶棚、机器表面繁殖，并不时被气流吹散到室内。因此，保持洁净环境就显得特别重要。

保持洁净环境的措施往往是综合性的，比如室内表面的清洁、消毒处理；工器具进入无菌室前的消毒处理；洁净服装的洗涤、晾干、包装处理；无菌衣的高温灭菌处理；无菌室人员建立更衣的标准操作程序等。

2. 灭菌与消毒

为防止误用,灭菌、除菌、消毒这三个概念必须加以区别。灭菌是指利用理化方法杀灭物体或介质中的所有的微生物,包括细菌的芽孢;除菌则是利用物理截留原理除去物体或介质中的微生物,但往往不能除去细菌孢子;消毒则是利用理化方法杀灭或抑制物体或介质中的微生物,使之微生物数量减少到安全或相对安全的程度。

在药品生产中,灭菌法和除菌法常用于无菌制剂生产过程的灭菌,常用的方法有:湿热灭菌法、干热灭菌法、除菌过滤法、辐射灭菌法、环氧乙烷灭菌法等,灭菌效果往往使用生物指示剂监测,用无菌保证值 SAL 来表示。而消毒法常用于环境清洁,选用消毒剂来杀灭繁殖期的微生物,使之达到与消毒目的相符合的安全水平,但不能保证被消毒的对象无菌。

3. 常用消毒方法

(1) 紫外线法消毒　紫外线灭菌灯(简称紫外灯)主要用在洁净工作台、层流罩、物流传递窗、风淋室乃至整个洁净房间的消毒。紫外灯的杀菌力取决于紫外线的波长(136～390nm),短波具有杀菌力,消毒用的紫外灯应限制在短波的波长范围内,以 254nm 的杀菌力最强,紫外灯具有安装方便、无耐药菌株产生等特点。

(2) 臭氧消毒　臭氧(O_3)的消毒原理是:臭氧在常温、常压下分子结构不稳定,很快自行分解成氧(O_2)和单个氧原子(O),后者具有很强的活性,对细菌有极强的氧化作用,可氧化分解细菌内部氧化葡萄糖所必需的酶,从而破坏其细胞膜,将它杀死。多余的氧原子则会自行重新结合成为普遍氧分子(O_2),不存在任何有害残留物,故称无污染消毒剂。臭氧不但对各种细菌(包括肝炎病毒、大肠杆菌、绿脓杆菌及杂菌)有极强的杀灭能力,而且对杀灭霉菌也很有效。

臭氧一般通过高频臭氧发生器(电子消毒器)来获得。消毒时直接将臭氧发生器置于房间中即可。空气中使用臭氧消毒的浓度很低,可根据房间体积及臭氧发生器的臭氧产量来计算。

(3) 气体消毒　环境空气也常采用某种消毒液,在一定条件下让其蒸发产生气体来达到熏蒸灭菌的目的。消毒液有甲醛、环氧乙烷、过氧乙酸、石炭酸和乳酸的混合液等。

(4) 消毒剂消毒　洁净室的墙面、天花板、门、窗、机器设备、仪器、操作台、车、桌、椅等表面应定期清洁并用消毒剂喷洒。常见的消毒剂有异丙醇(75%)、乙醇(75%)、戊二醛、新洁尔灭等。

4. 洁净室常用消毒剂的配制

无菌室所使用的消毒剂应在净化工作台上配制,需过滤的应准备好已灭菌(122.1℃,45min)的滤膜及容器。过滤好的消毒剂应在盛放瓶上注明消毒剂的名称、批号、配制日期及失效期,放在无菌室中。

(1) 75%酒精溶液(体积分数)的配制　先取适量 95%的乙醇溶液用定性滤纸过滤,再将冷却的注射用水加到过滤的乙醇溶液中充分混合,直到酒精比重计读数为 75%。将配制好的溶液用 0.22μm 混合纤维素酯微孔滤膜过滤后,放入已灭菌的瓶中待用。此溶液须在 48h 内使用。

(2) 0.1%新洁尔灭溶液(体积分数)的配制　在 49ml 的注射用水中加入 1ml 的 5%新

洁尔灭溶液并搅拌均匀,将配制好的溶液用0.22μm混合纤维素酯微孔过滤膜过滤后放入已灭菌的瓶中待用。此溶液须在48h内使用。

(3) 5%麝香草酚溶液(质量分数)的配制　在95g的50%乙醇溶液中加入5g麝香草酚并搅拌均匀。此溶液不必过滤,但必须在24h内使用,主要用于杀霉菌。

(4) 2%戊二醛溶液(质量分数)的配制　在250g的20%戊二醛溶液中加入注射用水至2500g,再加入1.3g缓冲剂并搅拌均匀。此溶液不必过滤,但须在24h内使用。

5. 环境消毒效果验证方法

对于一个洁净厂房来说,清洁和消毒是控制微生物污染、保持洁净环境的主要措施。清洁和消毒必须制定相应的清洁与消毒规程,并定期进行验证,以确证清洁与灭菌的有效性。环境消毒效果验证的方法有生物指示剂试验和表面污染试验等。

(1) 生物指示剂试验　生物指示剂(BI)菌种可选用枯草芽孢杆菌孢子。在消毒前,将装有一定数量BI菌种(应不少于10个)的表面皿置于各被测房间内的中央地面,打开表面皿,消毒结束后,回收BI放入大豆酪素消化液体培养基中,在37℃下培养3d,观察细菌是否被灭活。若没有细菌生长,则为合格。

(2) 表面污染试验　表面微生物污染试验的方法有培养皿接触法、棉签擦抹法等。

① 培养皿接触法　仅适用于平面采样。将已经灭菌处理的培养皿(通常直径为50mm)内琼脂直接与设备表面接触采样,然后加盖在预定时间内和规定温度下(例如30~35℃或20~25℃)进行培养,计数,必要时应进行菌种鉴别。

② 棉签擦拭法　不仅适用于平面采样,也适用于培养皿无法接触到的区域采样。如设备内、外表面、墙角、窗台等表面采样。采样面积设定为:当被采表面小于$100cm^2$时,采集全部表面,当被采表面等于或大于$100cm^2$时,则取$100cm^2$。采样时,可将经过灭菌处理的棉签用灭菌稀溶液(如生理盐水)湿润,充分擦拭取样区域,剪去手接触部分棉签,将棉球放入装有10ml采样液的试管中送检。

6. 环境消毒效果验证的合格标准

消毒是欲使微生物的数量减少至安全或相对安全的水平。这里所指的安全或相对安全的水平,实际上是指被消毒对象经消毒后的微生物残存数是否符合相应的洁净室级别要求。因此,无论是室内表面的清洁、消毒处理的效果还是工器具进入无菌室前的消毒处理效果,其验证的合格标准应按我国GMP(2010年版)规定的洁净室菌浓度标准执行,详见表2-11。

7. 消毒效果验证实例

××设备进入B级洁净室前的消毒效果验证

(1) 消毒过程概述　按照GMP规定,设备进入B级洁净室前必须在设备气闸室内进行消毒,而人员不得通过设备气闸室直接进入无菌室。

消毒按设备进入B级洁净室前的消毒SOP执行。其操作过程大致如下:一个操作者将设备从C级区搬入气闸室,立即关上进门,然后对设备进行消毒,消毒完毕后操作者从进门处退出。待设备在气闸室滞留达到规定时间后,另一操作者从B级区侧进入气闸室并关上门,对第一个操作者曾触及的设备部位和地板部位进行消毒,当设备滞留达到规定时间后,搬入B级区。

表 2-11　洁净区微生物监测的动态标准

洁净度级别	浮游菌 /(CFU/m³)	沉降菌 /(CFU/m³)	表面微生物	
			接触(φ55mm) /(CFU/碟)	5指手套 /(CFU/手套)
A 级	<1	<1	<1	<1
B 级	10	5	5	5
C 级	100	50	25	—
D 级	200	100	50	—

(2) 消毒效果验证步骤　消毒效果验证的一般步骤如下。

① 消毒前取样　消毒前先对设备进行采样，采样点按验证方案执行。

② 消毒操作　用消毒 SOP 规定的消毒剂对设备进行全面消毒，消毒操作人员不应知道采样点位置。

③ 消毒后采样　消毒结束后，当达到滞留规定时间后，按验证方案规定的采样点及采样数量对××设备进行采样，但采样区域应与消毒前采样区域不相同。设备消毒前后的采样点比较见表 2-12。

表 2-12　××设备消毒前后的采样点比较

样品号	采样方法		消毒前采样点	消毒后采样点
	培养皿接触采样	棉球擦抹采样		
1		√	左后轮	右后轮
2		√	左前轮	右前轮
3		√	把手右侧	把手左侧
4		√	设备右前角	设备左前角
5		√	设备左后角	设备右后角
6	√		设备上表面左侧	设备上表面右侧
7	√		设备底表面右侧	设备底表面左侧

④ 采集样品应尽快送检，检验结果与表 2-10 所列标准对照，判断消毒效果是否合格。

二、洁净室环境验证的周期

在药品生产过程中，影响洁净室环境质量的因素很多，因此，生产一定周期后，空气洁净度级别处于一个什么状态，应进行再验证。制药企业应自行对洁净室环境验证的周期制定一个管理规程。

1. 确定洁净室环境验证周期的原则

一般说来，空气净化系统在新建、改建之后必须全面验证。当系统正常运行后，应做日常的监测记录工作，如房间的温湿度、风压以及定期测定微生物和悬浮微粒浓度。

空调净化系统中的空气平衡工作是一项技术性较强、调试复杂的工作；一经调整，平时不可随意变动风阀位置，若发现风压流向不对，应找出原因后，才能调整风阀，以免破坏空气的平衡，尤其是无菌生产区域，房间多，洁净级别不同，风压差逐步降低，任何风阀位置的变动，都会引起各房间风压的连锁反应。空调净化系统调试完毕后，应定期检查风量，并计算出各房间的换气次数。风量的检查可1年进行1～2次。根据积累的验证参数，科学、合理地确定一个环境验证的周期。

2. 定期测试的项目

无菌药品生产环境每年还要定期测试以下项目。

① 空调净化系统的风量每年检查1～2次，并核算出各房间的换气次数。

② 对于洁净级别A级到C级的房间，生产期间每天应测定悬浮粒子数、浮游菌或沉降菌数，采样量及采样数目可以适当减少。

③ 生产期间每天应进行表面污染及人体细菌测试。

④ 在停止生产、空调净化系统关闭后，如要恢复生产，需按验证要求重新进行悬浮粒子、浮游菌或沉降菌的测试。

表2-13给出了无菌生产区域日常监测的内容，可结合具体情况逐步实施。

表 2-13　无菌生产区域日常监测内容

项目	洁净度	浮游菌	表面细菌污染	人体细菌污染
频率	A级（层流罩下）	每班1个样品	每班3个样品	每班从任一操作工身上取一样品
	C级（房间）	每班1个样品	每个房间每周3个样品	轮流取样
位置	A级、B级	关键操作工艺口处	任意取样	任意取样
	C级	工作面处	在墙、天花板及非接触药物的设备处任意取样	从在该洁净区域工作的操作工中任意取样
采样方法		浮游菌采样器	培养皿或棉球擦抹法	培养皿或棉球擦抹法
采样量		$1m^3$	至少 $25m^2$	手套5个手指表面及 $25m^2$ 外套表面

实践内容　空气净化系统的再验证

【实践目的】

1. 掌握净化系统的再验证项目。
2. 熟悉空气净化系统的取样方法。
3. 熟悉粒子计数仪的使用方法。

【实践场地】

固体制剂生产车间。

【实践内容】

净化系统的再验证由质量管理部提出，设备工程部、生产技术部、质量管理部共同参与实施。本次验证的目的是再次确认综合制剂车间使用一定时期后的HVAC系统的各项性能符合GMP要求，该系统能满足洁净区D级洁净度及生产产品工艺要求。

工艺流程简述：新风初效过滤器过滤后与操作室的回风混合，经空调机组内进行冷却、加热、加湿、除湿等处理，再经中效过滤器、高效过滤器，最后进入洁净室内，清洁室不可利用风将直接排出室外。

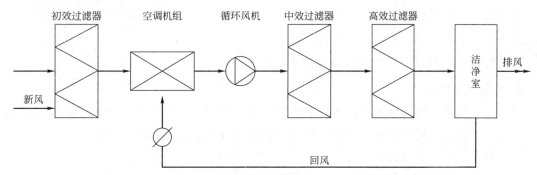

空调系统流程图

1. HVAC系统测试仪器、仪表的性能确定

在HVAC系统的测试、调整及监控过程中，需要对空气的状态参数和冷热媒的物理参数、空调设备的性能、房间的洁净度等进行大量的测定工作，将测得的数据与设计数据进行比较、判断，这些物理参数的测定需要通过比较准确的仪表及仪器来完成。故此首先应该对其进行性能确定。

检验对象：测试用仪器仪表；HVAC系统机组上仪器仪表。

检验方法：对其检验报告进行确认并观察其运行是否正常接受标准，运行正常。

2. HVAC系统安装情况的稳定性检查

检查使用一年的空气净化系统的各安装环节是否正常，以确保系统的稳定运行。

检查内容：由于在一年的运行中，空调系统安装方案未做调整，设备无更换及大修，故只对其原有设备的安装图、说明书、报告书及各种手册以及仪表管道图、空调系统图、空调处理单元结构示意图、分区平面图、空调参数图等进行检查。

接受标准：保证各图纸文件无丢失无缺损，内容无改动，与现实情况相符合。

3. HVAC系统运行确认

证明运行一年的HVAC系统有无异常情况，风机、排风机、除尘机运行是否正常。

运行确认的对象：检测风机的电流、电压、运转声音是否正常；检测过滤器的压差（终阻力）；检测冷却系统进口温度和加热系统进口压力。

检查方法：通过仪器上的仪表检测风机及排风机电流、电压，现场听取运转声音；观测初效及中效过滤器的气压表以检测过滤器的压差；观测冷却系统进出口温度表、压力表，加热系统进口压力表；由于排风机建立于粉尘较大和温度较高的洁净房间内，故对其房间进行静态悬浮粒子检测，以确定除尘机运行情况（按《洁净室悬浮粒子检测操作规程》进行操作）。

接受标准：风机及排风机的电流和电压应满足其额定电压，接在有保护装置的电源上，风机运行声音应无异常。初效过滤器的初阻力应为15～30Pa，中效过滤器的初阻力应为

20～40Pa，终阻力应小于初阻力的两倍。

冷却系统进口温度及压力应7～10℃、0.3～0.4MPa，出口压力应为0.2～0.3MPa，加热系统进口压力应<0.4MPa。安装有除尘机的房间应满足30万级洁净区悬浮粒子数要求。

4. HVAC系统保养记录检查

确认运行一年的HVAC系统的日常维护保养是否正常进行，确认应定期清洁、定期更换、定期保养的部件的具体情况，是否符合规定。

检查对象：主要对日常维护保养记录进行检查。

接受标准：日常维护保养记录内容需详细、完整。

5. 高效过滤器检漏

通过对高效过滤器的泄漏量检测，以确认高效过滤器及其与风管之间的密封是否完好，如有泄漏，以便于及时采取补救措施。因此，高效过滤器必须定期进行检漏。

检测仪器：粒子计数仪。

检测对象：对车间内各房间高效过滤器进行检漏。

检测方法：检漏时用粒子计数仪采样器放在被检部位的下面2～3cm处，对被检过滤器的整个断面，封头处和边框进行扫描检查，以粒子计数仪显示器无脉冲现象为合格。

接受标准：不得有泄漏处。一旦在线检测时发现高效过滤器泄漏，可用硅胶修补，但在一个过滤器上，全部修补点的面积总和应小于过滤器面积5%，检测结果见。

6. HVAC系统性能确认

确认使用一年的空气净化系统全负荷运行情况下的各项性能是否符合规定，是否满足D级洁净级别的生产要求。

（1）性能确认对象：检测高效过滤器的风速、风量并对换气次数进行计算。

检测仪器：风速仪。

检测方法及计算

① 风速的检测方法及计算：由于送风口为矩形风口，尺寸较小，故在风口处取5个测试点，用风速仪贴近各测量点，测得各点风速，求出5个测试点的平均风速。

测试点布置如图所示：

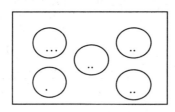

计算方法：

风口的平均风速 $$V=\frac{V_1+V_2+V_3+V_4+V_5}{n}(m/s)$$

式中，V_1、V_2、V_3、V_4、V_5为各测点风速，m/s；n为测点总数，个。

② 风量检测方法及计算：按《洁净室施工及验收规范》及《药品生产验证指南》中规定进行测定送风量。采用风速×截面积法。

$$风口风量\ L=3600FV\,(\mathrm{m^3/h})$$

式中，F 为风口通风面积，$\mathrm{m^2}$；V 为测得的风口平均风速，$\mathrm{m/s}$。

③ 换气次数的计算：根据测得的送风量及房间容积计算换气次数。

$$n(次/\mathrm{h})=\frac{L_1+L_2+\cdots+L_n}{A\times H}$$

式中　　　　　n——换气次数，次/h；

L_1，L_2，…，L_n——房间各送风口的送风量，$\mathrm{m^3}$；

　　　　　　A——房间面积，$\mathrm{m^2}$；

　　　　　　H——房间高度，m。

可接受标准：换气次数≥12次/h。

实测风速应在设计风速的100%～120%。

各风口的风量：在各自设计的风量的85%～115%。

系统实测风量：在设计风量的100%～120%。

(2) 房间静压差测定（风压测定）　通过此测定，查明洁净室和邻室之间是否保持必需的正压或负压，从而知道空气的流向，这一项测定应在风量测定之后进行。测定前应将所有的门都关闭并开启房间中的排风机或除尘器。

① 检测仪器：岗位压差表（校验有效期内）。

② 检测方法：检测前将所有门关闭，并开启空调系统，以平面上最里面的房间依次向外测定。

③ 检测频率：每日检测，每5小时读数记录1次。

④ 接受标准：相邻不同级别房间的静压差绝对值应≥5Pa，洁净室与室外的压差应≥10Pa。

(3) 房间温湿度测定　是确认HVAC系统具有将洁净厂房温度、相对湿度控制在设计要求范围内的能力。温湿度测定应在风量确认后进行。

① 检测仪器：温度表、湿度表。

② 检测方法：通过温度表、湿度表对各房间进行检测。

③ 检测频率：每日检测，每5小时读数记录1次。

④ 接受标准：温度为18～26℃、相对湿度为45%～65%。

(4) 悬浮粒子数的测定　各工作间清洁消毒后，对洁净室空气中的悬浮粒子数进行预测定，以便在测定时发现问题，及时解决。

① 检测仪器：尘埃粒子计数仪。

② 检测方法及计算：按《尘埃粒子监测操作规程》操作。

③ 接受标准：悬浮粒子最大允许数/立方米符合GMP要求。

(5) 沉降菌检测　评定洁净室的洁净度。

① 所用的仪器和设备：高压消毒锅、恒温培养箱、培养皿、培养基。

② 检测方法及计算：按《洁净室（区）沉降菌监测规程》实施。

③ 接受标准：微生物最大允许数符合GMP要求，洁净室内的平均菌落数必须低于所选定的评定标准。

用平均菌落数判断洁净室空气中的微生物。若某洁净室内的平均菌落数超过评定标准，则必须对此区域先进行消毒，然后重新采样两次，测试结果均须合格。

（6）性能检测周期及结果评价　系统连续运行3个星期，分为3个周期，每个周期7d。

检测项目及检测频率

检测项目	检测方法	检测频率
悬浮粒子数	洁净区悬浮粒子监测操作规程	每周检测一次
沉降菌数	洁净区沉降菌监测操作规程	每周检测一次
温湿度控制	—	每日检测，每5小时读数记录1次
压差	—	每日检测，每5小时读数记录1次

【实践要求】
1. 洁净室悬浮粒子测试记录。
2. 高效过滤器风速、风量检测和换气次数记录。
3. 各房间采样记录。
4. 洁净室沉降菌测试记录。

项目四　制药用水系统的验证

学习目标

【知识目标】
1. 掌握纯化水制水系统的构造。
2. 熟悉注射用水系统的构造。
3. 掌握纯化水系统验证的检测指标及要求。
4. 了解注射用水系统验证的检测指标及要求。

【技能目标】
1. 能进行纯化水系统的验证。
2. 会进行注射用水系统验证。

必备知识

水是药品生产中使用最广、用量最大的一种辅料，用于药品生产过程及药物制剂的制备，许多国家或地区都在药典中对制药用水的质量做出明确的规定。制药用水的质量直接影响药品的质量，因此制药用水的质量控制，特别是其微生物学指标的控制是极其重要的，合理的操作规程、水系统的日常监测策略可以进一步降低制药用水系统的风险指数。对于工艺用水系统而言，要能保证制药用水系统生产出的水在任何时候是好的。

我国 2010 年版药典将制药用水分为饮用水、纯化水、注射用水及灭菌注射用水，并分别给出了如下定义："饮用水"为天然水经净化处理所得的水；"纯化水"为饮用水经蒸馏法、离子交换法、反渗透法或其他适宜的方法制备的制药用水；"注射用水"为纯化水经蒸馏所得的水，应符合细菌内毒素试验要求；"灭菌注射用水"为注射用水按照注射剂生产工艺制备所得的水，主要用于注射用灭菌粉末的溶剂或注射剂的稀释剂。制药企业由于某些特定生产工艺采用的水，如大容量注射剂使用的灌洗用水、初淋水、终淋水等必须分别符合药典关于饮用水、纯化水或注射用水的质量要求。

制药用水系统（以下简称制水系统）一般由若干制造单元设备组成。制水单元设备的配置主要取决于原水的水质及制剂工艺对水质的要求，由于原水水质的波动较大，制水系统出水质量往往是不稳定的，因此必须进行验证，然后严密地进行日常监测和控制。

制水系统验证的目的在于证明该系统能保证按照设计的要求稳定地生产规定数量和质量的合格用水。要完成这一任务必须在一个较长的时间内，对系统在不同运行条件下进行抽样检验，并做出文字性报告作为依据。

以下主要通过讨论制水工艺，包括水的制备、储存、分配和微生物控制等影响制药用水质量的环节，确定制水系统验证中的具体试验项目和检测指标，并为制水系统日常监控的管理提供一个可靠的恰当的警戒参数。

一、制药用水标准

1. 饮用水的标准

我国现行饮用水质量标准由 GB 5749—2006 替代了 GB 5749—1985 标准，微生物检查指标由 2 项增至 6 项；增加了大肠杆菌、耐热大肠菌群、贾第鞭毛虫和隐孢子虫检查，修订了大肠菌群的检验方法。饮用水的微生物检查指标见表 2-14。

表 2-14 饮用水的微生物检查指标

标准	指标	限值
大肠菌群	MPN/100ml 或 CFU/100ml	不得检出
耐热大肠菌群	MPN/100ml 或 CFU/100ml	不得检出
大肠杆菌	MPN/100ml 或 CFU/100ml	不得检出
菌落总数	CFU/ml	100
贾第鞭毛虫	10L	<1 个
隐孢子虫	10L	<1 个

注：1. 大肠菌群 MPN 表示最可能数。当水样检出总大肠菌群时，应进一步检验大肠杆菌或耐热大肠菌群。
2. CFU 表示菌落形成单位。

饮用水水质标准检测项目包括浑浊度、pH 值、总硬度、重金属与非金属离子、微生物限度等，其中浑浊度与微生物限度是制药用水控制的主要质量指标。

浑浊度是指水中均匀分布的悬浮及胶体状态的颗粒使水的透明度降低的程度。浑浊度的单位标准为FTU，即每含有1mg/L标准土（白陶土、硅藻土）的浑浊液的浑浊度为一度。饮用水的其他各项理化指标也应达到规定的标准。

2. 纯化水的标准

纯化水（purified water，PW）系指饮用水中的电解质几乎已完全去除，不溶解胶体物质与微生物，溶解的气体、有机物等也已被去除至很低程度。为确保用水过程中水质的高纯度，在使用前还需进行包括混合床与膜过滤等在内的终端处理。纯化水的水质标准见表2-15。

3. 注射用水的标准

注射用水（water for injection，WFI）为纯化水经蒸馏所得的水。注射用水与纯化水的主要区别在于对水中微生物和热原物质污染水平的控制。《中国药典》（2010年版）没有对纯化水的细菌内毒素加以控制，但对注射用水的细菌内毒素控制标准定为小于0.25EU/ml，并就防止微生物问题提出了原则的要求："注射用水必须在防止内毒素产生的设计条件下生产、贮藏及分装"。注射用水的水质标准见表2-15。

《中国药典》（2010年版）关于制药用水的质量标准，除适当减少了某些化学检查项外，主要是增加两项检查：①电导率检查，用于控制各种阴阳离子的污染程度；②总有机碳检查，控制有机污染（有机小分子），上述两项的在线检测可对制水系统进行实时流程监控。

表2-15 纯化水和注射用水水质标准

检验项目	纯化水（PW）	注射用水（WFI）	检测手段
酸碱度	符合规定	—	在线检测或离线分析
pH	—	5~7	在线检测或离线分析
硝酸盐	<0.000006%	同纯化水	采样和离线分析
亚硝酸盐	<0.000002%	同纯化水	采样和离线分析
氨	<0.000003%	同纯化水	采样和离线分析
电导率	符合规定 不同温度对应不同的规定值 如 20℃<4.3μS/cm；25℃<5.1μS/cm	符合规定 不同温度对应不同的规定值 如 20℃<1.1μS/cm；70℃<2.5μS/cm	在线用于生产过程控制。后续取水样进行电导率的实验室分析
总有机碳（TOC）	<0.5mg/L	同纯化水	在线TOC进行生产过程控制。后续取样进行实验室分析
易氧化物	符合规定	—	采样和离线分析
不挥发物	1mg/100ml	同纯化水	采样和离线分析
重金属	<0.00001%	同纯化水	采样和离线分析
细菌内毒素	—	<0.25EU/ml	注射用水系统中采样检测，实验室测试
微生物限度	100CFU/ml	10CFU/100ml	实验室测试

二、制药用水的制备

制药用水系统通过恰当的配置各类制水单元设备，才能获得符合药品生产要求的制药用水。水处理设备及其输送系统的设计、安装和维护应能确保制药用水达到设定的质量标准，水处理设备的运行不得超出其设计能力。制药用水系统应定期清洗，并对清洗效果进行验证；纯化水、注射用水储罐和输送管道所用材料应无毒、耐腐蚀；储罐的通气口应安装不脱落纤维的疏水性除菌滤器；管道的设计和安装应避免死角、盲管。

水是一种良好的溶剂，能溶解多种固态、液态和气态的物质，原水中不仅含有各种盐类和化合物，溶有 CO_2、胶体；还存在大量的非溶解物质，包括黏土、砂石、细菌、微生物、藻类、浮游生物、热原等。因此水净化技术必须根据不同水源中杂质的成分、种类和含量制定不同的处理方法，才能生产出合格的制药用水。

1. 制药用水处理技术

制药用水处理技术是一个多级过程，每一级都除去一定量的污物，并为下一级净化做准备。净化系统应根据饮用水水质的特性及供水对象来设计。制药用水处理技术与处理对象见表 2-16。

表 2-16 制药用水处理技术与处理对象

处理技术	悬浮物	有机物	离子	微粒	微生物	热原
凝聚沉淀	++			+		
砂过滤	++			+		
活性炭吸附		++				
筒式过滤	++++			++		
反渗透(RO)		+++	+++	+++	++++	++++
离子交换			++++			
紫外线杀菌		+			++++	
膜过滤(MF)					++++	+++
超过滤(UF)						++++
多效蒸馏		+++				++++

（1）预处理系统　制药用水的原水为饮用水，原水应符合国家饮用水标准。在生产制药用水时，需对其进行适宜的预处理，目的是除去原水中的颗粒、悬浮物、胶体、微生物、硬度、余氯和臭味等。预处理系统包括：原水系统（饮用水管道、原水箱）、多介质过滤器（去除杂质、悬浮物）、全自动软水系统（去除金属离子，软化水质）、活性炭过滤器（吸附杂质、微生物）。只有经过预处理后的软水才能进入一级反渗透系统。预处理系统设计时需要重点关注原水水质、工艺用水水质，全面地掌握原水质量变化的趋势。

① 常规过滤　常规过滤属深层过滤，常用滤材有纸、玻璃纤维、精制棉等织物介质，石英砂、活性炭、白陶土等颗粒性滤材，玻璃、金属钛粉等材料烧结而成的多孔性滤材。过

滤液体时粒子靠滤材内部曲折的孔道而被截留，截留率随压力的增加而下降。

砂滤器一般采用垫层和滤层组成的筒式过滤器，垫层滤材选用石英砂、锰砂，滤层滤材选用石英砂和无烟煤，滤层厚度增加，截污能力增强。滤材应有合适的级配和相对密度的差异，以便于进行反冲处理，当阻力增大 0.1MPa 时，即应反冲。砂滤器可以去除 $10\mu m$ 以上的悬浮物并保护其下游设备如水软化设备或反渗透设备免受污染。

活性炭过滤器的滤材采用有着较多微孔和较大比表面积的活性炭。活性炭能有效地吸附原水中颗粒度在 $(1\times 10^{-3}) \sim (2\times 10^{-3})\mu m$ 的无机胶体、有机胶体和余氯，减少有机物对下游的反渗透膜的污染，避免树脂、渗透膜与次氯酸钠等含氯氧化剂接触而发生反应。当活性炭过滤器吸附饱和而又未及时更换活性炭时，原水中的铁、有机物、余氯会直接进入软水器，使树脂中毒。树脂一旦中毒，就无法用再生的方式使其恢复活性；同时余氯对下游的 RO 膜、树脂会产生氧化作用。通过活性炭过滤器由于去除了氯，原水不再具有防腐的成分，水系统从此处以后，应避免盲管、死水段存在；下游水处理设备必须具备微生物控制措施（清洗、消毒）。

常规过滤器的监控措施有：a. 监控压力和流速，以防止由于流速不当引起沟流或导致滤材的流失；b. 定期对砂滤器进行反冲或更换滤材，防止长菌；c. 定期对活性炭过滤器进行巴氏灭菌（80℃热水或蒸汽），一则杀菌，二则有利于解吸附及活性炭再生，通过反冲，恢复其功能。

② 微孔过滤　在制备制药用水时，通常使用微孔过滤器作为反渗透等除盐设备的保安过滤器、用水终端的除菌过滤器以及制药用水储罐的呼吸过滤器。过滤器常用的滤材有聚丙烯（PP）、聚偏二氟乙烯（PVDF）、聚四氟乙烯（PTFE）、尼龙、聚砜及金属复合膜等。

膜孔径为 $3\mu m$ 的保安过滤器主要用于饮用水进入反渗透膜前的最后一道处理工艺，其作用是防止上道过滤工序有泄漏，起到保证反渗透膜安全的目的。监控措施是检测过滤前后水中的微粒情况，以确定保安过滤器的过滤能力。

微孔过滤器的监控措施有：a. 在制药用水储罐上使用疏水性呼吸过滤器时，过滤器上必须安装温控外套以防止蒸汽冷凝，在初次使用这类过滤器时应先灭菌处理，并制定定期灭菌、定期更换过滤器的制度；b. 除菌过滤器在使用前及使用后应定期进行消毒并检测其完好性；c. 监控过滤系统内水的压力和流速。

（2）反渗透　反渗透法制备纯化水的技术是在 20 世纪 60 年代随着膜工艺技术的进步而发展起来的，我国药典将反渗透法列为制备纯化水的法定方法之一。反渗透是一种以压力为推动力的膜分离技术。反渗透膜只允许水通过而不允许溶质透过，其分离对象是溶液中处于离子状态的无机盐和相对分子质量为 200 以上的有机物、各种细菌和热原。

反渗透技术应用的关键在于反渗透膜的性能。常用反渗透膜有醋酸纤维素膜和芳香聚酰胺膜两大类，其中醋酸纤维素膜透水量大、除盐率高，但不耐微生物侵蚀；芳香聚酰胺膜机械强度好，缺点是容易堵塞，性能衰减快。为了确保反渗透装置正常运行，选择并确定恰当的运行及监控参数是十分必要的，这些技术参数包括进水温度、pH、运行压力和进水水质等（表 2-17）。

表 2-17 反渗透装置的进水条件

项目	膜种类	
	醋酸纤维素膜	芳香聚酰胺膜
污染指数(FI)	<4	<3
水温/℃	15～35	15～35
pH	5～6	3～11
运行压力/MPa	<2.20	<2.20
耗氧量(高锰酸钾法)/(mg/L)	<1.5	<1.5
游离氯(Cl^-)/(mg/L)	0.2～1	<0.1
含铁量/(mg/L)	<0.05	<0.05

反渗透装置可采用适当的设计来改善系统的可靠性、出水的质量和装置的处理能力。例如采用"二级反渗透"串联工艺、用去离子装置与反渗透装置串联工艺来提高制水能力，改善出水质量。一般情况下，一级反渗透装置能除去90%～95%的一价离子、98%～99%的二价离子，能除去微生物和病毒，但除去氯离子的能力达不到药典要求。二级反渗透装置能较彻底地除去氯离子。有机物的排除率与其分子量有关，分子量大于300的化合物几乎全部除尽，故可除去热原。

反渗透装置的监控措施有以下几种。

① 监控反渗透膜前端进料水的电导率、微生物污染程度及水的总有机碳水平。

② 监控反渗透膜两端的压差（应小于基准状况压差的15%）、渗透液流量（应不低于基准状况的10%）、产品水中的盐含量（应小于基准状况的10%）。

③ 定期清洗膜表面，根据膜表面的污垢种类确定合适的清洗剂（酸或碱）和清洗方法。

④ 定期进行反渗透装置的完整性试验，以确认反渗透膜的孔径及系统的密封性。

（3）去离子技术 去离子技术包括电渗析法、离子交换法及电法去离子等。离子交换法制得的纯化水可能存在热原、乳光等问题，主要供蒸馏法制备注射用水使用。电渗析法广泛用于饮用水的预处理，供离子交换法使用，以减轻离子交换树脂的负担。

当饮用水中含盐量高达1000mg/L以上时，若直接用离子交换树脂处理，树脂将很快失去活性。而电渗析法就比较适用，一般情况下电渗析器的进水水质指标要求如表2-18。但电渗析法制得的水纯度不高，电阻率一般在5万～10万 Ω·cm。

表 2-18 电渗析器的进水水质指标要求

检测项目	单位	数值
水温	℃	5～40
耗氧量(高锰酸钾法)	mg/L	<3
游离状余氯	mg/L	<0.1
铁	mg/L	<0.3
锰	mg/L	<0.1
污染指数(FI)	mg/L	<10

离子交换法处理饮用水的工艺一般可采用阴床、阳床串联,也可以设计成混合床的形式,混合床中阴、阳树脂应以一定比例混合组成。大量处理饮用水时,为减轻阴树脂的负担,常在阳床后加脱气塔,以除去二氧化碳。离子交换法的优点是再生剂都具有杀菌效果,因此交换系统中微生物的滋生能得到有效的控制。

电法去离子也是一种离子交换系统,它使用一个填充在电池模堆中的混合树脂床,采用选择性渗透膜及电极,以保证制水过程的连续进行和树脂的连续再生。电法去离子系统进水要求见表2-19。其特点是脱盐率高,树脂无需使用酸碱再生。该装置效率高于电渗析法,又克服了普通离子交换技术需用腐蚀性很强的再生剂、需要备用离子交换设备的缺点。

表2-19 电法去离子系统的进水条件

检测项目	单位	数值
电导率	$\mu S/cm$	<40
pH	—	4～9
总硬度	$CaCO_3$	<0.03
SiO_2	mg/L	<0.5
总有机碳(TOC)	mg/L	<0.5
CO_2	mg/L	<1.0
余氯	mg/L	<0.05
Fe、Mn、H_2S	mg/L	<0.01
淤集密度指数(15min)	—	<3
浊度	FTU	<1.0

(4) 水蒸馏技术 水蒸馏系统通过加热蒸发、汽液分离和冷凝等过程,对水中不挥发性有机物、无机物包括悬浮体、细菌、病毒、热原等杂质有很好的去除作用。蒸馏过程有许多种设计方法,包括重蒸馏法、多效蒸馏法和气压式蒸馏法等。

注射用水的质量受到蒸馏水器的结构、性能、金属材料、操作方法以及原水水质等因素的影响很大。塔式重蒸馏水器采用抑阻水滴雾沫的隔沫装置和废气排出装置往往达不到理想的结果。气压式蒸馏水机是利用离心泵将蒸汽加压,以提高蒸汽的利用率,而且无需冷却水,但耗能大。多效蒸馏水机克服了塔式重蒸馏水器和气压式蒸馏水机的缺点,具有耗能低、产量高、质量优良,能将原水中的细菌内毒素下降2.5～3个对数单位等特点,已在我国制药企业中得到广泛应用。

衡量一台蒸馏水机性能好坏的指标主要是设备的产水量、去除热原的能力以及纯蒸汽冷却后的蒸馏水是否容易受到冷却水的污染等。

(5) 配水管道设计特点 纯化水与注射用水的配水管道在设计时要求系统串联循环,用连续循环流动的方式,使细菌和热原无法在系统中嵌入和滞留。管道与阀门管件采用316L不锈钢制造,系统管道内壁要求机械抛光或机械+电抛光,提高管壁的光洁度,有利于系统运行过程中的洁净能力，减少微生物引起的表面截留，抵抗腐蚀的能力，减少移动金属杂质滞留。注射用水系统的管道设计应将死水段减至最少或彻底消除。著名的"6D"经验规则要求将死水段的长度限制到支管段管径的6倍以内，但对最大允许死水段的实际长度，应避免死搬硬套的做法。注射用水管系统要能用纯蒸汽灭菌。

2. 制水系统的单元配置

纯化水、注射用水系统可以有多种单元配置形式，无论采用哪一种配置形式，都必须对制药用水的制备、储存、分配输送和微生物污染采取有效的控制手段。

（1）典型纯化水系统的配置　纯化水系统可以单一使用目的设计，也可以作为注射用水的前道工序来处理。在选择配置时，应在符合GMP的要求下考虑到原料水的水质、产品的工艺要求及企业的其他实际情况。

典型纯化水系统的配置见图2-6。

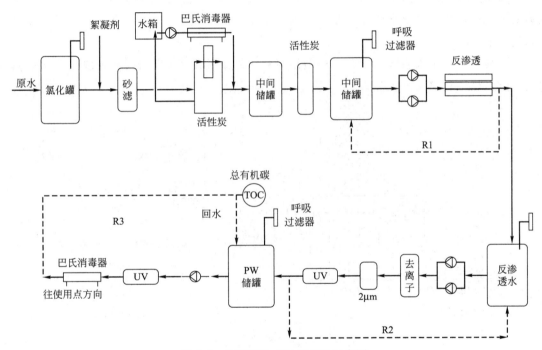

图2-6　典型纯化水系统配置示意图

典型纯化水系统主要采取反渗透及离子交换两大步骤，其配置单元及其功能如下。

① 原水储罐　水箱材料多采用非金属，如聚乙烯（PE）。原水储罐设置高、低水位计，动态检测储罐水位。

② 加絮凝剂系统　是原水预处理段的一部分，即使用添加絮凝剂的方法来破坏原水中处于溶胶状态杂质的稳定性，使胶体颗粒及部分有机物等凝聚为较大的颗粒。

③ 粗滤器　由砂滤器与活性炭过滤器串联组成。砂滤器选用的滤材大多为大颗粒石英砂，去除饮用水中的絮状杂质，出水的浊度应小于0.5FTU。后续反渗透处理工序有一个重要的进水指标，即余氯量要求小于0.1mg/L，为此配置了活性炭过滤装置。活性炭过滤器在系统中主要具有两个处理功能，一是吸附有机物，二是脱氯。经以上二级处理，原水的纯

度能得到很大的提高，水中余氯含量应小于 0.1mg/L。

④ 软化器　软化器是利用钠型阳离子树脂中可交换的 Na^+ 交换水中的 Ca^{2+}、Mg^{2+}，达到软化水的目的，以提高反渗透膜的工作寿命。由于再生液中的 Cl^- 能使金属腐蚀，因此软化器罐体宜采用玻璃钢外壳内衬聚乙烯（PE）胆。

⑤ 保安过滤器　通常采用滤膜孔径为 $5\mu m$ 级的筒式过滤器，滤芯材料为聚丙烯（PP）。保安过滤是原料水进入反渗透膜前的最后一道精滤工艺，其作用是防止上一道过滤工序可能存在的泄漏，使反渗透膜阻塞。

⑥ 反渗透机　由于反渗透出水偏酸性，因此机壳应选耐腐蚀的材料。反渗透系统的总脱盐率应大于 97%。

⑦ 混合床交换装置　为了进一步提高水的电导率，通常在反渗透机后设置离子交换装置，出水的电阻率应≥$2M\Omega \cdot cm$。

⑧ 终端过滤器　经混合床处理后的水中有可能存在树脂残片或微小颗粒，为保证用水点的最终水质，往往在混合床交换装置后以及用水回路中设置 1~2 个孔径为 $2~3\mu m$ 级的终端过滤器。

（2）典型注射用水系统的配置　典型注射用水系统的配置见图 2-7，主要采取多效蒸馏水机及配水循环水路两大步骤。

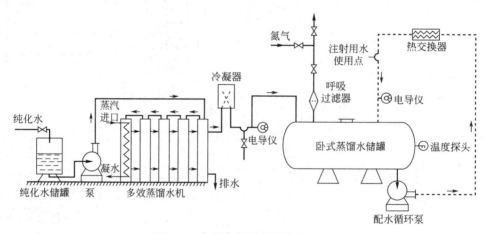

图 2-7　典型注射用水系统配置图

典型注射用水系统其配置单元及其功能如下。

① 纯化水储罐　纯化水储罐使用 304L 不锈钢制造。通常作为蒸馏水机原水储罐的纯化水储罐应设置高、低水位计，动态检测罐内水位高度；罐内进水管道上设置喷淋球，以保持罐内顶部及四周的湿润，不受罐内储水变化的影响；罐内顶部设置 $0.22\mu m$ 级呼吸过滤器，以避免罐内水位变化时罐外污染空气对纯化水的污染。

② 多效蒸馏水机　多效蒸馏水机能对电导率、pH 等出水指标进行在线监控，并具有自动排放不合格水的能力。多效蒸馏水机的蒸发管道和冷却器应采用 316L 不锈钢制造。

③ 注射用水储罐　系统中设置注射用水储罐的目的是根据工艺用水情况调控用水峰谷。注射用水储罐内配备了高、低水位计，喷淋装置，自动控温装置和充氮保护装置。高、低水位计用于动态检测罐内水位高度，喷淋装置用于在线清洗，自动控温装置可按照工艺用水要

求调节水温，充氮保护装置主要针对产品工艺对注射用水有特殊要求时启动。

④ 配水循环泵　配水循环泵应该是卫生级泵，由 316L 不锈钢材料制造。该泵应具有较高的压头，使注射用水循环系统中的水能够以 2m/s 以上的较高流速、呈湍流状态流动，达到控制循环管内壁微生物膜的生成。

⑤ 热交换器　注射用水系统在配水循环回路中设置热交换器的作用是使系统中的水温始终保持在较高的温度（例如 80℃）以上，以控制系统微生物的生长；冷却器的作用是将系统中较高的水温冷却至用水点所需温度，例如 40℃ 以下。

⑥ 配水循环回路　配水循环回路的管道阀门应无盲管和死水区域，注射用水系统与其他制水系统之间不得以阀门相接，管道内部注射用水呈湍流状态，并要求流出循环系统的水不得返回系统。配水循环回路应配备电导仪、温度和压力仪、液位显示与控制仪等监控设施，以保证当水的电导率达不到设定标准时，能将不合格的水自动排放而不进入储罐。

三、制药用水系统的安装、运行与性能确认

制水系统工艺验证的目的是通过检查、试验及长期运行，进行各单机运行与整套系统运行试验，核实设备运行符合设计要求，证明系统能保证按照设计的要求稳定地生产规定数量和质量的合格用水，通过日常监控提供警戒参数，确定水系统的监测频次和验证周期，确定制水系统的适用性。纯化水和注射用水系统的工艺验证应单独进行，但是它们的预处理设备往往是共用的，所以这些预处理设备的安装确认、运行确认可以一起完成。

1. 安装确认

安装确认目的是建立客观证据证明新安装的纯水系统符合设计要求，确认设备开机运行前的关键信息包括到货情况、文件资料、身份识别、安装环境、备品备件以及保修信息等，并进行设备组装与安装，确保设备的接收与安装正确。

文件确认包括对流程图、系统描述、设计参数、设备操作 SOP 等检查，如图纸、预防性维修、运行记录/记录/程序、操作手册、使用准备（清洁/钝化）、环境、公用设施文件、材质文件、润滑剂文件、警报和控制文件、环境条件文件等。组件的检查包括材料和表面抛光的检查、组件结构的检查、死角的确认、焊接文件、排放能力的确认、水压测试的确认、脱脂钝化的确认、公用设施的确认、控制系统硬件组件的检查、控制系统软件配置的检查。管道分配系统的安装确认有管道与阀门的材料、管道的连接与试压（试压压力应为工作压力的 1.5 倍）、管道的清洗与钝化（采用 8% 硝酸溶液）、消毒、完整性试验。

2. 运行确认

运行确认阶段，是对进入储罐和配水管网上的各个用水点的水质进行评价，建立完整的一套文件用以确认纯水系统能在预定的范围内正常运行，以证明制水系统按标准操作规程运行，能始终稳定地生产出符合质量要求的水。验证时应按预先设定的取样方案和监控计划执行。运行确认时所有水处理设备均应开动。

在运行确认中需要确认以下内容。

① 系统充满水后，泄漏点修理和已损坏的阀门和密封的更换。

② 水泵检验，确认制造和运行符合规定。

③ 热交换器和蒸馏水器在最大负荷和最小负荷范围内的关键操作参数的测试。
④ 验证阀门和控制器的操作适应性。
⑤ 储水罐和系统配管部件灭菌。
⑥ 离子交换树脂再生，反渗透装置的清洗。
⑦ 检验超过设计规定的流速。
⑧ 书写运行、关闭和灭菌过程的标准操作程序（SOP）。

3. 性能确认

水系统性能确认的第一阶段是对每个主要系统组件进行验证，通过系统中为数众多的取样点密集的取样来完成。对样品水进行化学分析和微生物评价。使用点取样应较多。水系统应采用满负荷运行状态进行验证，以满足将来可能遇到的生产情况的需要。

水系统性能确认的第二阶段是第一阶段的延续，但取样频率减少，其取样表应包括评价进入水处理储罐和环形配水管上的各个用水点。每天从系统中取水样，并对其化学和微生物进行全面分析。当参加水系统验证的责任人员对数据感到满意和对系统的可靠性有信心时，可将系统移交生产部门。但不管系统什么时候投入生产使用，必须确定水质警戒限和纠偏限。全部的标准操作程序应该是书面写就，并且所有的操作和维修人员必须经过培训。设备的安装和运行确认报告和系统的验证报告也应是书面的、经过批准的。

按照国际惯例，制水系统的运行控制标准是指对系统设立警戒水平和纠偏限度，其目的是便于及时发现系统运行中的不良趋势，避免不合格的水用于生产过程。警戒水平是制水系统污染微生物的某一水平，监控结果超过它时，表明制水系统有偏离正常运行条件的趋势。警戒水平的含义是报警，尚不要求采取特别的纠偏措施。纠偏限度是指制水系统污染微生物的某一限度，监控结果超过此限度时，表明该系统已经偏离了正常的运行条件，应当采取纠偏措施，使系统回到正常的运行状态。例如微生物的警戒限设置为 40CFU/ml，纠偏限度设定为 80CFU/ml，而注射用水的警戒限设置为 5CFU/100ml，纠偏限度为 8CFU/100ml。

从设立运行控制标准的目的可以看出，制水系统运行控制标准与产品质量标准不同，它仅用于系统的监控，而不是用以判断产品是否合格。警戒水平和纠偏限度是建立在工艺和产品规格标准的基础上，并考虑到产品的安全因素而设定的标准，超出警戒水平和纠偏限度时，并不意味着产品已出现质量问题。当然也不允许制水系统在持续超过纠偏限度条件下运行。

4. 纯化水系统验证项目

典型的纯化水系统的工艺见图 2-6。实施工艺验证的前提条件是系统必须处于正常运行状态，然后对各单元设备的性能以及运行过程中采取的相应措施安排监控，并对监控数据进行分析。

(1) 砂滤器的性能监控　对原料水和经过砂滤器处理前后的水的 pH、余氯（Cl^-）、浊度进行监控，要求经处理后，其浊度小于 0.5FTU。

(2) 活性炭过滤器的性能监控　监控的目的是确认活性炭过滤器除去余氯和有机物的能力。试验的方法为：在活性炭过滤器前后取样，检测水中的余氯含量和微生物数量，一般要求处理后水的污染指数 SDI≤5.0、余氯量＜0.1mg/L。通过监控应确定处理活性炭过滤器的最短周期，进而制定出恰当的标准操作规程。

（3）软化器的性能监控　监控软化器处理前后的钙镁离子浓度、胶体硅和溶解硅及树脂、固体总量等。试验的方法为：在软化器前后进行取样，检测软化处理前后的 Ca^{2+}、Mg^{2+} 被 $RSO_3^-Na^+$ 型树脂中的 Na^+ 置换的程度，为后级制水工序的质量控制提供依据。

（4）反渗透装置的性能监控　反渗透装置的性能监控是纯化水系统工艺验证的重要环节。监控主要围绕设备的脱盐能力、反渗透膜的生命周期和出水质量进行，即在反渗透装置前后取样，通过检测水中的含盐量来确定其实际的脱盐能力，除盐率应大于97%，剩余的含盐量应控制在 0.1mg/L 以下。

（5）混合床交换装置的性能监控　监控混合床交换装置处理前后水的 pH、电导的变化，检测微生物、热原，并监控混合床交换装置下游侧有无破碎树脂微粒。通常纯化水的电阻应大于 2MΩ。

（6）过滤器的完整性确认　通过对过滤器的完整性确认，证明该过滤器对系统的适用性。孔径为 3μm、2μm 的过滤器可通过过滤器保压试验确认。

（7）纯化水储罐与管道系统的性能监控

① 纯化水储罐的性能监控　该项监控主要针对储罐中的储水量、保存时间、储水温度、储罐的排水情况、储罐的在线清洗效果和清洗的周期等进行。尤其要关注储水的微生物控制状态，通过高频率的取样，检测了解储罐内部形成生物膜的可能性，并以此检测数据为参考依据，确定储水的最大保存时间和警戒限，制定储罐的在线清洗程序和安全的清洗周期。

② 纯化水管道系统的性能监控　该项监控有两方面内容，一是确认选用管道、管件、阀门的材质，管道的安装连接方法对制水系统的适用性。监控方法是通过复核工程公司提供的系统文件来证明。二是对纯化水流动状态的监控，其目的是证明系统控制管道内微生物滋生，阻止微生物膜生长的能力。监控方法是通过一定时间内的出水量来判断管内流速（管径已知）和流速分布情况，流速应大于 2m/s。

（8）消毒灭菌效果监控　对系统消毒灭菌程序进行监控的目的是，证明其降低和控制微生物污染的能力是否能够达到合格的水平。

① 巴氏灭菌效果监控　活性炭过滤器和软化器上流侧的活性炭层和树脂层是微生物的聚集处，巴氏灭菌装置定期灭菌可控制微生物的数量。在巴氏灭菌处理前后取样，检测水中微生物的数量，监控工作应证明整个系统的温度都达到了灭菌要求的温度；进而确定巴氏灭菌的最短周期，制定出恰当的标准操作规程。

② 紫外线消毒效果监控　通过检测，在保证紫外线杀菌强度的前提下，合理地确定灯管的更换周期，并以此监控数据制定管理和维护保养程序。系统如采用臭氧消毒装置，紫外线的消毒效果应包括使用点无臭氧存在。

③ 加药系统的抑菌效果监控　在监控化学消毒法时，重点要求证明达到最低浓度要求的消毒剂（如 NaClO）遍布于整个系统，消毒结束后水中的化学残留物（如 Cl^-）已有效去除。

④ 反渗透膜药洗系统的监控　应围绕药洗处方对膜的恢复能力和反渗透装置抵抗微生物污染的能力进行监控。

5. 注射用水系统工艺验证的项目

典型的注射用水系统的工艺见图 2-7。当注射用水系统按照设计要求正常运行后，应对系统单元设备的性能安排监控。

（1）多效蒸馏水机的性能监控　多效蒸馏水机的性能监控分为设备的确认和水质的监控。设备的确认内容主要是检验多效蒸馏水机的第一效蒸馏器中壳管式换热器双重管壁结构的完好性。出水质量的监控应依据《中国药典》(2010 年版) 质量标准进行检验，特别是细菌内毒素的检验。

（2）配水循环泵的性能监控　注射用水系统中采用的输送水泵应为卫生级离心泵。该泵应具有较高的压头，保证循环系统中水的流动速度始终处于湍流状态所要求的 2m/s 以上。配水循环泵出水口应采用 45°角，保证泵内上部无容积式气隙。泵体必须具有端盖易拆卸、排水彻底、清洗方便等功能。

（3）热交换器的性能监控　热交换器的性能监控内容包括换热能力、避免冷却水和注射用水之间混流的措施。如双重管壁结构的密封完好性，运行中注射用水系统与冷却水之间是否保持适当的压力差（0.10～0.15MPa）等。

（4）管道内注射用水流动速度的确认　水流的"湍流状态"可控制管道系统内微生物的滞留滋生，减少微生物膜生长的可能性。监控方法是通过一定时间内的出水量来判断管内流速（管径已知）和流速分布情况，流速应大于 2m/s。

四、制水系统验证的合格标准

制水系统验证的第一阶段共分三个周期，每个周期 5～7d，每天对纯化水储罐、总送水口、总回水口及各使用点取样，分析纯化水水质，水质检测项目包括化学指标、温度、电导率及微生物指标等。通过对相关数据分析，确认运行参数、SOP、系统清洁和消毒的程序和周期。

验证的第二阶段每个制水工序点和使用点每天取样，连续进行 2～4 周，目的是确认水系统能持续生产出合格的水。

验证的第三阶段时间为 1 年，每天至少 1 个使用点取样，每周所有使用点轮换取样，目的是确认季节的变化对水的影响。

水质检测项目包括化学指标、温度、电导率及微生物指标等。纯化水内控合格标准和注射用水内控合格标准应按照《中国药典》并参照欧美国家药典制定（表 2-20、表 2-21）。

表 2-20　纯化水内控合格标准

项目	合格标准	项目	合格标准
pH 值	5.0～7.0	细菌数	无
电导率	4.3μS/cm(20℃)	其余化学指标	符合《中国药典》标准
总有机碳	0.5mg/L	微生物纠偏限度	100CFU/ml

表 2-21　注射用水内控合格标准

项目	合格标准	项目	合格标准
pH 值	5.0～7.0	细菌内毒素	0.25EU/ml
电导率	1.1μS/cm(20℃)	其余化学指标	符合《中国药典》标准
总有机碳	0.5mg/ml	微生物纠偏限度	10CFU/100ml

拓展知识

一、制水系统的消毒与灭菌

制水系统的运行管理，着重强调对系统的工艺过程控制，即对水的制备、储存、分配系统的管理和微生物的控制。以下主要讨论制水系统中微生物的监控手段。

1. 微生物污染的来源

制水系统的微生物污染可分为外源性污染和内源性污染两种。外源性污染主要是指原料水及系统外部原因所致的污染，内源性污染是指制水系统运行过程中所致的污染。

外源性污染有可能与原料水的污染有关，也可能是储罐排气口使用的呼吸过滤器质量不完善而造成污染；用于系统的压缩空气中存在污染菌；系统使用新的活性炭或离子交换树脂时，细炭粒或树脂残片造成的污染。

纯化水处理系统使用的原料水应是符合国标 GB 5749—2006 标准的饮用水，注射用水处理系统使用的原料水应是纯化水。原料水污染是制水系统污染最主要的外源性污染源。

内源性污染是与制水系统中各个单元设备以及配水管道系统的内表面、阀门等均可能成为系统中主要的微生物内源性污染源。生物膜是某些种类的微生物生存于低营养环境下的一种适应性反应。存在于进料水中的微生物容易被吸附在活性炭床、离子交换树脂、过滤器膜和其他制水单元的内表面上，并逐渐形成生物膜，从而成为制水系统内部持久性的微生物污染源。

无论是外源性污染或是内源性污染，最终都可能导致热原污染。

2. 消毒与灭菌方法

注射用水系统和纯化水系统中的微生物污染是一个严重的问题。我国 GMP 要求，对制水系统中的微生物必须进行检测和控制。对于制水系统中的微生物控制，基本上是通过对水的制备、储存单元设备和配水管道进行消毒灭菌来实现的。消毒与灭菌的方法包括热力灭菌法、化学消毒法、紫外线消毒等。

（1）热力灭菌

① 巴斯德灭菌　巴斯德灭菌是法国科学家巴斯德（1822～1895 年）发明的灭菌法，又称巴氏灭菌，当时主要用于牛乳或啤酒等饮料的消毒。实验证明，多数水生的细菌不能在高于 60℃ 的温度条件下增殖，这是巴氏灭菌程序将水温控制在 80℃ 以上、连续循环 2h 灭菌的理论基础。

现以纯化水系统为例，说明巴氏灭菌的基本程序和重点部位。从图 2-6 中可以看出，纯化水系统中有两个配置单元采用巴氏灭菌,以减少内源性污染风险。一个配置单元是活性炭过滤器,活性炭吸附了有机物、悬浮粒子,不仅富集了微生物,而且造成了微生物生长的有利条件;另一个配置单元是用水回路。灭菌时,由热交换器将水加热至80℃以上(如80～85℃),然后用卫生级泵进行局部循环,在灭菌程序结束时再进行反冲,可有效地消除微生物的污染,并使活性炭再生。

采用这一灭菌手段的纯化水系统,其微生物污染通常能有效地控制在低于50CFU/ml、细菌内毒素可控制在5EU/ml的水平。

② 蒸汽灭菌　蒸汽灭菌主要适用于注射用水系统。蒸汽灭菌系指采用纯蒸汽对注射用水系统(包括储罐、泵、过滤器及使用回路等)进行灭菌处理。制备纯蒸汽的方法有两种,一是从多效蒸馏水机第一个蒸馏器中得到,另一则由专门的纯蒸汽发生器制取,无论采用哪一种方法,必须保证制备的纯蒸汽是已去除细菌内毒素的蒸汽。

蒸汽灭菌可根据纯蒸汽发生器的能力和制水系统的复杂程度,选择115.5℃、30min,121.5℃、20min或126.5℃、15min条件进行灭菌。

现以注射用水系统蒸汽灭菌为例,说明蒸汽灭菌的要点。

a. 注射用水管道进行灭菌时,纯蒸汽压力为0.2MPa。

b. 当管道内温度升至121.5℃时开始计时,灭菌35min。灭菌指示带应变色,否则须重新灭菌。

c. 如产品工艺需要,灭菌后宜用除菌过滤的氮气对储罐充氮保护。

(2) 化学消毒　热力灭菌法能够控制生物膜的形成,但它不能破坏已经形成的生物膜。因此有必要用各种简单实用的化学消毒方法进行补充控制。

用于处理储罐和配水管道的化学消毒剂有次氯酸钠、过氧化氢、臭氧等,它们通过形成过氧化物及其自由基来氧化细菌和生物膜。

次氯酸钠的杀菌作用可靠,可用于原料水的消毒。使用游离氯浓度达万分之三的氯水能消除生物膜,但余氯对装置有一定腐蚀性。浓度为5%的过氧化氢杀菌效果好,但对管道内壁生长的生物膜不起作用,且残余物难于消除。利用水电解法产生的臭氧,即使在0.1～0.2mg/L的浓度下,也能将细菌量控制在100CFU/ml以下。臭氧灭菌的优点在于臭氧比氯的氧化性强两倍,不产生副产品,残余臭氧可利用紫外线的降解作用去除。

(3) 紫外线消毒　紫外线消毒法与传统的热力灭菌法或化学消毒法配合使用效果明显,不但能够有效地延长热力灭菌法两次灭菌之间的时间间隔,而且有利于过氧化氢和臭氧的降解。

通常在制水系统中的第一使用点前安装一个紫外线杀菌器,在系统开始使用前开启,制药用水停止不用时关闭。高紫外放射量的紫外杀菌装置可以将纯化水管道中的臭氧减少到可测点以下。

3. 消毒灭菌的频率

制水系统消毒灭菌的频率应根据系统监控结果来决定。由于系统中微生物大都来自管壁和罐壁的微生物膜的持续性污染,因此浮游微生物的数量能够指示系统的污染水平,是制水系统警戒水平的依据。取样频率应能确保系统始终处于监控状态下运行。

二、制水系统验证周期

水处理系统的变更（新建或改建），应由 QA 部门及使用部门评估、批准，变更后应进行再验证，变更包括用水点增删、取样点增删、管材变化、设备变化（包括滤器）、灭菌周期、预防维护计划。纯化水正常运行后一般循环水泵不得停止工作，若较长时间停用，在正式生产 3 周前开启纯化水处理系统并做 3~4 个周期的监控；纯化水系统改造或大修后，应做 3 个周期的监控；每月对纯化水系统消毒一次。每年对纯化水系统进行一次验证。

实践内容　纯化水系统的验证

【实践目的】
1. 掌握纯化水系统验证的项目。
2. 熟悉纯化水系统验证的取样方法。

【实践场地】
制水车间，液体制剂生产车间。

【实践内容】
纯化水系统在使用前应进行系统的验证工作，以确认设备符合生产要求，设备运行一段时间后，或者大修，或者其他原因往往会造成设备参数的飘移，影响设备的正常使用，因此有必要对设备进行回顾性验证。通过性能确认，证明纯化水系统能连续生产并向各使用点输送符合标准要求的纯化水。纯化水制备系统流程图如下。

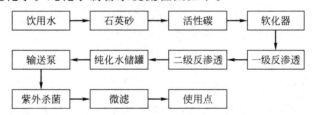

1. 性能确认前的检查
在系统开机前，应检查系统状况，确认状态正常后才能进行性能确认。

2. 试验周期
纯化水系统性能确认为 3 个星期，连续运行 21d。

3. 取样点及取样频率
纯化水储水罐：每天 1 次。
总送水口：每天 1 次。
总回水口：每天 1 次。
各使用点：每星期 1 次。

4. 取样方法
（1）取样工具

① 广口瓶（500ml 供理化检验取样用）。
② 经 121℃，30min 灭菌的广口瓶（500ml 供微生物检测取样用）。
③ 75％酒精棉。

(2) 取样步骤

① 供理化检验的样品

a. 打开水龙头，放流 3~5min。

b. 用广口瓶接取样点之水，冲洗瓶内 2 次，装取所需水量，密封。

c. 取样时水龙头不可开启过大。

② 供微生物学检验的样品

a. 用 75％酒精棉球擦拭取样点水龙头表面两遍进行消毒。

b. 打开水龙头，放流 3~5min。

c. 用 75％酒精棉消毒手部及广口瓶外表。

d. 用广口瓶接取样点之水，冲洗瓶内 2 次，装取所需水量，密封。

e. 取样时水龙头不可开启过大。

5. 检测项目

理化指标、微生物指标。

6. 检测方法

纯化水质量标准[《中国药典》（2010 年版）]及检验操作规程；微生物限度检查法操作规程。

7. 检测标准

(1) 理化指标　应符合纯化水质量标准。

(2) 微生物指标　＜100CFU/ml。

8. 异常情况处理程序

① 在纯化水系统性能确认过程中，应严格按照系统标准操作程序、维护保养程序、取样程序、检验规程进行操作。

② 按质量标准进行判定，当出现个别取样点纯化水质量不符合标准的结果时，应按下列程序处理：在不合格点重新取样，重新检测不合格项目或全项。

③ 必要时，在不合格点的前后分段取样，进行对照检测，以确定不合格原因。

④ 若属系统运行方面的原因，需报验证委员会，调整系统运行参数或对系统进行处理。

9. 纯化水系统性能确认结果与评价

若连续 3 周（每 7 天为 1 个连续周期）的检测结果均在合格范围内，可作性能确认通过的评价。测试周的数据结果列在一个表中。

10. 再验证周期与日常监控

根据预定的要求审查并批准纯化水系统的生产过程，再验证周期为至少每年或对设备进行大修后。

纯化水系统日常监测

	取样点	取样频率
日常监测取样	总送水口	1次/周全检,每2小时由操作工进行电导率≤2μS/cm、酸碱度、氯化物、氨、硫酸盐、钙盐的检测
	总回水口	1次/周全检,每2小时由操作工进行电导率≤2μS/cm、酸碱度、氯化物、氨、硫酸盐、钙盐的检测
	储水罐	1次/周全检,每2小时由操作工进行电导率≤2μS/cm、酸碱度、氯化物、氨、硫酸盐、钙盐的检测
	使用点	轮流取样,保证每个使用点1~2次/月全检
	质量指标	纯化水质量标准
	检验规程	纯化水检验规程
重新取样程序	出现个别取样点纯化水质量不符合标准的结果时,应按下列程序进行处理: 1. 在不合格点重新取样,重新测定不合格项目或全部项目; 2. 必要时,在不合格点的前后分段取样,进行对照检测,以确定不合格原因; 3. 若属系统运行方面的原因,必要时报验证领导小组,调整系统运行参数或对系统进行处理	

【实践要求】

1. 性能试验的分析和评价。
2. 根据分析结果,判断纯化水系统是否符合标准。

项目五 过滤系统的验证

学习目标

【知识目标】

1. 掌握过滤系统验证的评价参数。
2. 了解气体过滤系统的评价参数。
3. 了解过滤除菌系统的评价参数。

【技能目标】

能进行微孔滤膜完整性测试。

必备知识

过滤技术在医药工业中广泛用于水和气体的纯化、去除微粒、去除细菌以及分子分离及产品的浓缩。过滤装置由于滤材、结构等不同,过滤性能亦不同。目前主要有两种基本形式的过滤器。一种是深层纤维过滤器,如滤纸、砂棒(芯)等滤材,利用不规则交错堆置的多孔结构在滤层中形成弯曲通道,将颗粒截留在通道的转折死角等处;过滤时难免有少量大颗粒进入滤液,尤其在压力波动情况下。另一种是微孔过滤器,因微孔滤膜的孔径较为均匀,能将液体中所有大于指定孔径的微粒全部阻拦，而对于气体中的微粒更由于惯性和静电的作用，使其滞留的效率更高，能够挡住比孔径小 3～5 倍的尘粒。微孔滤膜孔隙率高，因而阻力很小，对溶液或气体的过滤速度可较使用常规的滤材要快数十倍。微孔滤膜滤器由于其独特的优点常用于精滤。过滤系统的验证也主要针对微孔滤膜滤器。

一、微孔滤膜的简介

1. 过滤材料

大部分采用高分子纤维素酯材质，过滤时不会有纤维和碎屑脱落。选择过滤器滤芯的材料时应考虑其对众多化学溶液的抗腐蚀性，被过滤液体与滤芯材料之间的化学相溶性。一般选择滤芯的材料是看对被过滤液是否有耐腐蚀性的。常用的过滤材料如下。

（1）混合纤维素酯　常用来制成圆形的单片平板滤膜，用于液体和气体的精过滤，但不宜用于碱性溶液。

（2）聚偏二氟乙烯（PVDF）　精过滤材料，有极佳的热稳定性和化学稳定性，能承受多次蒸汽灭菌，并可制成亲水性滤膜，广泛用于制药工业水针剂用水及蒸馏水的过滤。

（3）聚丙烯（PP）　常用作筒式过滤器的滤芯，有较大的孔隙尺寸范围，属粗效过滤材料，可用于空气过滤。

（4）聚砜　常用来做成筒式过滤器的滤芯，由于其耐热性及亲水性，用于精度较高的溶液的精过滤。

（5）尼龙　常用来做成筒式过滤器的滤芯，可用于果汁、酒精的过滤，属精滤材料。

（6）聚四氟乙烯（PTFE）　可用作筒式过滤器的滤芯，其热稳定性及化学稳定性极佳，可承受较高的操作温度，对大多数化学物质抗腐蚀及耐酸碱性能良好，具有较高的化学适应性，疏水膜用于气体过滤，改良亲水膜用于液体过滤。

2. 滤膜的分类

根据微孔大小及用途，滤膜过滤器可分为以下几类，微孔滤膜、超滤膜和反渗透膜。其中微孔滤膜的孔径有以下几种：$0.1\mu m$、$0.22\mu m$、$0.45\mu m$、$0.65\mu m$、$0.8\mu m$、$10\mu m$，用于去除微粒，其中 $0.1\mu m$ 可去除病原体，$0.22\mu m$ 可去除细菌。超滤膜的孔径约 5nm，主要用于分子分离、病毒分离、胶质分离、水质纯化。反渗透膜孔径约 0.5nm，主要用于去盐，水质纯化，抗生素浓缩。

3. 滤膜滤器的形式

平板式过滤器及筒式过滤器是医药工业中最常用的形式。使用平板膜过滤时，由于膜的筛网阻留作用只限于膜的表面，因而又极易受到大于孔径微粒或凝胶物质堵塞，故需要经常调换新膜。为解决这个问题，往往将滤膜做成折叠式的筒式过滤芯，可大大增加过滤面积。

（1）平板式过滤器　常做成圆形，平板滤膜有混合纤维素酯膜、醋酸纤维素酯膜、醋酸格栅膜及醋酸蛋白电泳膜等，最常见的为混合纤维素酯膜。该膜由硝酸纤维素和醋酸纤维素制成，它是一种多孔性薄膜过滤材料，具有孔隙率高、孔径分布均一、质地薄、阻力小、滤速快、无介质脱落、能耐受热压灭菌以及使用方便等优点。缺点是不耐酸、碱，只能适用于水溶液、油类、酒精、果汁及气体（空气、氮气等）中的微粒和细菌过滤。可根据尺寸、孔径等选用平板滤膜。

(2) 筒式过滤器　滤膜的材料主要是尼龙、聚砜、聚丙烯及聚四氟乙烯，其中聚丙烯材料属于粗过滤（深层过滤），其余均为精过滤。各种材质的过滤器用于不同的场合。

二、除菌过滤器

微孔滤膜滤器应用于无菌制剂生产过程中液体或气体的除菌使用的称为除菌过滤器。利用细菌不能通过致密具孔过滤介质的原理，将热不稳定的药品溶液或气体通过微孔滤膜以除去其中的细菌与杂质，从而达到无菌要求的方法即称为过滤除菌工艺。过滤除菌工艺广泛地使用在最终灭菌药品和非最终灭菌药品的工艺过程中，以及制水系统及气体处理中。过滤除菌工艺是最终灭菌产品和非最终灭菌产品生产中的关键工艺步骤。过滤除菌系统在投入生产使用前应当进行前验证。

过滤除菌的验证和之后提及的热力灭菌的验证有很大区别。热力灭菌的温度、时间及压力参数均可以进行全过程监控。然而，过滤除菌全过程中关键设备除菌过滤器的参数，如孔径的大小、孔径的分布、滤膜在使用过程中的完好性及除菌效率尚无法进行全过程的监控。

无菌过滤器去除微生物的能力是采用平均直径为 $0.3\mu m$ 的缺陷假单胞菌进行挑战性试验来证实。但是，挑战性试验本身是一项破坏性试验，这项工作是由过滤器制造商来完成。用户应在制造商提供各种过滤器参数的基础上选择合适的过滤器。过滤器参数包括细菌截留试验、溶出物量及抗氧化能力、滤膜对蒸汽灭菌是耐受性和最大承受压力等。用户在使用过滤系统时亦需做若干验证工作，保证系统的安装正确和监测滤膜的完整性。

孔径在 $0.22\mu m$ 以下的过滤器就可除去细菌，评价过滤器细菌去除率的指标是对数细菌减少量（LRV）：

$$LRV = \lg \frac{过滤前细菌的浓度}{过滤后细菌的浓度}$$

按照美国 FDA 的要求，除菌过滤器每平方厘米有效过滤面积的对数细菌减少量应不小于 7。

三、过滤系统的验证

过滤除菌系统需进行的验证项目有：过滤器性能试验和过滤器完整性试验。前者包括尘粒去除率（纯化）测定、细菌去除率测定——细菌挑战性试验；过滤器完整性试验的目的是证明安装正确性、膜完整性、密封良好性、孔径分布率，试验项目包括起泡点试验、气体扩散试验、保压试验。

1. 过滤器性能试验

(1) 尘粒去除率测定　在过滤膜的上游侧放置一定数量或浓度的试验用粉尘，在过滤膜的下游侧用粒子计数器测定透过滤膜的尘粒数，计算纯化能力。

(2) 细菌去除率测定　用来检测除菌过滤器去除溶液中微生物能力的方法是进行生物指示剂的挑战性试验。某种微孔滤膜过滤器在给定的药液及其他工艺条件下确定了起泡点的临界压力后，还必须应用生物指示剂进行挑战性试验，只有在通过挑战试验的条件下，临界压力才能成为该条件下起泡点试验的判断标准。

模拟药品实际生产条件下,用过滤器对缺陷假单胞菌 ATCC 19146 的截留性能来判断除菌过滤器的截留能力。

① 试验条件

a. 生物指示剂　采用缺陷假单胞菌 ATCC 19146 作为生物指示剂,它是一种革兰阴性杆菌,平均直径为 $0.3\mu m$。这种菌因其细胞小,总能透过 $0.45\mu m$ 的膜并污染已经过滤的蛋白质。在适当的培养条件下,它能在短时间内大量繁殖成单细胞形态。由于它的生化活性很小,因而用作验证试验的安全性好。

b. 菌液的浓度　应能保证每平方厘米有效过滤面积达到 10^7 个菌的挑战水平。之所以选择这个浓度进行挑战试验,一则是因为滤膜单位面积的微孔数目也处在这一数量级;二则因为这一浓度有相当的安全性。因为在过滤过程中,大一些的孔承担了过滤量的主体,即短小芽孢杆菌通过滤膜大一些孔的概率要高,能经受这一挑战水平的过滤器,其孔径必然小于 $0.3\mu m$。

c. 试验的压力　约为 0.20MPa。

d. 流量　对筒式过滤器而言,试验流量可达到 $2\sim 3.86 L/(0.1 m^2 \cdot min)$。

该试验要求按照滤膜上应加载的试验指示菌的数量为 10^7 个$/cm^2$。判断的标准是:除菌过滤器滤膜截获微生物要求对其直径在 $0.3\mu m$ 附近呈正态分布的缺陷假单胞菌的截留能力应达到 10^7 个$/cm^2$。

除菌过滤器微生物挑战试验装置的示意图见图 2-8。此试验中,可以使用生理盐水或蛋白胨作阳性对照。

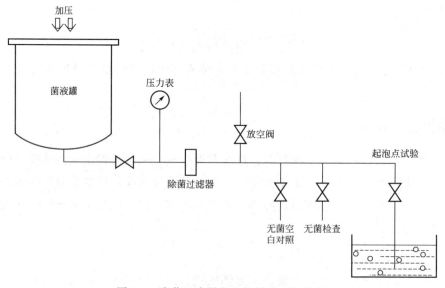

图 2-8　除菌过滤器微生物挑战试验装置

② 操作步骤

a. 将过滤系统灭菌。

b. 用无菌生理盐水或 0.1%蛋白胨水湿润过滤器后,进行过滤器的完整性试验。

c. 将此溶液用一阴性对照，用无菌过滤器压滤，培养并检查无菌。

d. 将事先标定浓度的微生物悬浮液装入适当容器，并对待试验的过滤器进行挑战性试验，操作同上。

e. 进行过滤器的完整性检查，确认试验过程中滤膜没有损坏。

f. 培养并观察结果。

③ 结果评价　如阴性对照过滤器获得阳性结果，则试验无效；如挑战性试验的滤液中无菌落出现，则此过滤器合格，若长菌，则过滤系统不合格。

2. 过滤器完整性试验

过滤器的完整性测试系指对滤芯（膜）、滤器以及过滤器进出端的管道（例如硅胶管）等组件组合在一起的过滤器进行的一系列试验，通过对试验得出的数据进行分析判断，来证明安装是否正确，膜是否破损，密封是否良好，孔洞率是否正确。完整性检测试验的目的是确定滤芯是否完好，不是测量孔径。

目前，生产中已采用全自动过滤器完整性测试仪对过滤材质及过滤器进行起泡点和保压测试，此种设备可离线测试又可在线测试，既可以判断滤材精度是否合格又可以检查滤壳以及密封件是否完好。为防止污染，同一过滤装置的使用以不超过一个工作日为宜，否则应再验证。

（1）验证原理　假设滤膜由许多互相平行且孔径相同的毛细孔组成，这些毛细管垂直于滤膜表面。当滤膜湿润时，产生了毛细管现象。在一个密闭系统中，加大滤膜一侧的气体压力，空气在通过推动被液体饱和的毛细管时，必须克服液体的表面张力。起泡点压力法原理如图 2-9 所示。

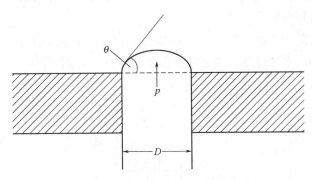

图 2-9　起泡点压力法原理图

设毛细孔的直径为 D，液体的表面张力为 γ，液体和毛细孔壁之间的夹角为 θ。此时，根据拉普拉斯等式，圆周任何一点表面张力的分力 f_γ 为：

$$f_\gamma = \gamma\cos\theta$$

总的表面张力 F_γ 为：

$$F_\gamma = \pi D \gamma \cos\theta$$

当在毛细孔上面施加的气体压力逐渐增加至临界压力时，毛细孔内的液体刚能被排出，于是毛细孔内液面两侧的力相平衡：

$$p\pi(D/2)^2 = \pi D \gamma \cos\theta$$

设在毛细孔内液体是完全浸润的，达到临界压力时 $\theta=0$，即 $\cos\theta=1$。

化简后得到：
$$p=4\gamma/D$$

从上式可以看出，使液体通过滤膜毛细孔所需的临界压力反比于它的孔径并取决于液体表面张力的大小。从下面某一筒式过滤器不同滤膜孔径下以纯水测定的起泡点试验及压力保持值数据可以看出三者的关系（表 2-22）。

表 2-22　滤膜孔径与起泡点压力对照表

滤膜孔径 /μm	孔隙率 /%	厚度 /μm	最低起泡点压力 /MPa	压力保持值 /MPa
0.1	70		0.67	0.48
0.22	75		≥0.34	0.24
0.45	79	100～150	≥0.24	0.17
0.65	81		≥0.15	0.15
0.80	82		≥0.12	0.15

需注意的是，上面的公式是以若干假设为依据的。尽管滤膜结构的功能和毛细孔在一定程度上相似，但滤膜实际上并不具有互相平行而且孔径相同的毛细孔结构。因此，公式 $p=4\gamma/D$ 并不能用于准确地计算滤膜的孔径，也无法确认对微生物的滤除能力。如将除菌滤膜的孔径 $0.2\mu m$ 及蒸馏水的表面张力 $7.2\times 10^{-4} N/cm$ 代入 $p=4\gamma/D$，可从理论上计算出该滤膜起泡点的临界压力为 1.44MPa，实测值约为 0.31MPa。由于理论计算值与实测数相差较大，所以当某种滤膜过滤器在给定的药液和工艺条件下确定了起泡点试验的临界压力后，还应用生物指示剂对其进行挑战性试验。只有在通过挑战性试验的条件下，临界压力才能成为该条件下起泡点的判断标准。

（2）起泡点压力测定方法　以筒式过滤器为例，测定装置如图 2-10 所示。先将滤膜用纯水或异丙醇湿润，亲水性滤膜用纯水完全湿润，疏水性滤膜用 60% 异丙醇以及 40% 纯水的混合溶液完全湿润，然后根据膜孔径大小选用表面张力系数不同的液体进行测定。测定

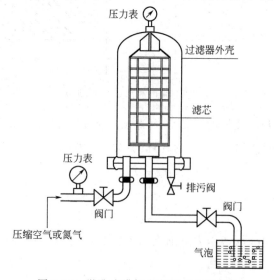

图 2-10　微孔滤膜气泡点压力实验装置

时，首先关闭压缩空气与通向水槽的阀，拧下过滤器上端压力表，从此口向过滤器内注入适宜溶液，直至从此口有溶液溢出为止。将压力表安装好，由过滤器进口处通入压缩空气，并按 34.3kPa/min 的速度加压，将过滤器出口用软管连接浸入水中，当压力升到一定值，滤膜上的水层开始有连续气泡逸出，记录气泡第一次出现时的压力，此压力即为起泡点压力，亦称起泡点临界压力值。

一定的临界压力值可以用来判断滤膜的完好性。如滤器在使用过程中受损，孔径变大，临界压力就会降低，如在使用前、使用后均处在完好的状态，则起泡点试验中的临界压力值应保持不变。

3. 保压试验（扩散流量试验）

保压试验与起泡点试验的原理相同，均以溶液表面的毛细管现象为基础。该试验仍使用起泡点压力试验装置，将微孔滤膜过滤器用液体充分浸湿后，逐步加大气体的压力至起泡点临界压力的 80%，将系统密闭，在规定的时间内观察并记录压力的下降情况。

在正常情况下，气体会从滤膜的高压侧向低压侧扩散，造成高压侧压力的下降，这一现象与不同压力下气体在滤膜中液体的溶解度有关。因此在保压试验中规定了压力下降的范围。如在规定时间内压力下降值超过标准，则说明滤膜在使用过程中损坏，或过滤器出现其他漏点。保压试验的参考标准为 0.26MPa，10min 内压力下降应小于 5%。扩散流量试验过程相同，合格标准是保压 15～20min 应无连续气泡逸出。

过滤器完整性测试仪往往可以同时做起泡点测试和保压测试。如在保压试验结束后，继续升压直至过滤器下侧浸入水中的管道中有稳定的气流发生，就可以确定临界压力值。

拓展知识

一、气体除菌过滤器的完整性确认

对于非最终灭菌工艺制造的无菌制品，药品生产中不仅使用液体除菌过滤器，也使用气体除菌过滤器。如参与制造工艺的惰性气体（如 N_2、CO_2）、压缩空气等均应经过除菌过滤处理，其验证项目与可接受标准如表 2-23 所示。有些设备的内部也需要送入高品质的过滤空气，如注射用水或纯化水储罐的通气口、干热或湿热灭菌器的通气口、冻干机真空干燥处理药品的干燥箱上的真空解除口等均安装有不脱落纤维的疏水性除菌滤器（俗称呼吸器）。这些气体除菌过滤器定期进行完整性试验是非常必要的。

表 2-23 气体除菌过滤的验证项目与标准

验证项目	可接受标准		
	压缩空气	N_2	CO_2
纯　度	含氧<20%	99.9%	99.9%
微　粒	0.1mg/m³ （粒径 0.1μm）	0.1mg/m³ （粒径 0.1μm）	0.1mg/m³ （粒径 0.1μm）

续表

验证项目	可接受标准		
	压缩空气	N_2	CO_2
菌检	$<1CFU/m^3$	$<1CFU/m^3$	$<1CFU/m^3$
干湿程度	露点$-40℃$		
含油量	$<0.1mg/m^3$		

下面以疏水性聚四氟乙烯为滤芯的筒式过滤器的完整性试验为例说明其验证确认过程。

将聚四氟乙烯筒式滤芯经蒸汽121℃灭菌30min以后，与经过蒸汽灭菌的接收装置和$0.2\mu m$滤膜组件、过滤筒、阀门组件等组装在一起。在接收装置内充入经过灭菌的生理盐水，然后将带有细菌的压缩空气或氮气经聚四氟乙烯滤芯过滤后注入接收装置内的灭菌生理盐水中，要求气体注入灭菌生理盐水的过程维持一段时间（10min以上）。过滤后将位于接收装置进口端的$0.2\mu m$孔径滤膜浸渍于培养基中，在35℃恒温条件下培养3d后进行无菌检查，滤膜无菌检查的结果要求应为阴性。该试验需作阳性空白对照试验，另取一盛有灭菌生理盐水的接收装置通入未经过滤的氮气或压缩空气进行通气对照试验，对照试验的滤膜应统计其生菌数。

气体除菌过滤器的完整性也可以采用起泡点试验来判断，由于气体过滤器滤材多采用疏水性材料制造，因此，气体过滤器起泡点试验使用有机溶剂代替水来进行。

二、除菌过滤器结构灭菌的验证

在过滤除菌系统中，除菌过滤器本身就是一个累积微生物的污染点，因此，除菌过滤器结构应定期进行清洗灭菌并实施验证。过滤器结构清洗灭菌的常用方法有在灭菌器内用蒸汽灭菌和在线蒸汽灭菌两种湿热灭菌方法。

选用蒸汽灭菌方法时，应将滤器及其组件用注射用水浸泡冲洗，用专用灭菌袋包好后置于高压蒸汽灭菌柜内，用121℃、清洁蒸汽灭菌30min，或按滤器生产厂家提供的灭菌条件灭菌，冷却后，在无菌状态下连接配管，使用该过滤器过滤注射用水，并按照设计取样频率定时抽取过滤后水样检测，应符合药典规定的注射用水质量标准。

在线蒸汽灭菌即整体联机灭菌，应在蒸汽压0.1MPa、121℃蒸汽灭菌30min，同时应在滤筒排气阀处及前后排气处排冷凝水。灭菌时并监控过滤器前后的压差。

除菌过滤器结构的灭菌验证应通过过滤器的完整性试验来证明过滤结构本身没有受到损伤，每平方厘米有效过滤面积的LRV值应不小于7。

实践内容　　过滤系统验证

【实践目的】

1. 掌握过滤系统验证的项目。
2. 熟悉过滤系统验证的具体操作。

【实践场地】

注射剂生产配液车间。

【实践内容】

对于非最终灭菌的无菌制剂，除菌过滤是整个工艺流程中保证药液无菌的重要环节。除菌过滤系统由粗滤系统和精滤系统组成，包括滤芯、滤壳、硅胶管、蠕动泵。滤芯为聚醚砜滤芯，规格为 5 英寸（1 英寸＝2.54cm），通过精度为 0.2μm；滤壳为 316L 不锈钢滤筒；硅胶管为药用级硅胶管。

灭菌前、过滤前、过滤后必须进行滤器完整性测试。按验证结果控制泵速。按验证结果清洗滤芯。滤芯的使用次数不得超过 10 次。

1. 安装确认

（1）验证目的　确认设备完整并完好；确认设备主要部件的材质符合 GMP 及设计要求；确认设备系统的密闭性符合工艺要求。

（2）验证标准　设备安装完整并完好；5min 内，压力表的压力指示不得降低。

（3）程序与记录

① 设备完整性检查　根据采购合同及设备装箱单检查设备及技术资料、备品备件，并确认完整并完好。

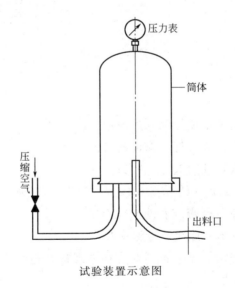

试验装置示意图

② 系统密闭性检查　按上图所示，连接整个过滤系统，不安装滤芯。封闭出料口，将进料口与压缩空气管道相连。缓慢开启压缩空气阀门，待压力表压力显示为 0.4MPa 时，关闭压缩空气阀门，记录 5min 内，压力表的压力变化。系统内的压力不降低，表明系统的密闭性良好；压力降低，则表明系统有漏点。

2. 滤膜完整性验证

（1）验证目的　用于确定使用的过滤系统滤膜孔径与验证规定使用的孔径相符，完整性达到要求。

（2）验证标准　如仪器测试则可自动给出结果是否合格，手工测试则有气泡冒出时的压力值必须等于或大于厂家的最小起泡点值。不合格,要查找原因,是否管路有泄漏,否则此滤膜不符合生产要求,应更换,并重新进行此实验,直至滤膜符合生产要求。

(3) 程序与记录

① 滤膜起泡点试验

a. 滤芯的"预湿润":为增加流通量,滤芯要用表成张力较低的液体(一般为纯化水)预湿润。

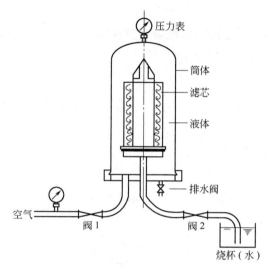

试验装置示意图

b. 起泡点试验步骤

ⓐ 装上滤筒后关闭阀1;

ⓑ 旋转取下压力表,将纯水慢慢倒入过滤器;

ⓒ 当液体溢出时,将压力表装好,保证密封;

ⓓ 开启压缩空气或氮气,开启阀1,阀2;

ⓔ 缓慢加压到 $0.31kg/cm^2$(约0.03MPa),控制30s,观察滤器的气泡处。例如,筒体连接处及O形密封圈安装不严密或者滤膜没有被完全弄湿,则将有连续气泡出现,这时应检查所有连接处或调换O形圈或重新弄湿滤芯;

ⓕ 若无气泡产生,则连续加压,直到在烧杯中观察有连续或稳定气泡出现,此时所显示的压力即为最小起泡点压力。

② 压力保持实验 将微孔滤膜过滤器用纯水充分浸湿后,逐步加大气体的压力至发泡点临界压力的80%,将系统密闭,在10min内观察并记录压力的下降情况。继续升压,直至在过滤器下侧浸入水中的管中有稳定的气流发生。记录气泡第一次出现时压力的读数。

试验记录及表格

实验次数	所用滤芯		起泡点压力值/MPa	压力保持时间	压力下降值
	规格	类型			
1					
2					

续表

实验次数	所用滤芯		起泡点压力值/MPa	压力保持时间	压力下降值
	规格	类型			
3					
4					
5					

3. 对微生物的截留验证

(1) 验证目的　用过滤含有定量指示细菌的培养基，模拟实际过滤工艺的方法来确认除菌过滤器的过滤能力。

(2) 指示菌

① 缺陷假单胞菌 ATCC 19146，该菌平均直径 $0.3\mu m$。它不能穿透孔径为 $0.22\mu m$ 的滤膜。

指示菌量＝过滤器膜面积（cm^2）×10^7 个/cm^2

所用 $0.22\mu m$ 聚醚砜滤芯的有效过滤面积为 $0.7m^2$。

故所需指示菌量为：7000（cm^2）×10^7＝7×10^{10} 个

② 缺陷假单胞菌规格为 10^{10} 个/菌片，所以我们投入的指示菌量为七片菌片。

(3) 试验压力及流量

a. 试验压力 0.2MPa；b. 流量 2L/min。

(4) 试验用培养基　胰蛋白大豆肉汤培养基。

(5) 试验步骤

① 将过滤系统灭菌。

② 用空白培养基浸润过滤器，之后进行过滤器的完好性试验。

③ 将此溶液用一阴性对照，用无菌过滤器过滤，培养并检查无菌。

④ 将事先标定浓度的微生物悬浮液装入适当容器，并对待试验的过滤器。进行挑战试验，操作同上。

⑤ 进行过滤器完好性检查，确认试验过程中滤膜没有损坏。

⑥ 培养观察结果。

⑦ 结果评价。

如阴性对照过滤器获得阳性结果，则试验无效；如挑战试验的滤液中长菌，则过滤系统不合格。

试验记录及表格

实验次数	日期	所用微生物菌种	微生物挑战性菌量	所用滤芯		过滤后液体带菌量/(个/ml)	阳性对照生长情况
				规格	类型		
1							
2							
3							
4							
5							

4. 对药液质量影响的确认

(1) 试验要求

① 试验用药液为 0.9％氯化钠溶液。

② 试验进行 3 次。

(2) 操作方法

① 将药液用蠕动泵打入过滤系统中，将系统的进、出液口封闭，放置 4h，作为样品 1。同时，将同一批配制的药液，不打入过滤系统，放置 4h，作为样品 2。

② 将样品 1 从过滤系统中放出混匀，测量 pH 值，同时测量样品 2 的 pH 值。

③ 以样品 2 为空白，对样品 1 进行紫外扫描，波长范围为 200～800nm。

④ 分别测定样品 1 和样品 2 中氯化钠的含量。方法见药典生理盐水的氯化钠含量检验方法。

(3) 判定标准

① pH 值：浸泡前后变化不得超过 0.05。

② 溶出物：200～800nm 波长范围内的吸收度最大值不得过 0.03。

③ 过滤后氯化钠含量≥97％过滤前氯化钠含量。

(4) 实验方法

实验表格及记录

浸泡前后 pH 值变化					
次数	浸泡前 pH 值	浸泡后 pH 值	前后变化值	标准规定	是否符合 是√/否×
1					
2				浸泡前后变化不得超过 0.05	
3					

过滤系统溶出				
次数	测量值		标准规定	是否符合 是√/否×
	最大吸收度波长	最大吸收度	最大吸收度	
1				
2			0.03	
3				

含量变化				
次数	过滤前	过滤后	标准规定	是否符合 是√/否×
1				
2			过滤后氯化钠含量≥97％过滤前氯化钠含量	
3				

【实践要求】
1. 结果分析。
2. 评价:从实验评判本过滤系统是否符合预定要求。

任务三 设备确认

项目六 制剂设备的确认

学习目标

【知识目标】
1. 掌握设备确认的基本步骤。
2. 熟悉设备终生管理的概念。

【技能目标】
能进行设备确认。

必备知识

"药品的质量是生产出来的,更是设计出来的"。这里提到的设计不仅仅指产品本身的设计和生产工艺的设计,也包括和生产工艺密切相关的制药设备的设计。药品的质量不仅取决于生产工艺的设计质量,也受到生产设备设计质量的影响,设计良好的生产工艺只有依托于与该工艺具有良好适应性的制药设备才能生产出质量符合标准的产品。因此,制药企业从自身的生产工艺出发,根据工艺对设备的性能、材质、结构的特定要求开展设备设计确认工作,通过执行在设备开发设计制造阶段的确认,有助于将 GMP 管理理念在设计阶段就融入药品的生产系统中,从而真正体现"质量是设计和生产出来的"现代质量管理价值观。

设备引入进生产环境之后,牵涉到的关系是多维的、复杂的,不仅设备和药品(物料)建立了特定的关系,如"设备的设计、选型、安装应符合生产要求","与药品直接接触的设备表面应光洁、平整、易清洗或消毒、耐腐蚀,不与药品发生化学变化或吸附药品;设备所用的润滑剂、冷却剂等不得对药品或容器造成污染。"而且设备和生产环境也建立了特定的关系,如设备的运转、清洁和存放不能对洁净的生产环境产生影响。此外,设备也和员工操作和环境构成了综合关系,在不影响环境的情况下,还要易于员工"清洗、消毒或灭菌,便于生产操作和维修、保养,并能防止差错和减少污染"。

制药机械设备的验证是药品生产工艺流程确认的一环,而设计确认、安装确认、运行确认和性能确认分别是设备验证中的一环。

一、设备的终生管理

对于一台设备而言,其生命周期起始于提出要求,终止于报废:提出要求→设计→制造→采购→安装→调试→验收→验证→操作使用→设备的维护保养→定期的重验证→报废。根据其各阶段的任务与目的,可分为前期管理与后期管理两阶段。设备的前期管理区间为提出要求→设计→制造→采购→安装→调试→验收→验证。设备的后期管理区间为操作使用→设备的维护保养→定期的重验证→报废。设备终生管理示意图见图3-1。

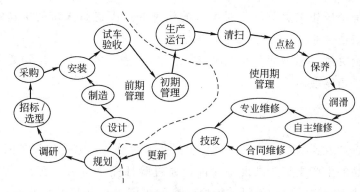

图3-1 设备终生管理示意图

在设备的生命周期中,以最有效的设备利用为目标,以维修预防、改善维修、事后维修综合构成生产维修运行体制,由设备的计划、使用、维修等有关人员,从最高经营管理者到一线操作人员全体参与,以自主小组活动推行全员生产维修(TPM),限制和降低六大损失:①设备停机时间损失;②设置与调整停机损失;③闲置、空转与短暂停机损失;④速度降低损失;⑤残、次、废品损失;⑥产量损失(由启动到稳定生产间隔)。

二、设备的选型

1. 设备的选择原则

(1) 生产性 生产性特指设备的生产效率,又体现在设备的高效率上。高效率设备的主要特点为大型化、高速化、自动化。

(2) 工艺性 工艺性是指设备满足生产工艺要求的能力。机器设备最基本的一条是要符合产品工艺的技术要求,制药设备必须符合GMP要求。

(3) 可靠性 可靠性是表示一个系统、一台设备在规定的时间内、在规定的使用条件下、无故障地发挥规定机能的程度。规定条件是指工艺条件、能源条件、介质条件及转速等。规定时间是指设备的寿命周期、运行间隔期、修理间隔期等。

(4) 维修性 维修性指设备结构简单,零部件组合合理;维修的零部件可迅速拆卸,易于检查,易于操作,实现了通用化和标准化,零件互换性强等。

(5) 节能性 节能性主要指原材料消耗和能源消耗。

（6）安全性　机械部件、电气件布局不应对生产产品和人员造成危害。

（7）环保性　环保性指设备本身的噪声、是否排放有害物质。

（8）成套性　设备本身及各种设备之间的成套配套，是形成设备生产能力的重要标志。（联动线，匹配，通用互换，售后服务）。

（9）通用性　一种型号的机械设备的适用面要广。强调设备的标准化、系列化、通用化。

（10）操作性　操作简便（自动化程度高）、数据自动记录。

2. 设备选型的步骤

（1）设备市场信息的收集和预选　信息的收集来源于纸媒广告、网络广告、展销会、技术交流会等途径。

（2）初选设备型号和供货单位　对预选的机型和厂家进行大量的资料掌握。分析、比较，从中再选出最适合的 2~3 个机型和厂家。

（3）选型评价决策　选型评价决策从药品生产工艺要求、设备性能要求、市场供应情况、市场价格等多角度去评价。

三、设备验证

通过对设备设计、选型、安装、试运行全过程监控确认，来完成设备的添置或改造，为最终产品——药品的生产质量提供设备保证。通过验证完善 SOP，为以后设备的长期投运提供操作标准。建立完整的验收资料，指导以后的投资工作并帮助企业顺利通过整体 GMP 验收。验证的生命周期如图 3-2。

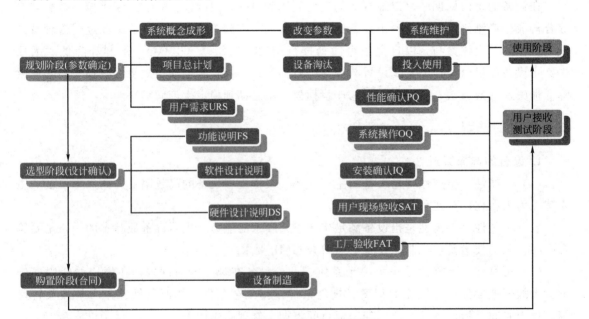

图 3-2　设备验证生命周期示意图

药品生产企业（简称使用方）是制药机械（设备）验证工作的实施主体，制药机械制造企业（简称制造方）应积极配合使用方的设备验证工作。验证工作由使用方组织并完成。验证工作的方案应根据制药机械产品标准、用户需求标准（URS）、JB 20067、药品生产质量管理规范（GMP）和制药工艺等要求制定，验证方案应经使用方技术负责人审核批准后实施。制药机械（设备）验证应严格按照验证方案规定的内容和步骤进行。制药机械（设备）验证的各阶段工作完成后，均应形成确认的相关文件。

1. 验证目的

① 确认制药机械（设备）设计与制造工艺符合产品标准，满足用户需求标准（URS）和药品生产管理规范（GMP）要求。

② 确认制药机械（设备）安装符合安装规范，产品相关资料和文件的归档管理符合要求。

③ 确认制药机械（设备）在运行情况下的使用功能和控制功能符合规定。

④ 确认制药机械（设备）在实际使用条件下的生产适用性和符合制药工艺与质量要求。

2. 验证范围

制药机械（设备）验证范围的确定原则应依据制药工艺要求而定。直接或间接影响药品质量的，与制药工艺过程、质量控制、清洗、消毒或灭菌等方面相关的制药机械设备，属于必须验证的范围，其他辅助作用或不对药品质量产生影响的制药机械设备可不列为验证的范围。

与产品接触的设备要求进行广泛的 IQ/OQ 确认，IQ 必须进行整体系统、纯水系统、洁净压缩空气系统、延伸系统、管道、控制系统；OQ 必须进行使用点上的供给质量，如：体积、压力、流量、温度、露点、干燥分馏、化学性质、微生物水平、微粒数等。

公用系统如建筑物和非产品接触的设施，所需 IQ/OQ 确认程度略低。

设备验证有五个重要过程，即①技术参数确认（specification qualification，SQ）、②设计确认（design qualification，DQ）、③安装确认（installation qualification，IQ）、④运行确认（operational qualification，OQ）、⑤性能确认（performance qualification，PQ）。

3. 验证程序

制药机械（设备）的验证程序依次是设计确认、安装确认、运行确认和性能确认。在各确认阶段均应形成阶段性确认的结论性文件，达不到确认要求的应不进行下阶段的确认工作，整改复验达到要求后方可进行下阶段的确认工作。

制造方在制药机械（设备）交付使用方前应完成制药机械新产品的设计确认和文件化工作。设备到达使用方后，制药机械（设备）的安装确认、运行确认和性能确认由使用方完成。必要时可由双方协议共同完成。

4. 验证的实施

我们要对设备进行验证，就必须设计出一套审慎周密的验证（qualification）计划及有效的测试方法。但首先我们要强调的是，验证与测试并不相同，验证是着重于评价系统是否按预期的功能运行，它的重点在于核对文件是否完整正确，而测试则是指对系统中误差的鉴定，重点在于评估预测值与实际结果的差异。因此我们可以说验证包含测试。一套完整的设备验证计划书（即验证方案）通常包含三个部分：安装确认 IQ、操作确认 OQ 及性能确认 PQ。设计确认 DQ 不放入方案中，因为这一部分是一个设备选型、供应商选择等设备采购的前期工作。这些工作完成后才能制定该设备的验证方案，当然也可以把设计确认的指标性参数和具体要求写入验证方案中，并对之前的工作进行确认。

（1）设计确认 DQ　设计确认（DQ）即《药品生产验证指南》中明确解释为"预确认，即设计确认，通常指对待订购设备技术指标适应性的审查及对供应厂商的选定。"同时，在《药品生产质量管理规范实施指南》中明确"预确认是对设备的设计与选型的确认。内容包括对设备的性能、材质、结构、零件、计量仪表和供应商等的确认。"

使用方对制造方生产的制药机械（设备）的型号、规格、技术参数、性能指标等方面的适应性进行考察和对制造商进行优选，对制药机械新产品的设计是否符合药品生产管理规范（GMP）、产品标准、用户需求标准（URS）及相应生产工艺等方面进行审查与确认，最后确认与选定订购的制药机械（设备）与制造商，并形成确认文件。其内容一般包括：①产品的规格、参数和技术指标；②产品的生产方式、能力与适用性；③产品的材质、结构、外观、制造工艺性、噪声、传动机构、辅助系统、润滑系统、安全系统、运行性能等；④电气和控制功能，含调速、显示、连锁保护、操作系统、安全报警、联机性等；⑤对环境和设施与工艺的配套性；⑥易清洗、易灭菌、易操作维护、不污染性能等。

（2）安装确认 IQ　安装确认（IQ）主要是通过设备安装后，确认设备安装符合设计要求，文件及附件齐全，通过检验并用文件的形式证明设备的存在。也就是说，通过检查文件和其他项目，来证明这台安装在这里的设备就是我们要的那台，并且已经正确地安装了。安装确认范围包括制药装备的外观检查、测试方法、文件和合格标准，以证实制药装备的安装确实按制造商的安装要求进行。

IQ 一般由设备制造方与使用方共同来参与，在安装完后对设备做现场安装后的测试。IQ 确定后，我们就可以进入 OQ 的确认阶段。制药机械（设备）在安装完毕后，根据验证方案进行安装确认，经实施提出 IQ 结论。制药机械制造方应提供给使用方内容翔实、完整、有效的设备安装指导文件。

安装确认内容一般包括以下几方面。

① 检查随机文件与附件齐全

a. 设备原始文件资料（使用说明书、购买合同、操作手册、合格证、装箱单等）。

b. 图纸索引（安装及地基基础图、电气原理图、备件明细、易损件图等）。

c. 设备清单（安装位置、设备编号、生产厂家、备品备件存放地及一览表）。

d. 相关配套系统（压缩空气、真空气体、水质与供水、蒸汽、制冷等）。

e. 公用工程检查表（公用工程清单、验收合格证）。

f. 润滑位置表和仪器仪表安装一览表（仪器清单、安装位置、编号、生产厂家、校验、校准周期）等。

② 依据设备安装图的设计要求，检查下列几方面

a. 检查设备的安装位置和空间能否满足生产和方便维修的需要。

b. 检查外接工艺管道是否符合匹配和满足要求。

c. 检查外接电源。

d. 检查主要零件的材质。

e. 检查设备的完整性和其他问题。

(3) 运行确认 OQ　制药机械（设备）运行确认，主要是通过空载或负载运行试验，检查和测试设备运行技术参数及运转性能，通过记录并以文件形式证实制药机械（设备）的能力、使用功能、控制功能、显示功能、联锁功能、保护功能、噪声指标，确认设备符合相应生产工艺和生产能力的要求。确认内容一般包括以下几方面。

① 运行前检查，如电源电压、安全接地、仪器仪表、过滤器、控制元件及其他需运行前检查。

② 验证用测试仪器仪表的确认。

③ 设备运转确认，依据产品标准和设备使用说明书，在空载情况下，对空负荷运转状态、运转控制、运转密封、噪声等项确认。

④ 设备操作控制程序确认。

⑤ 机械及电气安全性能确认。

⑥ 设备各项技术指标确认。

制药机械（设备）在安装确认后，根据验证方案进行运行确认，经实施提出 OQ 结论。制药机械制造方应提供给使用方具体指导设备正确运行和各功能操作及控制程序的相关文件。

(4) 性能确认 PQ　制药机械（设备）性能确认是在制药工艺技术指导下进行工业性负载试生产，也可用模拟试验的方法，确认制药机械（设备）运行的可靠性和对生产的适应性。在试验过程中通过观察、记录、取样检测，搜集及分析数据验证制药机械（设备）在完成制药工艺过程中达到预期目的。

PQ 是模拟生产的过程，由使用者按照药品生产的工艺要求进行实际生产运行。IQ 和 OQ 的执行类似于有完整文件记录的技术性测试验收；而 PQ 则需要按每套设施设备及其相关工艺程序制定个别的确认方案。

性能确认内容一般包括以下几方面。

① 在负载运行下产品性能的确认。

② 生产能力与工艺指标确认。

③ 安全性确认。

④ 控制准确性确认。

⑤ 药品质量指标确认（包括药品内在质量、外观质量、包装质量等）。

⑥ 设备在负载运行下的挑战性试验。

(5) 设备的再确认　设备已经进入正式使用的阶段，下列情况发生时一般需要对设备进行非例行性再验证。

① 设备或公用工程系统大修后或有重大变更时。

② 相关 SOP 有重要修改。

③ 趋势分析中发现有系统性偏差。

确定变更是否会引起一系列问题，应对这些变更的信息进行风险评估（risk assessment），是组织确定信息安全需求的一个重要途径，属于组织信息安全管理体系策划的过程。

5. 验证的结论

经过一系列的确认，即得到了设备验证的文件证明。将所有的确认结果统计、分析、整理成验证报告。对于验证所出现的偏差，由验证小组对其进行分析评价，认为验证结果可以接受或对其偏差项进行纠正能达到生产及 GMP 的要求，此设备的验证项目才能算结束。

需要说明的是，不是所有的制药设备都需要进行验证，我们所指的验证范围是直接或间接影响药品质量的，与制药工艺过程、质量控制、清洗、消毒或灭菌等方面相关的制药设备，其他辅助作用或不对药品质量产生影响的设备可不列为验证的范围，如贴标机、理瓶机等。

拓展知识　　关于 FAT 和 SAT

1. 工厂验收测试 FAT（factory acceptance test）

工厂验收测试即指制药设备依据设计完成生产，在发货前在购买方的见证下，由制造商对交付的设备做工厂验收测试。该测试旨在保证设备已经严格按照要求完成了组装调试，各项指标符合客户验收要求，可以安排交货。FAT 由设备的制造方在设备使用方或其委托有资质的第三方的见证下进行，完成测试后签字确认。

2. 现场验收测试 SAT（site acceptance test）

当设备到达设备的使用场所后，需进行 SAT。与 FAT 相似的是，SAT 的目的也是为了保证设备已经按要求完成了组装和调试，所以有些测试项目与 FAT 相同，所不同的是，FAT 是由设备的制造商在制造工厂测试，而 SAT 是由设备的使用方在设备的使用场所做的测试，所以更偏向于一些在设备的制造工厂无法做的测试。

3. 设备确认与 FAT、SAT 的关系

FAT 和 SAT 更像是一个货物交接的过程。双方按合同要求对货物进行验收，因为设备是比较复杂，所以需要对其进行多项检测，这些检测有一部分在货物还没发出之前检测，检测的项目及结果形成的报告就是 FAT，还有一些项目非得到客户那才能测的，就是 SAT。

而 IQ、OQ 和 PQ 虽然很多项目与 FAT 和 SAT 重复，但目的不同，IQ、OQ 和 PQ 确认的目的是确认设备设计和制造符合产品标准，满足《药品生产质量管理规范》等法规和用户需求标准的要求，是设备使用方对自己产品生产的过程满足质量和法律法规的一种证明。

IQ、OQ 和 PQ 中如果有一些项目在 FAT、SAT 或其他检查时已做过，那我们可以将这些结果的记录直接附在确认报告中,不需要重复检查;如果没有,则需要在确认时检查这些项目。

实践内容　　总混设备确认

【实践目的】
1. 掌握总混设备性能确认的要素。
2. 熟悉总混设备性能确认的操作过程。

【实践场地】
固体制剂总混车间。

【实践内容】
多向运动混合机是一种对固体粉粒物料均匀混合的新型专用混合设备,它广泛用于固体制剂制备过程中不同物料的混合。它具有混合均匀度高,流动性好,容载率高,对湿度、柔软、密度不一的颗粒,粉状物的混合均能达到最佳效果。与物料接触的部位采用不锈钢材料制造,符合 GMP 要求。其混合的原理是该机按三维运动规律运动,在混合作业时,由于混合筒同时进行了自转和公转,使八角筒产生了强烈摇旋滚动作用,并受混合筒自身多角材料的牵动,增大了物料倾斜角,加大滚动范围,消除了离心力,彻底保证物料自我流动和扩散作用。

本项目是对 HDA-100 型多向运动混合机进行验证,目的是检查并确认 HDA-100 型多向运动混合机安装符合设计和 GMP 要求,资料和文件符合 GMP 要求;检查并确认 HDA-100 型多向运动混合机运行性能符合设计要求;确认制粒系统颗粒均匀性,从而验证 HDA-100 型多向运动混合机的性能。

验证接受标准:总混质量控制的关键点是均匀度。总混均匀度验证的可接受标准如下。
① 多次测试的平均含量必须达到产品质量标准。
② 相对标准偏差(RSD)不得超过 5%。
③ 每个样品含量测试结果必须达到平均值的 95%~105%,从而保证装量和最终成品的含量测试结果符合产品的质量标准。

1. 安装确认

验证该设备的安装是否符合设备安装的要求。
可接受标准:文件资料齐全,设备性能设计符合要求;设备安装符合设计规范。
(1)外观检查

检查项目	标准及要求	结论
设备定位	混合整粒间	
材质	与物料接触部位为不锈钢	
内外部结构	便于清洗、无死角	
操作间	生产环境能满足要求,便于操作,有与之匹配的电压、频率、接地状况	
设备标牌	完整、清晰	

（2）文件检查

文件名称	存放地点
使用说明书	档案室、保障部、生产车间各一本
产品合格证	档案室一本
设备开箱验收单、安装调试记录	档案室一本

2. 运行确认

验证该设备在空载运行时，符合设计要求，并检查设备操作规程的适用性。

按照设备技术参数及《三维运动混合机使用操作规程》，对设备进行足够的空载运行，应符合设计要求。

（1）空载运行 30min，检查设备运行各部位功能正常，符合设计要求。

（2）合格标准　主机应平稳运转，无异常现象，电控仪表指示正常，灵敏可靠。

（3）测试条件　设备安装到位稳固；电气连接符合要求；环境符合设计要求。

（4）验证程序　启动设备空运转，调节转速，进行测试，分别以不同转速测试三次，每次 30min。

检查项目	设计要求	检查结果			结论
		400r/min	500r/min	600r/min	
整机	各部件稳固				
仪器仪表	准确灵敏				
整机运行	平稳，无异常声响				
环境	温度 18～26℃，相对湿度 45%～65%				

3. 性能确认

验证目的：在进料情况下，检查确认三维运动混合机混合均匀效果是否符合设计，是否满足工艺要求。

合格标准：混合效果应符合工艺要求。本试验用三批淀粉和氯化钠粉末，按该设备操作规程进行操作，各点氯化钠含量符合标准。

（1）检查项目、质量标准及取样方法

检查项目	标准	取样方法
混合均匀度	按氯化钠的检测方法测定混合粉末中氯化钠的含量，各样品之间的相对偏差在 5% 以内	混合结束后，用取样棒取样，每批取 6 个样。在三维运动混合机出料口出料，将粉末装入中转桶内

（2）取样方法　为了验证总混后成品中活性成分的含量均匀度，取样必须要有代表性。从静止的混合机中正确取样，要有足够的取样点和取样量，所以必须确定一个总混的取样规程。

① 取样应在混合机中直接抽取，不要将物料卸到小桶后抽取。

② 混合机有多种形式或形状，造成了混合时间和均匀度的差异，因此取样应在相同的

工艺操作参数下进行。

③ 从混合机中交叉多个地方的样品，取样位置应包括最难混合的位置。

④ 取样量一般为剂量活性成分的 1～3 倍量或检验量的 3 倍量。

（3）检验方法

① 精密称取氯化钠样品约 1.2g（称量至 0.0001g）置于 100ml 烧杯中，用少量纯化水溶解后，定量转入 250ml 容量瓶中，用纯化水稀释至标线，摇匀即可。

② 用 25ml 移液管移取上述氯化钠溶液 25.00ml 置于 250ml 锥形瓶中，加 20ml 纯化水稀释，加 2% 糊精溶液 5ml，再加荧光黄指示剂 5～8 滴，在不断振摇下，用 $AgNO_3$ 标准溶液滴定至溶液从黄绿色变至粉红色沉淀为滴定终点。记录消耗的 $AgNO_3$ 标准溶液的体积。

③ 计算样品中含 NaCl 的质量分数和相对平均偏差。NaCl 的质量分数计算式为：

$$\omega_{NaCl} = \frac{(cV)_{AgNO_3} \times M_{NaCl} \times 10^{-3}}{m_s \times 25.00/250}$$

（4）含量测定记录

品名：　　　　　规格：　　　　　批号：　　　　　物料重量：

检查项目	样品号						平均值	结　论
	上 1	上 2	中 1	中 2	下 1	下 2		
含量								
含量相对偏差								

4. 验证结果分析与评价

根据各步骤验证结果，验证小组出具验证报告以数据形式分析结果。

5. 再验证周期

① 设备大修或工艺改进，进行再验证。

② 正常生产，再验证周期，每两年一次。

任务四 清洁验证

项目七 清洁方法与清洁程序

> **学习目标**
>
> 【知识目标】
> 掌握基本的清洁方法和清洁程序。
>
> 【技能目标】
> 能采用正确的清洁方法进行清洁。

必备知识

在药品生产后,总会残留若干原辅料和微生物。微生物在适当的温湿度下以残留物中的有机物为营养可进行大量繁殖,并产生各种代谢物。在制药企业同一设备常用于多个产品的生产。为了避免对后续产品产生污染,需对制药设备进行清洗。因此,微生物、原辅料、润滑剂和生产过程中的其他异物(如空气浮尘、灰尘、中间体等),以及清洗过程使用的清洗剂都可能会污染制剂或原料药。原料(活性成分,active pharmaceutical ingredient,简称 API)是在设备清洁及清洁验证中需优先考虑的残余物,因为这些原料有药理活性,若污染下一品种将会带来严重的后果。污染来源示意图见图 4-1。

一、清洁的定义与重要性

药品生产每道工序完成后,都需进行清洁,通过有效的清洗除去药品生产过程中残留的原辅料、微生物及其代谢产物。严格意义上来说,不含任何残留物的清洁状态是不存在的。在制药工业中,清洁是指设备中各种残留物的总量降低至不影响下批产品的规定疗效、质量和安全性的状态。设备的清洁程度,取决于残留物的性质、设备的结构、材质和清洗的方法。对于某一产品和与其相关的工艺设备,清洁效果取决于清洗的方法。清洁效果评价应以设备中各种残留物的总量降低至不影响下批产品规定的疗效、质量和安全性的状态为标准。

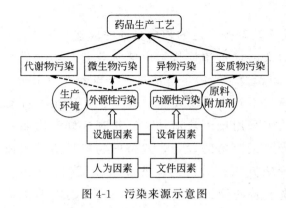

图 4-1 污染来源示意图

清洁可防止发生可能改变药品质量、使其安全性、均一性、浓度、纯度达不到规定的要求的事故或污染。

清洁规程即是以文件形式制定的有效清洗方法，包括以下内容：清洗方法及影响清洁效果的各项具体规定（如清洗前设备的拆卸、清洁剂的种类、浓度、温度、清洗的次序和各种参数，清洗后的检查或清洁效果的确认）以及生产结束后等待清洗的最长时间，清洗后至下次生产的最长存放时间等。

良好的清洁效果可降低交叉污染的风险，降低产品受污染而报废的可能性，延长设备的使用寿命，降低患者产生负面效应的概率，同时降低产品投诉的发生率，也降低卫生部门或其他机构检查不合格的风险。

二、清洁方法

去除设备表面残余物的方法有多种，其作用机理可概括为：机械作用、溶解、去污、化学反应等，清洁的每一步骤可能包括这四种机理中的一种或多种。机械作用包括刷、吸及水流冲洗，用高压水流喷射设备表面可清洗到其他方法难以到达的部位，亦可用超声波清洗小件器具。溶解即用水或有机溶媒去除残留物，也可添加某些助剂，如酸性残渣用碱性清洁剂、碱性残渣用酸性清洁剂。去污是采用表面活性剂通过增溶、润湿、乳化、分散等作用去除残留物。化学反应则是通过氧化、水解、酶催化等作用分解大分子，使其更易除去。

清洁方式通常可分为手工清洁方式、自动清洁方式以及手工和自动结合的清洁方式。选择清洁方式时应当综合考虑设备的结构和材质、产品的性质、设备的用途以及清洁方法能达到的效果等因素。

1. 手工清洁方式

手工清洁（manual cleaning）方式由操作人员持清洁工具按一定的程序清洗设备，根据目测结果确定清洁程度。常用的清洁工具有刷子、清洁布以及能喷洒清洁剂和淋洗水的喷枪等。采用这种方式清洗前，通常需要将设备进行一定程度的拆卸，并转移到专门的清洗场所。如固体制剂生产设备的干法制粒机、压片机、胶囊填充机，液体类制剂的灌装设备等，因死角较多或生产的产品易黏结在设备表面等情况而难以清洁，需拆卸至一定程度并采用人工清洗方式。

2. 自动清洁方式

该方式由专门的清洗装置按一定的程序自动完成整个清洁过程。采用自动清洁方式只要将清洗装置同待清洗的设备相连接，由清洗装置自动完成整个清洁过程，亦称在线清洁方式（CIP，cleaning in place）。清洁过程不需要人为干预，结束时通常不需要目测检查。在线清洁具有以下特点：①设备、容器、管道能够自动进行清洗；②对容器采用喷淋法清洁，对管道采用压力法清洁；③重现性好。比如注射用水储罐、配液罐等体积庞大且内表面光滑无死角的设备，残留的物料易溶于水或某种清洁剂，即采用自动或半自动的在线清洗方式。清洁剂、淋洗水在泵的驱动下以一定的温度、压力、速度和流量流经待清洗设备的管道，或通过专门设计的喷淋头均匀喷洒在设备内表面从而达到清洗的目的。

3. 半自动清洗

半自动清洗即手工和自动结合的清洁方式，可以在设备执行在线清洗前进行部分手工拆卸和清洁，也可能在程序执行后进一步进行手工清洗，以达到清洁效果。手工和自动结合的清洁方式通常适合于粉尘较多的固体制剂设备，带有 CIP 装置，但部分小部件需拆卸或采用在线清洗仍有少量残留物，如包衣机、快速搅拌制粒机等。

清洁方法开发时应根据设备自身特点进行选择，尤其是可能采用半自动或全自动在线清洗的大型设备，要检查管道系统，识别阀门。清洁时还需注意以下几点：湍流的清洁速率优于层流的清洁速率；在盲管和垂直管道中的清洁液的所需速率则要大于湍流所需的速率，通常要求大于 1.52m/s（5in/s）；在设备设计时需要考虑盲管的清洁问题，通常要求 $L/D<2.0$（L：分叉口或交接口处长度，D：管的直径）；设备喷淋球的覆盖率检查要求溶液应能分布在喷淋球上部的 25%～30% 区域；采用 CIP 清洗时应避免设备底部的积水；有效、可靠和反复的清洁要求湍流。

三、清洁程序

不管采取何种清洁方式，针对每一台设备都必须制定详细的设备清洗程序，从而保证每个操作人员都能以相同的方式实施清洗，并获得相同的清洁效果。这是进行清洁验证的前提。清洁规程应遵循的原则包含：①有明确的清洗方法和清洗周期；②有明确的关键设备的清洗验证方法；③清洗过程及清洗后检查的有关数据要有记录并保存；④无菌药品生产设备的清洗，尤其是直接接触药品的部位和部件必须灭菌，并标明灭菌日期，必要时要进行微生物学的验证，经灭菌的设备应在 3d 内使用；⑤某些可移动的设备可移到清洗区进行清洗、消毒和灭菌，设备设计应尽量采用自动化清洗（C.I.P）；⑥同一设备连续加工同一无菌产品时，每批之间要清洗灭菌；同一设备加工同一非无菌产品时，至少每周或每生产 3 批后进行全面的清洗。

清洁程序中涵盖的要点如下。

1. 拆卸

设备在清洁前需要拆卸的程度，如压片机、干法制粒机、小容量注射剂的灌装机等在清洁前均需预先拆卸到一定程度。拆卸规程制订时应包括完整的拆卸操作步骤，最好附有示意图和图表以便于理解。

2. 预洗

预洗的目的是除去大量的（可见的）残留物料，为此后的清洗和淋洗等操作创造一个基本一致的起始条件，从而保证随后步骤的重现性。预洗时用水采用饮用水或经过滤后的饮用水即可。采用水管或喷枪，以流动的水进行清洗，可见残留物消失即为预洗终点。如清洁程序可做如下规定：用热饮用水持续喷淋机器的所有表面，使所有可见的残留颗粒消失，特别注意不易清洁部位。

3. 清洗

清洗是以一定的操作程序除去设备上肉眼不可见的残留物。操作程序必须明确规定清洁剂的名称、规格、组成，清洁溶液的浓度、配制方法、溶液量、配制用水质量。配制清洁剂的水可根据需要采用饮用水或纯化水。

清洗是溶剂对残留物的溶解过程，而溶解往往随温度的升高而加快，因此，清洗时必须规定清洁剂的温度控制范围及控制温度的方法。为提高清洗效率，可采用多步清洗的方式，往往在两步清洗之间加入淋洗操作。

4. 淋洗

清洗步骤溶解了大部分残留物，但设备上残留的清洗液中仍含有水、清洁剂和残留的物料。淋洗是用水对设备表面进行充分冲洗，使残留物的浓度降至预定限度以下，达到不造成新的潜在污染。淋洗水应根据产品的类型选用纯化水或注射用水，最初阶段可使用饮用水。

清洁程序中应明确清洁方式及以下清洗工艺参数：时间、温度、流速、压力及频次。采用自动清洗较手工清洗效果可靠。

根据需要，可进行消毒或灭菌，程序中需明确消毒剂浓度、消毒方法、消毒剂用量或灭菌条件。

5. 装配

应规定将被拆卸部件重新装配的各步操作，与拆卸要求相同，最好附以图表和示意图便于理解。此外，要注意装配期间避免污染设备和部件。

6. 干燥

残留在设备上的水虽然是最高质量的水（具有最小的可溶性固体，最低的微生物污染水平），但仍会滋生微生物。干燥可防止微生物生长。设备是否需要干燥可根据具体情况决定。如需暴露保存的设备应进行干燥；如设备要进行灭菌处理，或是采用高温、无菌的注射用水淋洗后并保持密闭的设备则不一定要进行干燥处理。

7. 检查（包括目检）

经过验证的清洁程序应保证清洁后的设备符合设定的标准。采用目检，则要求无可见的残留物；如发现残留物，应及时采取补救措施而不危及下批产品。

8. 储存

规定已清洁设备和部件的储存条件和最长储存时间，以防止再次污染。保持设备及系统清洁完好状态的方法，如倒置、放在层流罩下、在线灭菌、规定存放时间。

9. 清洁工具的清洁

明确清洁工具的清洁方法，避免污染和交叉污染。

清洁工具应满足不易脱落纤维和微粒，不得使用木质材料；专区专用，不同洁净级别的区域不得混用；擦拭不同部位的抹布应易于分辨，使用后应分别清洗、存放、管理。

拓展知识　清洁剂的选择原则

设备清洁常用的清洗介质有水和（非水）有机溶媒。设备表面的残余物可溶于水时应选择水作冲洗介质，最终的冲洗应用纯化水或注射用水。用水作清洗介质的优点是无毒、无残留物，但对不锈钢表面可能有不良的影响，如生锈或腐蚀。当设备表面的残余物可溶于有机溶剂时，如蜡、凡士林、油脂等，可选择丙酮、二氯甲烷、庚烷等有机溶剂进行清洗。对于极性较大的残余物可选用能与水混溶的有机溶剂（如低级脂肪醇、乙醚）或与水的混合物。环境保护、操作者的安全及费用问题限制了有机溶剂的选用。

选择清洁剂应符合几点要求：①应能有效溶解残留物，不腐蚀设备，且本身易被清除；②符合人用药品注册技术要求国际标准协调会（ICH）在"残留溶剂指南"中的使用和残留限度要求；③清洁废液对环境尽量无害或可被无害化处理；④满足以上前提下应尽量廉价。

根据以上原则，对于水溶性残留物而言水是首选的清洁剂，亦可选择一定浓度的酸、碱溶液。但不宜采用一般家用清洁剂，因其成分复杂、质量波动大，生产过程中微生物污染不加控制等，且无有效方法检测清洁剂残留达到标准。所以，应根据清洁目标、清洁限度、人力物力等条件，选择处方已知且固定的清洁剂，并建立质量标准及检验规程。供应商还应提供清洁剂的安全性数据，以供确定清洁剂残余限量时参考。常用清洁剂见表4-1。

表4-1　常用清洁剂

清洁剂种类	举例	用途
酸	磷酸、柠檬酸、乙醇酸	调节pH，可清洗碱式盐、微粒、生物碱及某些糖
碱	氢氧化钠 氢氧化钾	调节pH，可清洗酸式盐、片剂赋形剂、蛋白质及发酵产品
螯合剂	EDTA	增加金属离子的溶解度
助悬剂	低分子聚丙烯酸酯	残余物悬浮在冲洗液中而不沉积在设备上
氧化剂	次氯酸钠	氧化有机化合物成为小分子，清除蛋白质沉积
酶	蛋白酶、脂肪酶、淀粉酶	选择性催化底物降解

项目八 清洁验证

> **学习目标**
>
> 【知识目标】
> 掌握清洁验证的评价方法。
> 【技能目标】
> 1. 会进行清洁验证。
> 2. 会初步设计清洁验证方案。

必备知识

我国 2010 版 GMP 第一百四十三条对清洁验证有明确表述："清洁方法应经过验证，证实其清洁的效果，以有效防止污染和交叉污染。清洁验证应综合考虑设备使用情况、所使用的清洁剂和消毒剂、取样方法和位置以及相应的取样回收率、残留物的性质和限度、残留物检验方法的灵敏度等因素"。

清洁验证是通过科学的方法采集足够的数据，以证明按规定方法清洁后的设备，能始终如一地达到预定的清洁标准。清洁标准首先应目测清洁说明清洁设备表面无异物，分析清洁则是通过分析数据支持设备是清洁的，微生物清洁是微生物数据支持设备是清洁的。

制定验证合格标准的关键问题是：如何确定最难清洁物质、最难清洁部位、最大允许残留限度以及如何准确定量残留量，包括了取样方法和检测方法的开发验证。

一、清洁验证方案的合格标准

1. 确定清洁的参照物（最难清洁的物质）

一个清洁过程实际上是溶剂对残留物的溶解过程，因此最难溶解的物质的残留量最大，也就是最难清洁的物质。在清洁验证中，可以采取制定最难溶解物质的残留量限度标准来证明设备的清洁效果。

对于一个复方制剂，处方中各种组分的活性成分残留物对下批产品的质量、疗效和安全性影响更大，所以一般将残留物中的活性成分确定为最难清洁物质。当制剂中存在两种以上活性成分时，通常将其中最难溶解的成分定为最难清洁物质。以复方氨基酸注射液（18AA）为例，它有 18 种氨基酸，均为活性成分。其中最难溶解的为胱氨酸，仅微溶于热水，因此可将其确定为最难清洁物质。

原料药生产过程可能会有部分反应物和不必要的副产物，有些可能从未在化学上鉴别过。在确立残留物限度时，除主要反应物外，还应考虑可能更难清除的其他化学反应产物。如果主药是高活性的，那么残留物中的主药应予以定量。如果对清洁剂的残留有要求，则清洁剂也应考虑。如果不需要明确某组分，则可以残留物的整体作为被测物。

某些致敏性（如青霉素、头孢）和高活性的物料（如类固醇、细胞毒素），残留量即使用目前最好的分析方法也不能被检出。因此其生产必须是专用设备。

2. 确定最难清洁部位和取样点

无论手工清洁方式还是自动清洁方式，清洗过程都是先依靠机械摩擦力和清洁剂对残留物的溶解作用，然后依靠流动的清洗液对残留物的冲击作用，最终实现预定的清洗效果。因此从溶解的化学动力学与流体力学的角度评价，以下几种情况应视为最难清洁部位：①死角、清洁剂不易接触的部位，例如混合搅拌机中搅拌叶片与轴之间的连接处；②管道内压力、流速迅速变化的部位，例如有歧管或岔管处及管径由小变大处排气管等；③容易吸附残留物的部位，例如内表面不光滑处。

而取样点则应包括各类最难清洁部位。

3. 确定最大允许残留量限度

药品生产中，产品不同，使用的工艺设备亦不同。因此无法为清洁验证设立统一的限度标准和检验方法。目前已被世界各国普遍接受的是欧美国家采用的确定残留量限度标准的一般性原则，即①分析方法能达到的灵敏度能力；②生物学活性限度；③以目测为依据的限度。其中第③项可作为①、②项限度标准的补充。制药企业可作为清洁验证的内控限度标准。

（1）根据分析方法能达到的灵敏度能力，确立残留物浓度限度标准（10×10^{-6}）

残留物浓度限度标准规定：由上一批产品残留在设备中的物质全部溶解到下一批产品中所致的浓度不得高于 10×10^{-6}。对液体制剂而言，即为进入下批各瓶产品的残留物浓度。残留物浓度限度（10×10^{-6}）也可进一步简化成最终淋洗水中的残留物浓度限度为 10mg/kg。取 10×10^{-6} 为残留物浓度限度的理论依据是常规实验分析仪器，如高效液相色谱仪、紫外-可见分光光度计、薄层色谱仪等的灵敏度一般都能达到 10×10^{-6} 以上。

验证时一般采用收集清洁程序最后一步淋洗结束时的水样，或淋洗完成后在设备中加入一定量的水（小于最小生产批次量），使其在系统内循环后取样，测定相关物质的浓度。

设备内表面的单位表面积残留物限度（L）可从残留物浓度限度推导计算。假设残留物均匀分布在设备内表面上，并全部溶解在下批生产的产品中。当下批产品最小批生产量为 M（kg），设备总内表面积为 S_A（cm^2），残留物浓度为 10mg/kg，则单位表面积残留物限度 L 可按式（4-1）计算：

$$L=\frac{10M}{S_A}(\text{mg/cm}^2) \qquad (4-1)$$

为确保安全，一般应除以安全因子 F。如取安全系数 F 为 10，则可得式（4-2）：

$$L=\frac{10M}{S_A F}=10^3 M/S_A\ (\mu\text{g/cm}^2) \qquad (4-2)$$

因此，对于确定的设备，内表面积 S_A 是定值，当批生产量取最小值时，L 则表示最差情况下的表面残留物限度。

（2）根据生物学活性限度，取最低日治疗剂量的 1/1000

上述推算过程的前提是残留物溶解到下批产品后均匀分配到各瓶/片产品中。而在实际生产中，残留物并不是均匀分布的，可能存在于某些特殊表面（如灌装设备的灌封头）；残留物溶解后并不均匀分散到整个批中，而是全部进入一瓶或几瓶产品中。在这种情况下按第一种分析方法灵敏度确立残留量限度的方法就不适用了，必须为这些特殊部位制定特殊的限度。

依据药物的生物学活性数据——最低日治疗剂量（minimum treatment daily dosage, MTDD）确定残留物限度是制药企业普遍采用的方法。取最低日治疗剂量的 1/1000 为残留物限度的理论依据是：不同人群对不同药物产生活性或副作用的剂量存在个体差异，某些患者即使服用某种药物低于最低日治疗剂量仍会产生药理反应；而根据临床药理学、毒理学和临床应用的统计，至今尚未见到个体差异达到 1000 倍的报道，也就是说，即使对某些高敏患者，MTDD 的 1/1000 残留量是不会产生药理反应的。因此高活性、敏感性的药物宜使用本法确定残留物限度。

例：某生产设备上先后生产 A、B 两种产品，其中 A 为先加工产品，B 为后续加工产品。清洁验证的目的是保证在使用 B 时，不出现 A 的生理作用。当 B 每天服用数增加，则安全性下降；因此最低日治疗剂量的 1/1000 系指 B 产品最多日使用数中允许带入 A 产品的残留量，不超过 A 产品的最低日治疗剂量的 1/1000。

已知①产品 A、产品 B 最低日治疗剂量 MTDD（mg），最小生产批量 M（kg），单位制剂的重量 U_W（g）和每日最多使用制剂数 D。②生产设备内表面积 S_A（cm²）、特殊部位面积 S_{SA}（cm²）。见表 4-2。

表 4-2 表面残留物限度计算信息

产品	信息	产品信息				生产设备信息	
	MTDD/mg	M/kg	U_W/g	D/片	S_A/cm²	S_{SA}/cm²
先加工产品 A	5	150			3000	500
后续加工产品 B		120	0.5	6	3000	500

解：后续加工产品 B 的批产品理论成品数 U 可按式（4-3）计算

$$U = 1000M/U_W = 1000 \times 120/0.5 = 240000 \text{ 片} \tag{4-3}$$

允许残留物总量 = MTDD/1000 × U × 1/D

= MTDD/1000 × 1000M/U_W × 1/D

= 5/1000 × 240000/6 = 200 mg

一般表面残留物限度(L) = 允许残留物总量/总表面积

$$L = \text{MTDD}/1000 \times 1000M/U_W \times 1/D \times 1/S_A \times 1000 (\mu g/cm^2)$$
$$= \text{MTDD} \times M/U_W \times 1/D \times 1/S_A \times 1000 (\mu g/cm^2) \tag{4-4}$$
$$= 200 \times 1000/3000 = 66.67 \mu g/cm^2$$

可根据具体情况决定是否再除以安全因子以确保安全。

特殊表面残留物限度（L_d）= 允许残留物量/特殊部位面积

$$L_d = \text{MTDD}/1000 \times 1/D \times 1/S_{SA} \times 1000 (\mu g/cm^2)$$
$$= \text{MTDD}/D \times 1/S_{SA} (\mu g/cm^2)$$

$$=5/6\times1/500=0.00167\mu g/cm^2$$

同样,可根据具体情况决定是否再除以安全因子以确保安全。

(3) 肉眼观察限度要求不得有可见的残留物

清洁规程中都要求在清洁完成或某些步骤完成后目检不得有可见的残留物。虽然这是非常经验化的数据,与个人的视力、照明、设备的尺寸形状和观察的角度等许多因素有关,不可作为定量、半定量的依据,也无法验证,但目检最简单,而且能直观、定性地评估清洁的程度,有助于发现已验证的清洁程序在执行过程中发生的偏差,可以作为上述定量标准的补充,对于日常监控是有价值的。

4. 确定微生物污染限度

微生物污染限度的确定应满足生产和质量控制的要求。如为灭菌制剂,强调生产过程中降低或消除微生物及热原对注射剂的污染,对葡萄糖、氨基酸产品而言,它们的残留物对微生物生长有利,因此清洁验证的可接受标准确定为残留物小于10×10^{-6},最终淋洗水 pH 必须与原来注射用水一致,杂菌$<25CFU/ml$;内毒素$<25EU/ml$。而设备清洗后存放的时间越长,被微生物污染的概率就越大,应综合考虑其生产实际情况自行制定控制微生物污染的限度及清洗后到下次生产的最长储存期限。

二、取样与取样方法的验证

清洁验证的另一关键技术是取样与取样方法的验证。取样方法有擦拭取样(棉签取样)和淋洗水取样两种。

1. 擦拭取样

(1) 擦拭取样方法 擦拭取样的原则是选择最难清洁部位取样,通过验证其残留物水平来评价整套生产设备的清洁状况。通过选择适当的擦拭溶剂、擦拭工具和擦拭方法,可将清洗过程中未溶解的,已"干结"在设备表面或溶解度很小的物质擦拭下来。

同时取样点的选择是清洁验证方案的关键内容之一,必须有合适的理由来确认取样点,此取样点应能够代表设备的"最脏点"。一般选择设备的最差区域作为取样点,即在清洁难度和残留水平方面代表着对清洁规程最大程度的挑战,例如料斗的底部、搅拌桨桨叶底部和阀门的周围。如果进行微生物取样,取样计划应包括微生物的可能最差区域,例如:较难靠近的地方以及可收集水的排水区域。微生物和化学取样应在不同区域进行,测试方案中应包括设备及其取样点的描述或图表。

(2) 擦拭工具 擦拭工具为擦拭棒,有一定长度的尼龙或塑料棒,一端缠有不掉纤维的织物,该织物应能被擦拭溶剂良好润湿。常用的为棉签。

(3) 擦拭溶剂 擦拭溶剂用于溶解残留物,并将吸附在擦拭工具上的残留物萃取出来以便检测。用于擦拭和萃取的溶剂可以相同也可不同,一般为水、有机溶剂或两者的混合物。选择溶剂时,应注意保证擦拭取样有较高的回收率并不得对随后的检测产生干扰。

(4) 擦拭取样操作规程

① 最小取样面积的确定 每个擦拭取样面积应保证擦拭获取残留物的量能用常规检测方法检测。通常设定大于$25cm^2$。

② 擦拭取样轨迹　取用适宜溶剂润湿的擦拭棒，使棒头按在取样表面上，平稳而缓慢地擦拭取样表面。擦拭轨迹如图4-2所示，在改变擦拭移动方向时翻转擦拭棒，用擦拭棒的另一面进行擦拭，擦拭过程应覆盖整个表面。

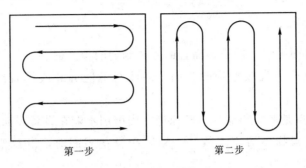

图 4-2　擦拭取样轨迹

③ 擦拭完成后，将取样擦拭棒放入试管，并用螺旋盖旋紧密封，在试管上注明有关取样信息。用同样溶剂润湿的空白擦拭棒作为对照样品放入试管并旋紧密封，送检。

(5) 擦拭取样方法的验证　清洁方法验证包括取样方法验证和检验方法验证。取样过程的验证，通过回收率试验验证取样过程的回收率和重现性。通常将取样回收率和检验方法回收率结合进行。要求二者的综合回收率不低于50%（亦有70%一说，企业可根据实际情况确定），体现重现性的多次取样回收率的相对标准差（RSD）不大于20%。

取样验证程序如下。

① 准备一块与设备表面材质相同的500mm×500mm的平整光洁的板材，如316L不锈钢板。

② 在钢板上划出400mm×400mm的区域，并每隔100mm划线，形成16块100mm×100mm的方块。

③ 配制含待检测物浓度为0.016%的溶液，定量装入微量注射器。

④ 将约10ml溶液尽量均匀地喷在400mm×400mm的区域内。

⑤ 根据实际喷出的溶液量计算单位面积的物质量（约$1\mu g/cm^2$）。

⑥ 自然干燥或用电吹风温和吹干不锈钢板。

⑦ 用选定的擦拭溶剂润湿擦拭棉签，按擦拭取样操作规程擦拭钢板，每擦一个方块（$100cm^2$）换一根擦拭棒，共擦6～10个方块。

⑧ 将棉签分别放入试管中，盖上试管盖，加入预定溶剂10ml，加塞，轻摇试管，并放置10min，使物质溶出。

⑨ 用经验证的检验方法检验，计算回收率和回收率的相对标准差。

擦拭取样能有效弥补淋洗取样的缺点，检验的结果能直接反映出各取样点的清洁状况，为优化清洁规程提供依据。擦拭取样的缺点是很多情况下须拆卸设备后方能接触到取样部位。

2. 最终淋洗水取样

(1) 最终淋洗水取样方法　最终淋洗水取样为大面积取样方法。该方法根据淋洗水流经设备的线路，选择淋洗线路相对最下游的一个或几个排水口为取样口，分别按照微生物检验样品和化学检验样品的取样规程收集清洁程序最后一步淋洗即将结束时的水样。

对于残留物难溶于水或干结在设备表面时，可采用淋洗完成后在设备中加入一定量的工艺用水（用量必须小于最小生产批量），使其在系统内循环后在相应位置取样，其结果的可靠性要好一些。

（2）适用范围

① 适用于设备表面平坦、管道多而长的液体制剂的生产设备。

② 适用于擦拭取样不宜接触到的表面，因此对不便拆卸或不宜经常拆卸的设备也能取样。

淋洗水取样的缺点是溶解与流体力学原理，当溶剂不能在设备表面形成湍流进而有效溶解残留物时，或者残留物不溶于水或"干结"在设备表面时，淋洗水就难以反映真实的情况。

对淋洗水样一般检查残留物浓度和微生物污染水平。如生产有检查澄明度与不溶性微粒项目的制剂，通常要求淋洗水符合相关剂型不溶性微粒和澄明度的标准。

（3）最终淋洗水取样方法的验证　通常淋洗水限度检查不需做回收率验证；定量检查应做回收率验证，可以利用淋洗溶剂冲洗已知量（在限度附近）的分析物确定回收率，回收率通常应不低于95%。

淋洗水取样检测可对冲洗液直接检测也可对冲洗液做稀释后检测；无论直接检测还是稀释检测都应在接到样品后首先将样品同空白溶剂做视觉检查，确定是否有颜色差异和异物存在；如果有上述现象发生，可直接判定样品不合格。

3. 检验方法的验证

清洁验证中的检验方法分为限度检查和定量检查，其验证参数也不尽相同，见表4-3。检验方法对被检测物质应具有足够的专属性。定量检查一般要求线性范围应达到残留物限度的50%~150%，线性相关系数不低于0.98，相对标准偏差RSD<10%。方法回收率可与取样回收率结合进行。限度检查需确定在确定的试验条件下，试样中被测物能被检测出的最小量，即检测限，一般是信噪比为3:1时被分析物的浓度；定量检查需确定在确定的试验条件下，试样中被测物能被准确测定的最小量，即定量限，一般是信噪比为10:1时被分析物的浓度。限度检查时通常不要求精密度和线性范围，仅做检测限验证。

表4-3　检验方法验证项目

项　　目	限度检查	定量检查
专属性	√	√
精密度	×	√
线性/范围	×	√
回收率	√	√
检测限和定量限	检测限验证	定量限验证
样品溶液的稳定性	√	√
系统适应性	√（一份标准品）	√（两份标准品）

三、制定清洁验证方案

验证方案一般包括验证目的、清洁规程、建立验证小组、确定残留物限度标准、确定取样方法及检验方法、验证报告等内容。

清洁验证方案的基本格式包含以下六个部分。

1. 验证目的

验证××设备（或生产线）按×××清洁规程进行清洗后的清洗效果能否始终达到预定要求。

2. 清洁规程

待验证的清洁规程应根据设备的结构、产品中物料的性能与特点在验证工作开始前制定。清洁规程应明确清洁方法、清洁工具、清洁剂、清洁时间与相应的清洁程序、待清洁设备的结构以及设备清洁后如何预防再污染的措施等内容。

3. 建立验证小组

列出验证小组成员名单，明确各自的职责，确定相关操作人员的培训要求。

4. 确定残留物限度标准

确定残留物限度标准的依据，确定该限度标准的计算过程和结果。残留溶剂的限度标准可依据 ICH-Q3C（R3）残留溶剂指南的要求来制定。指南中将溶剂分为三个级别，分别为：一级溶剂——由于毒性或危害环境等原因应避免在制药生产中使用的溶剂；二级溶剂——为可能有神经毒性或致畸等不可逆转性毒性并怀疑有其他明显可逆转毒性的溶剂；三级溶剂——具有潜在低毒性的溶剂，在无法避免时，可作为清洁剂，在下批生产中允许的溶剂残留浓度不得超过初始浓度的0.5％。所谓三级溶剂常见的有乙酸、甲酸、丙酮、乙醇、四氢呋喃、乙酸乙酯、乙酸丙酯等。

5. 确定取样方法及检验方法

为了能正确评估清洁后污染物的残留量，选择合适的取样方法和正确的检测方法是非常重要的。如选择擦拭取样，由于擦拭速度、擦拭轨迹和擦拭力不能有效地控制等原因，样品采集容易产生较大误差。检测方法的选择应注意其他成分对被检物的干扰及仪器的灵敏度。确定取样方法和检测方法后，必须用示意图、文字等方法指明取样点的具体位置和取样计划，说明取样方法、工具、溶剂，主要检验仪器，取样方法和检验方法的验证情况等。

6. 可靠性判断标准

为证明待验证清洁规程的可靠性，应规定验证试验必须重复的次数（一般为连续3次），所有数据均应符合限度标准。

四、清洁验证方案的实施与再验证

当清洁验证方案获得批准，即进入了验证阶段。实施验证应严格按照批准的方案执行。实施过程如下。

1. 清洁设备

按照清洁规程执行清洁过程，及时、准确地填写清洁规程执行记录。

2. 取样

取样应由经过专门培训并通过取样验证的人员进行，样品立即贴上标签，封存送检。

3. 检验

检验应按照预先开发并经过验证的方法进行。所用的试剂、对照品、仪器等都应符合预定要求。检验机构出具的化验报告及其原始记录应作为验证报告的内容或附件。

4. 偏差处理

验证过程中出现的偏差均应记录在案，并由专门人员讨论并判断偏差的性质。比如个别检验结果超出限度，必须详细调查原因。有证据表明结果超标是因为取样或检验失误原因造成，可将此数据从统计中删除，否则应判定为验证不合格。

5. 验证报告

验证报告应包括以下内容。
① 清洁规程的执行情况描述，附原始清洁作业记录。
② 检验结果及其评价，附检验原始记录和化验报告。
③ 偏差说明，附偏差记录与调查。
④ 验证结论：验证结论应在审核了所有清洁作业记录、检验原始记录、检验报告、偏差记录后，方能做出合格或不合格的结论。验证不合格则表明清洁规程存在缺陷，应当根据检验结果提供的数据修改清洁规程，再进行新一轮的验证试验。

拓展知识

一、残留物成分不稳定时限度标准的制定

上述残留物浓度限度及生物学活性限度方法的合格标准分别规定的是最难清洁物质的残留量或产品中的活性成分应低于规定的限度，但对活性成分的化学稳定性未加考虑。应注意的是，清洗过程中和清洗结束后残留物以薄膜形式，充分暴露在水分、氧气和较高的温度下（如需高温清洗和灭菌），其活性成分的化学性质不稳定，有可能通过化学反应部分转变为其他物质。由此导致清洁验证的合格标准失去意义。而通过化学反应生成的其他物质可能对人体有更大的毒性，则更须严格限制其在后续成品中的含量。因此，残留物成分不稳定时制定限度标准必须考虑这类物质对下批产品带来的不利影响。

例：阿司匹林片活性成分乙酰水杨酸易水解为游离水杨酸。《中国药典》规定成品中游离水杨酸的含量应低于 0.3%。假设生产设备为阿司匹林片专用，产品规格分别为 0.1g/片、0.3g/片、0.5g/片。已知条件最低日治疗剂量 MTDD、最小生产批量 M、最大片重 U_w 和每日最多使用制剂数 D、设备内表面积 S_A 等见表4-4。

表4-4 阿司匹林片计算参数（1）

产品	MTDD/mg	M/kg	U_w/g	D/片	S_A/cm²
阿司匹林片	600	50	0.5	12	30000

解：
（1）按生物学活性限度计算乙酰水杨酸的表面残留物限度

乙酰水杨酸的表面残留物限度

$$L = \text{MTDD} \times M/U_W \times 1/D \times 1/S_A \times 1000 (\mu g/cm^2)$$
$$= 600 \times 50/0.5 \times 1/12 \times 1/30000 \times 1000$$
$$= 166.7 (\mu g/cm^2)$$

（2）计算允许由残留乙酰水杨酸水解而产生的游离水杨酸的量

游离水杨酸一方面来自残留乙酰水杨酸的水解，另一方面来自原料本身以及生产过程中产生的水杨酸。根据历史生产资料，统计过去生产的多批产品中游离水杨酸的平均水平为 0.2%，如从限制每片游离水杨酸的角度考虑，则应以最小片重产品中允许的游离水杨酸为基准，再乘以最小批量的片数，即得批产品中允许的游离水杨酸总量，再除以设备总面积即得单位面积游离水杨酸的限度。用表 4-5 数据计算如下。

表 4-5　阿司匹林片计算参数（2）

产　品	成品游离水杨酸限度	多批产品平均游离水杨酸含量	最小批量	最小批量片数	最小片重	设备总表面积
阿司匹林片	0.3%	0.2%	50kg	500000	0.15g	30000cm^2

允许由残留乙酰水杨酸水解而产生的游离水杨酸的量为：

$$(0.3\% - 0.2\%) \times 0.15 \times 500000 = 75 (\text{mg}) = 75000 (\mu g)$$

假设所有残留下的乙酰水杨酸全部水解为游离水杨酸，则允许由上批产品残留的乙酰水杨酸总量为 75000μg。

乙酰水杨酸的表面残留限度为 $75000/30000 = 2.5 (\mu g/cm^2)$。

该限度大大低于根据生物学活性限度计算得到的限度。

因此，如果制定限度标准仅以生物学活性限度为依据，就会在实际生产中遇到很大的质量风险。

二、清洁验证的范围和开发

1. 清洁验证的范围

通常只有接触产品设备表面的清洁规程需要验证，但也需考虑产品有可能会移动进去的部位，比如说封口、法兰、搅拌轴、烘箱风扇、加热元件等。清洁验证应验证设备使用与清洁的间隔时间，以及已清洁设备可保留的时间，并通过验证确定清洁的间隔时间和清洁方法。

清洁验证包括但不限于以下三个方面。

① 生产结束至开始清洁的最长时间（也称：待清洁设备保留时间）。

② 已清洁设备用于下次生产前的最长存放时间（也称：洁净保留时间）。

③ 连续生产的最长时间。

当针对一个具体产品的生产，其清洗程序要得到充分的验证。通常来说，如果是同一产品的连续生产，则不需要每批生产之后都要进行一次清洗，则可确定一定的时间间隔和检测方法。对于那些难清除的产品，其设备是很难清洁，或者对于那些有着高安全风险，在清洁后不可能达到要求的清洁限度的产品，就应当使用专用设备。

2. 如何开展清洁验证开发

清洁验证工作包括①开发：选定清洁方法，制定清洁规程；②方案准备：制定验证方案（参照物、取样点、合格标准、取样方法和检验方法）；③方案实施：实施验证，获取数据，评价并得出结论；④再验证：实施验证，获取数据，评价并得出结论。

三、清洁规程的再验证

同药品生产工艺过程一样，经验证后的清洁规程即进入了监控与再验证阶段。验证过程中进行的试验往往是有限的，它不能包括实际生产中可能出现的特殊情况，通过对日常监控数据的回顾可以进一步考核清洁规程的科学性和合理性，以确定是否需要再验证或确定再验证的周期。

另外，在发生下列情形之一时，须进行清洁规程的再验证：①改变清洁剂或清洁程序；②增加生产相对更难清洁的产品；③设备有重大变更；④有定期再验证要求的清洁规程。

实践内容　　槽形混合机的清洁验证

【实践目的】
1. 掌握槽形混合机清洁验证要素。
2. 熟悉槽型混合机清洁验证的具体过程。

【实践场地】
固体制剂总混车间。

【实践内容】
CH-200型槽形混合机主要用于板蓝根颗粒和氢氧化铝片产品生产过程中颗粒的制粒，是板蓝根颗粒和氢氧化铝片产品生产的共用设备。

该验证是对生产产品时的换品种的清洁验证，活性成分残留采用冲洗溶剂取样，微生物及水溶性残留采用最终冲洗水取样（以空白冲洗水作为对照）验证。验证实施前满足以下条件：设备、动力及环境正常；已有CH-200型槽形混合机操作规程和清洗规程，有经过培训的合格的操作工。应符合以下标准：不得有可见的残留痕迹；主要活性成分残留量可接受标准：最低剂量×0.001；水溶性成分（包括清洁剂）的潜在残留指标：紫外分析，波长范围223nm，A 值 $\leqslant 0.025$。（以清洗用水为空白对照）；微生物接受标准：$\leqslant 25 CFU/ml$。

1. 活性成分残留的验证

依据《中国药典》中主药水中溶解性，选择水溶性最小的含氢氧化铝的氢氧化铝片作为清洁验证对象。

设备最难清洗部位为CH-200型槽形混合机内表面。

(1) 操作步骤　氢氧化铝片生产结束，按《槽形混合机清洗规程》清洁完机器，用沾有氢氧化钠的清洁棉签30支擦拭设备的上下冲轨道、冲模等表面各 $25cm^2$，然后将棉球取下，置于锥形瓶中，加稀盐酸与水各50ml溶解，取出棉球，挤干，用滤液，检测氢氧化铝片中氢氧化铝残留量（化验方法同氢氧化铝片成品含量测定）共验证3批次。

(2) 数据处理　残留物氢氧化铝污染量指标计算如下。

产品数据统计

产品名称	板蓝根颗粒	氢氧化铝片
每批质量/kg	300	50
能显示药理活性的最低剂量/mg	5000	600
每日最高剂量/mg	40000	2700
产品接触设备面积/cm^2	38042	38042

氢氧化铝残留量可接受标准计算如下。

记录表

产品批号					
取样次数					
检测结果					
执行人及日期					

2. 微生物及水溶性残留验证

（1）仪器　紫外分光光度计，电热恒温培养箱。

（2）检测方法

① 紫外分析：波长范围223nm，以清洗用纯水为空白对照。

② 细菌培养，37℃培养48h后计数，以无菌生理盐水为空白对照。

（3）操作步骤　接收最后一次清洗槽形混合机内表面纯水各取100ml，分别检测水溶性成分残留（包括清洁剂残留）和按《细菌检查法》培养细菌测定计数。共取样验证3批次。记录表如下。

项目	水溶性成分(包括清洁剂)潜在残留			微生物检测		
产品批号						
检测结果						
执行人及日期						

【实践要求】

1. 残留量可接受标准计算。

2. 记录分析结果和微生物检验结果判断是否符合标准。

任务五 灭菌工艺验证

项目九 灭菌与无菌保证

学习目标

【知识目标】
1. 掌握无菌保证的参数涵义。
2. 熟悉灭菌方法和适用情况。

【技能目标】
1. 能说明 F_0 的生物学含义和物理含义。
2. 会选择合适的灭菌方法。

必备知识

灭菌系指以适当的物理或化学手段杀灭或除去一切存活的微生物（包括繁殖体和芽孢）使之达到无菌。细菌的芽孢具有较强的抗热力，不易杀死，因此灭菌效果应以杀死芽孢为准。在无菌药品生产过程中，灭菌效果与灭菌设备的性能、污染物的特性、被灭菌品的性质、受污染的程度等因素有关，因此对具体的产品（包括最终容器及包装）来说，选择哪一种灭菌方法最合适、最有效，必须在实际应用以前对其灭菌效果进行验证。

> 我国 2010 版 GMP 中对灭菌工艺验证有明确要求。
> 第六十二条　可采用湿热、干热、离子辐射、环氧乙烷或过滤除菌的方式进行灭菌。每一种灭菌方式都有其特定的适用范围，灭菌工艺必须与注册批准的要求相一致，且应当经过验证。
> 第六十三条　任何灭菌工艺在投入使用前，必须采用物理检测手段和生物指示剂，验证其对产品或物品的适用性及所有部位达到了灭菌效果。

> 第六十四条 应当定期对灭菌工艺的有效性进行再验证（每年至少一次）。设备重大变更后，须进行再验证。应当保存再验证记录。
>
> 第六十五条 所有的待灭菌物品均须按规定的要求处理，以获得良好的灭菌效果，灭菌工艺的设计应当保证符合灭菌要求。
>
> 第六十六条 应当通过验证确认灭菌设备腔室内待灭菌产品和物品的装载方式。

一、灭菌方法的选择

制剂生产中灭菌的基本目的是在保证药物的稳定性、有效性及用药安全的前提下除去或杀灭微生物，因此，选择灭菌方法时应优先考虑灭菌的对象、目的和条件，同时也要考虑各种灭菌方法杀灭微生物的机理、操作参数和对灭菌产品（包括最终容器及包装）的效果。

在灭菌工艺选择时需多视角地进行质量风险评估和决策，从无菌保证角度选择最可靠的灭菌工艺，权衡无菌保证和产品稳定性的风险和利益，选择对产品破坏小的灭菌工艺。对于非法规规定的最终灭菌工艺，只要无菌保证水平（sterility assurance level，SAL）达到了官方认可的灭菌方法要求，且该方法经过验证后，可以作为替代的灭菌方法。无菌保证主要环节示意图见图 5-1。

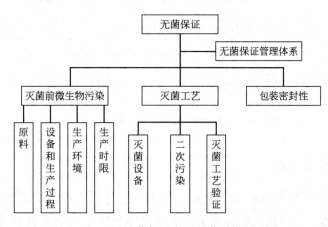

图 5-1 无菌保证主要环节示意图

无菌产品的灭菌可采用湿热灭菌、干热灭菌、环氧乙烷灭菌、过滤灭菌以及辐射灭菌等方法，首选热力灭菌法。耐湿、耐热物品的灭菌宜选择湿热灭菌法。

耐热物品的灭菌和去热原（如设备、玻璃容器），以及不宜用湿热灭菌的物品（如油、粉末）可选择干热灭菌法；如甘油、油类、凡士林、石蜡。干热灭菌法也可用于某些粉状的药物组分如滑石粉、磺胺类药物以及玻璃和不锈钢设备的灭菌。

产品应尽可能在最终容器中使用热力学方法进行灭菌。如果药液热不稳定、不能最终灭菌，可采用孔径为 $0.22\mu m$（或更小）的无菌过滤器进行除菌过滤和（或）无菌生产。无菌过滤器能够滤除绝大多数细菌和霉菌，但不能全部滤除病毒或支原体，必要时应同时考虑采用热力学方法来弥补过滤除菌法的不足。

氮气、压缩空气等气体净化、除菌宜选择过滤除菌法。

热敏性包装材料、对热不稳定的药品及对前述灭菌方法不适宜的容器均可选用辐射灭菌法。采用本法必须经实验确认射线对灭菌物无破坏作用。

玻璃、金属、橡胶、塑料等固体表面的灭菌可选用环氧乙烷气体灭菌法。但由于环氧乙烷本身有毒性、与空气混合后易爆性以及使用后的残留量问题,只有确认其对产品或材料无破坏作用,并与所灭菌的材料不形成有毒物质后方可采用。

在选择灭菌方法时,灭菌方法对产品外观的影响也应加以考虑。例如,塑料内包装用瓶可用环氧乙烷灭菌法或辐射灭菌法灭菌,但某些塑料暴露在高剂量的射线中会导致外观表面的变色,所以环氧乙烷灭菌法就成为优选的方法。

为了保证产品的质量和安全,确保无菌保证水平符合规定,可参考欧盟的灭菌方法选择决策树(以溶液型产品为例,见图5-2),选择最佳的灭菌方法,同时控制灭菌前微生物污染水平。

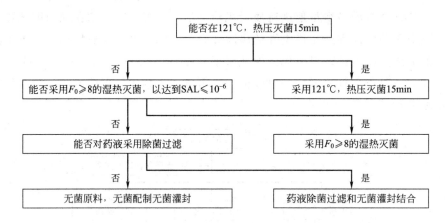

图 5-2　溶液型无菌制剂的灭菌工艺决策树

二、热力灭菌的有关参数

将微生物杀灭的灭菌法的基本原理是使细胞内的蛋白质或核酸发生不可逆的凝固或破坏,而导致微生物死亡。因此,各种灭菌方法使微生物死亡的速度都符合一级动力学方程。以湿热灭菌为例,在特定灭菌温度下,某种微生物孢子的死亡速度仅与该时刻的浓度有关,可用下式表示为:

$$N_t = N_0 e^{-kt}$$

或

$$\lg N_t = \lg N_0 - \frac{kt}{2.303} \tag{5-1}$$

式中　N_0——灭菌开始时的微生物数;

N_t——灭菌 t 时间后残存的微生物数;

k——致死速度常数(与微生物耐热性、灭菌温度相关)。

以 $\lg N_t$ 对 t 作图得一残存曲线,直线的斜率为 $-k/2.303$。可见灭菌 t 时间后残存的微生物数是给定灭菌方法的某些参数的函数,对热力灭菌而言,残存数是在固定灭菌条件下(如加热温度、介质环境等)暴露时间的函数。

1. D 值（微生物耐热参数）

微生物的热耐受性可用微生物残存曲线求得，以 D 表示。D 值定义为：在一定灭菌温度下，被灭菌物品中微生物数减少 90% 所需的时间，单位为 min。D 值愈大，表明微生物的耐热性愈强。

根据 D 的定义，当 $t=D$，则 $N_t=N_0/10$，由式（5-1）可以推导出式（5-2）、式（5-3）。

$$D=t=\frac{2.303}{k}(\lg N_0-\lg N_t) \tag{5-2}$$

$$D=\frac{2.303}{k} \tag{5-3}$$

从式（5-3）可知，不同的微生物在不同环境条件下具有各不相同的 D 值（表 5-1）。

表 5-1 微生物指示剂在不同环境条件下的 D 值

生物指示剂	灭菌工艺	温度/℃	样品或介质	D 值/min
嗜热脂肪芽孢杆菌	饱和蒸汽	105	5%葡萄糖水溶液	87.8
嗜热脂肪芽孢杆菌	饱和蒸汽	110	5%葡萄糖水溶液	32.0
嗜热脂肪芽孢杆菌	饱和蒸汽	115	5%葡萄糖水溶液	11.7
嗜热脂肪芽孢杆菌	饱和蒸汽	121	5%葡萄糖水溶液	2.4
嗜热脂肪芽孢杆菌	饱和蒸汽	121	注射用水	3.0
嗜热脂肪芽孢杆菌	饱和蒸汽	121	葡萄糖乳酸林格氏液	2.1
梭状芽孢杆菌	饱和蒸汽	105	5%葡萄糖水溶液	1.3
梭状芽孢杆菌	饱和蒸汽	105	注射用水	13.7

D 值的影响因素主要有：①悬浮液和恢复生长用培养基种类；②用作生物指示剂的微生物种类；③微生物储存条件、恢复生长和培养的条件；④具体灭菌工艺及其参数；⑤D 值测定开始前的起始温度；⑥灭菌结束后的放置温度与时间；⑦蒸汽的饱和度；⑧原始包装材料。

2. Z 值（灭菌温度系数）

Z 值系指使某一种微生物的 D 值下降一个对数单位，灭菌温度应升高的度数。在一定温度范围内，$\lg D$ 与温度 T 之间呈线性关系，用式（5-4）表示。

$$Z=\frac{T_2-T_1}{\lg D_1-\lg D_2} \tag{5-4}$$

即

$$\frac{D_2}{D_1}=10^{\frac{T_2-T_1}{Z}} \tag{5-5}$$

式中 D_2——温度为 T_2 的 D 值；

D_1——温度为 T_1 的 D 值。

D 值与 Z 值之间的关系可按式（5-4）计算得出：

设 $Z=10℃$，$T_1=110℃$，$T_2=121℃$，

则 $D_2=0.079D_1$，即 110℃灭菌 1min 与 121℃灭菌 0.079min 的灭菌效果相当。

不同的微生物孢子在不同的溶液中有各不相同的 Z 值。而同种孢子的 Z 值在不同溶液

中亦有差异（表 5-2）。

表 5-2　嗜热脂肪芽孢杆菌在不同溶液中 Z 值

溶　　液	Z 值
葡萄糖水溶液	10.3
注射用水	8.4
葡萄糖乳酸林格氏液	11.3
磷酸盐缓冲液	7.6
平均 Z 值	9.4

为简化计算，在没有特定要求时，Z 值通常取 10。

Z 值可被用于定量地描述微生物对灭菌温度变化的"敏感性"。Z 值越大，微生物对温度变化的"敏感性"就越弱，通过升高灭菌温度的方式加速杀灭微生物的效果就越不明显。

3. F_T 值

F_T 值系指在一定恒定温度 T、给定 Z 值时，某一灭菌程序的灭菌效果（单位为 min），亦称"T 灭菌值"。

数学表达式：

$$F_T = D_T \times (\lg N_0 - \lg N_t) \tag{5-6}$$

式中，D_T 为在温度 T 下微生物的 D 值；$\lg N_0 - \lg N_t$ 为在温度 T 下灭菌程序使微生物数下降的对数单位数。

当药液灭菌前微生物总数为 N_0 时，则在温度 T 下将其全部杀灭至 10^0 所需要的时间为：

$$F_T = D_T \times \lg N_0 \tag{5-7}$$

由于 D 值是随温度的变化而变化，所以不同温度下达到相同的灭菌效果，F_T 值将会随 D 值的变化而变化。灭菌温度高时，F_T 值变小；灭菌温度低时，F_T 值就大。

4. F_0 值

F_0 值是指在一定灭菌温度 T，Z 值为 10℃ 时，某一灭菌程序相当于 121℃、Z 值为 10℃ 相同灭菌效果的灭菌时间，亦即 $T=121℃$、$Z=10℃$ 时的 F_T 值（单位为 min）。因为 121℃ 是湿热灭菌的标准灭菌温度状态，所以 F_0 值亦称标准灭菌时间。F_0 值目前仅限于验证热压灭菌的效果。

物理 F_0 值的数学表达式为：

$$F_0 = \Delta t \sum 10^{\frac{T-121}{10}} \tag{5-8}$$

5. F_H 值

F_H 值是指在一定灭菌温度 T，Z 值为 20℃ 时，某一灭菌程序相当于 170℃、Z 值为 20℃ 相同灭菌效果的灭菌时间（单位为 min）。F_H 值目前仅限于验证干热灭菌的效果。

物理 F_H 值的数学表达式为：

$$F_H = \Delta t \sum 10^{\frac{T-170}{20}} \tag{5-9}$$

6. 灭菌率 L

L 值系指在某温度下灭菌 1min 所相应的标准灭菌时间（min），即 F_0 和 F_T 的比值（$L=F_0/F_T$）。

F_0 和 F_T 之间的关系可由以下推导得出：

由式（5-6）知，$F_T=D_T\times(\lg N_0-\lg N_t)$，则

$$F_0=D_{121}\times(\lg N_0-\lg N_t) \tag{5-10}$$

要求达到同样灭菌效果时，式（5-6）、（5-10）中 $\lg N_0-\lg N_t$ 等值。

所以，灭菌率
$$L=F_0/F_T=D_{121}/D_T=10^{(T-121)/Z} \tag{5-11}$$

当 $Z=10$℃ 时，不同温度下的 L 值是不同的（表 5-3）。不同温度不同 Z 值下的灭菌率 L 亦不同（表 5-4）。

表 5-3 不同温度下的灭菌率和所相当的 T 灭菌时间对照表

温度 T/℃	灭菌率 L	灭菌时间 F_T/min
121	1.00	1.00
120	0.794	1.259
118	0.501	1.995
116	0.316	3.162
115	0.251	3.984
114	0.199	5.012
112	0.126	7.943
110	0.079	12.600
108	0.050	20.000
106	0.032	31.250
105	0.025	40.000
104	0.020	50.000
102	0.013	76.923
100	0.008	125.00
备注	$L=F_0/F_T$ L 在数值上等于 T(℃)下灭菌 1min 所相当的 F_0	本表中 F_T 系指在温度 T(℃)时相当于 $F_0=1$ 时的灭菌时间；Z 值设定为 10℃

表 5-4 不同温度和 Z 值下的灭菌率

温度/℃	灭菌率 L					
	$Z=7$℃	$Z=8$℃	$Z=9$℃	$Z=10$℃	$Z=11$℃	$Z=12$℃
100	0.001	0.002	0.006	0.008	0.012	0.018
102	0.002	0.004	0.008	0.013	0.019	0.026
104	0.004	0.007	0.013	0.020	0.028	0.038
106	0.007	0.013	0.022	0.032	0.043	0.056
108	0.014	0.024	0.036	0.050	0.066	0.083
110	0.026	0.042	0.060	0.079	0.010	0.121
112	0.052	0.075	0.100	0.126	0.152	0.178
114	0.100	0.133	0.167	0.200	0.231	0.261

续表

温度/℃	灭菌率 L					
	$Z=7℃$	$Z=8℃$	$Z=9℃$	$Z=10℃$	$Z=11℃$	$Z=12℃$
115	0.139	0.178	0.215	0.251	0.285	0.316
116	0.193	0.237	0.278	0.316	0.351	0.383
117	0.268	0.316	0.359	0.398	0.433	0.464
118	0.373	0.422	0.464	0.501	0.534	0.562
119	0.518	0.562	0.599	0.631	0.658	0.681
120	0.720	0.750	0.774	0.794	0.811	0.825
121	1.00	1.00	1.00	1.00	1.00	1.00
122	1.39	1.33	1.29	1.25	1.23	1.21
123	1.93	1.78	1.67	1.59	1.52	1.47
124	2.68	2.37	2.15	2.00	1.87	1.78
126	5.18	4.22	3.59	3.16	2.85	2.61
128	10.0	7.50	6.00	5.01	4.33	3.83
130	19.3	13.3	10.0	7.94	6.58	5.62

三、生物指示剂

生物指示剂是一个标准的对灭菌条件稳定的微生物，用于监测灭菌工艺的灭菌效果。在使用生物指示剂对各种灭菌方法验证时，可以用任何方式放置于指定的位置，但应避免接触到被灭菌物质。不同灭菌工艺常用生物指示剂见表5-5。

表5-5 不同灭菌工艺常用生物指示剂

灭菌工艺	常用生物指示剂
湿热灭菌法	嗜热脂肪芽孢杆菌孢子（如 NCTC 10007、NCIMB 8157、ATCC 7953）
	生孢梭菌孢子（如 NCTC 8594、NCIMB 8053、ATCC 7955）
干热灭菌法	枯草芽孢杆菌孢子（如 NCIMB 8058、ATCC 9372）
滤过灭菌法	黏质沙雷菌（ATCC 14756）
	缺陷假单胞菌（ATCC 19146）
辐射灭菌法	短小芽孢杆菌孢子（如 NCTC 10327、NCIMB 10692、ATCC 27142）
环氧乙烷灭菌法	枯草芽孢杆菌孢子（如 NCTC 10073、ATCC 9372）

使用时应按供应商的要求保存和使用生物指示剂，并通过阳性对照和 D 值测试来确认其质量。如嗜热脂肪芽孢杆菌孢子其 D 值在1.5～3.0min，每片或每瓶 5×10^5～5×10^6 个，在121℃，19min下应被完全杀灭；生孢梭菌孢子 D 值在0.4～0.8min。干热灭菌的 D 值的定义与湿热灭菌类似，但参照温度取170℃，Z 取20℃，枯草芽孢杆菌孢子 D 值大于1.5min，每片活孢子数 5×10^5～5×10^6 个。如应用于去热原，则参照温度取170℃，Z 取54℃，大肠癌细菌内毒素，加量不少于1000个细菌内毒素单位。对于辐射灭菌法，每片含短小芽孢杆菌活孢子数在 10^7～10^8 个，置于放射剂量25kGy条件下，D 值约3kGy。但应注意灭菌物品负载的微生物可能比短小芽孢杆菌孢子显示更强的抗辐射力。因此短小芽孢杆

菌孢子可用于监控灭菌过程，但不能用于灭菌辐射剂量建立的依据。

市售的生物指示剂有片状生物指示剂（strip biological indicator）和自含式生物指示剂（self-contained biological indicator）。活的细菌孢子既可以滤纸、玻璃纤维或不锈钢等为载体，也可直接接种到产品中去。当孢子接种到液体产品时，孢子的耐热性有时会出现增强或减弱现象；有时所用耐热孢子甚至与产品完全不相容。在后一情况下，可用生理盐水或其他溶液来代替产品进行试验，但所用的替代品与产品必须具有相似的物理和化学性质（如黏度和pH）。此外，耐热孢子在替代品中的D值不得低于其在产品中的D值。

四、无菌保证

从理论上讲，无菌产品应当是没有任何微生物污染的产品，但是，这种绝对的定义无法建立可以应用的技术标准，也无法用科学的方法来验证。对于一个批的产品，无菌检查不是也不可能百分之百地检查，而仅以抽样检查的结果作为判别批的无菌，含有少量微生物污染产品的批也有可能被误判为合格。批产品的染菌率越低，这种根据无菌检查的结果来判定批无菌的风险也就越大。灭菌产品无菌保证概念的引入则是人们努力探索确保无菌制剂（如注射剂）无菌可靠性所获得的成果之一。

1. 无菌保证值（SAL）

无菌保证值（SAL）用于表示某一灭菌程序赋予产品无菌保证的程度。《中国药典》在论述一项灭菌工艺的无菌保证水平时指出，当用灭菌柜对无菌产品或关键性设备进行最终灭菌时，通常要求灭菌工艺赋予产品的$SAL \leq 10^{-6}$，即灭菌后微生物残存概率不得大于百万分之一，也表示在一百万个已灭菌品中活菌的数量不得超过一个。残存微生物的概率越低，无菌保证的风险越低。无菌保证值的数学表达式：$\lg SAL = \lg N_0 - F_0/D$。

2. 灭菌效果的评价

正确评价灭菌效果，需计算微生物的残存数或残存概率。在灭菌过程中，F_0值可作为比较参数，将产品灭菌全过程中不同灭菌温度下的灭菌效力计算到相当于121℃热压灭菌时的灭菌效力。

假设灭菌过程中药液的升温和降温能在瞬间完成，灭菌温度恒定不变，此时利用式（5-6）$F_T = D_T \times (\lg N_0 - \lg N_t)$即能满足灭菌程序和无菌保证等有关参数计算的需要。当药液灭菌前微生物总数为N_0时，则在温度121℃下将其全部杀灭至10^0所需要的时间为：

$$F_{121} = D_{121} \times \lg N_0$$

然而，灭菌过程不可能始终在恒定温度下完成。通常，根据物品的性质可选择如下条件进行湿热灭菌：

$T = 115℃$，30min

$T = 121℃$，20min

$T = 126℃$，15min

根据$L = 10^{(T-121)/Z}$或查表5-4，可以获得不同温度T下的灭菌率L，并把温度-时间曲线转换成灭菌率-灭菌时间曲线，如图5-3所示。

一个灭菌程序的总的标准灭菌时间F_0（L-t曲线所围的面积）可以用灭菌率对时间求

积分的方法计算而得[式(5-12)]。

$$F_0 = \int_{t_1}^{t_2} L \cdot dt = \int_{t_1}^{t_2} 10^{(T-121)/Z} dt \tag{5-12}$$

式中　t_1、t_2——灭菌过程的起止时间；
　　　L——灭菌率。

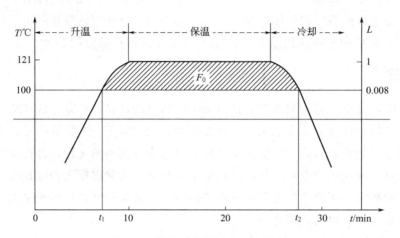

图 5-3　湿热灭菌的温度-时间曲线

例1：设10%葡萄糖溶液采用湿热灭菌法灭菌，当灭菌温度达到100℃（药液温度）以后以每分钟上升2℃的速度升温。第8min时温度达115℃，保温至第38min，然后以每分钟平均下降3℃的速度均匀地降至100℃。已知$Z=10℃$，求产品在此灭菌过程中获得的标准灭菌总值F_0。

解：列表，查表5-4的$Z=10℃$栏下数据，并填入表5-6中L值项内，然后按式（5-12）计算。

表 5-6　升温及降温过程中不同温度下的 L 值

阶段	升温								降温				
时间	0	1	2	3	4	5	6	7	39	40	41	42	43
温度	100	102	104	106	108	110	112	114	112	109	106	103	100
L值	0.008	0.013	0.020	0.032	0.050	0.079	0.126	0.200	0.126	0.063	0.032	0.016	0.008

保温阶段 $F_0^\circ = 0.251 \times 30 = 7.53 \text{min}$

升温阶段 $F_0' = 0.008 \times 1 + 0.013 \times 1 + \cdots + 0.200 \times 1 = 0.328 \text{min}$

冷却阶段 $F_0'' = 0.126 \times 1 + 0.063 \times 1 + \cdots + 0.008 \times 1 = 0.245 \text{min}$

因此，产品灭菌全过程获得的标准灭菌时间

$$F_0 = F_0^\circ + F_0' + F_0'' = 8.103 \text{min}$$

对上述灭菌程序，其标准灭菌时间 F_0 不低于8，并经生物指示剂验证后，即可认为符合要求。

例2：已知某品种适宜的灭菌温度为116℃，设从该产品中分离出来的污染菌的D_{121}不超过1min，$Z=10℃$，如果将升温和冷却阶段的F_0忽略不计，求达到F_0等于8所需的灭菌时间。

解： 从表 5-3 查得 $L_{116}=0.316$，代入式 (5-11)，$L=F_0/F_T$

$$F_{116℃}=F_0/L_{116}=8/0.316=25(\min)$$

即灭菌温度为 116℃时，达到 F_0 等于 8 所需的灭菌时间为 25min。

3. 热力灭菌程序的设计

从 SAL 的定义式 $\lg SAL=\lg N_0-F_0/D$ 可以看出，产品灭菌前的污染程度越严重，污染菌的耐热性越高，无菌保证值就越低。同一污染条件下，标准灭菌时间越低，无菌保证的程度就越差。

因此在制药工业中，设计热力灭菌程序必须以强化工艺过程监控、降低产品灭菌前的污染程度为前提，兼顾无菌保证、产品降解、容器/密封完好性及整个储存有效期内的稳定性要求。

(1) 过度杀灭法 (overkill method) 采用过度杀灭法时，假设初始菌的数量和耐热性都高于实际微生物，即全部为 D 值不小于 1.0min 的耐热微生物（常指嗜热脂肪芽孢杆菌），经灭菌后至少下降 12 个对数单位。按此计算，过度杀灭的 F_0 值不低于 12。很少发现自然生成的微生物拥有 $D_{121}>0.5$，即大多数微生物的耐热性都比较低，因此采用过度杀灭程序，能提供很高的无菌保证值。由于该法对初始菌数量和耐热性都作了最坏的假设，因此从技术角度看，对被灭菌品不需要考虑灭菌前的污染问题，无需进行常规的初始菌监控。但生产过程中仍需注意对污染的控制，即对初始菌进行周期监测，并最好定期采用生物指示剂测试。

因此，过度杀灭法设计的灭菌程序可定义为能使被灭菌品获得 $F_0\geqslant12$ 的灭菌程序。对热稳定的物品，灭菌工艺首选过度杀灭法，以保证被灭菌物品获得足够的无菌保证值。但由于提高 F_0 时可能会给产品的降解、储存稳定性或密封系统带来不良影响，应当在处方及工艺上改进，采用充氮保护或采用多腔室袋将在灭菌过程中容易发生化学变化的组分分隔开等措施。

(2) 残存概率法 (或称生物负载法 bioburden method) 对于热稳定性较差的产品使用过度杀灭法可能导致产品降解。因此灭菌程序的确认需研究产品的微生物数量和耐热性。以小容量注射剂来说，其标准湿热灭菌的条件是 121℃、15min，而实际上有些品种只能在 105℃灭菌 30min，有些品种甚至不能接受大于 100℃ 的灭菌温度，只能采用流通蒸汽灭菌，这些灭菌条件存在着灭菌不完全的风险。因此对这类产品的灭菌工艺而言，灭菌前产品的污染水平及其耐热性是获得必需的无菌保证值的决定性因素。一旦明确了微生物负载的数量和耐热性，就可以设计出能达到 $SAL\leqslant10^{-6}$ 的灭菌程序。

因此热稳定性较差产品灭菌程序可采用残存概率法设计，日常生产全过程应对产品中污染的微生物进行连续地、严格地监控，并采取各种措施降低物品微生物污染水平，特别防止耐热菌污染。具体防护措施如下：规定灭菌前产品微生物污染的内控限度标准；对非无菌操作条件下生产的每批产品，在灌装作业前后取样，严格监控灭菌前微生物污染的水平；按 GMP 要求对制药用水、灌装区洁净度、与药液接触的包装材料实施动态监控等。

项目十 湿热灭菌工艺的验证

学习目标

【知识目标】
1. 掌握湿热灭菌工艺验证的步骤。
2. 掌握湿热灭菌工艺验证的评价指标。

【技能目标】
1. 能进行热分布试验。
2. 能进行热穿透试验。
3. 能进行生物指示剂试验。
4. 能进行湿热灭菌工艺验证结果判断。

必备知识

湿热灭菌工艺的验证实际上是对产品、灭菌设备和装载方式的验证。验证活动包括：①对照灭菌设备设计的灭菌参数来校核灭菌器的性能；②建立某产品及装载方式的灭菌程序的有效性和重现性；③估计灭菌过程中产品可能发生的变化。

一、湿热灭菌设备的确认

安装确认及运行确认一般由设备供货商与使用单位共同完成，供货商通过运行确认，将灭菌设备调至适当的工作状态，同时培训企业的人员。湿热灭菌设备的确认内容包括检查设备构造、控制/监测系统、运行系统、安全系统及所有零部件均与采购要求相同；控制/监测仪表的校验，包括程序控制器、温度压力和时间控制设备，以及计时器、记录测量仪等。

对于湿热灭菌设备，应具备如下条件：①设备能够承受内部灭菌工艺所需的蒸汽压力，同时为保证灭菌腔室内蒸汽分布的均一性；②湿热灭菌设备的门，应设计有防止在蒸汽压力下门被打开的安全装置；③在内腔室内部和夹套上分别设置疏水装置；④湿热灭菌设备应具有较强的温度控制能力；⑤具有热风干燥功能的设备，还应设置灭菌腔室对外的进气通道，该通道应设置截留微生物的呼吸过滤器；⑥湿热灭菌设备应安装有一系列的计量仪器装置（例如温度传感器、温度计、压力传感器、压力表等）。

二、湿热灭菌工艺验证

一台湿热灭菌设备在安装确认及运行确认后，需要进行性能确认，由使用单位完成。验证试验应根据设定的灭菌程序，证实待灭菌品灭菌运行的可靠性及灭菌程序的重现性。具体验证试验包括：灭菌柜的空载热分布试验、满载热分布和热穿透试验以及微生物挑战性试验等。灭菌效力评价可从生物学手段和物理手段来评价。生物学手段即用特定的生物指示剂作为标准微生物制剂，数据可直接反映灭菌效果，优点在于可取代物理手段的不足（如探头无法放入安瓿瓶），缺点在于较难进行统计学分析；物理手段即采用灭菌值 F_0 作为评价标准，可精确测定热分布和热穿透状况。便于准确计算不同灭菌条件下的灭菌效果，测量数据便于统计分析。

1. 空载热分布试验

根据设定的灭菌工艺，对瓶内药液进行升温、保温、降温的整个灭菌过程中，灭菌柜内部任何一点的温度都应达到工艺规定的温度。局部药液温度过高，将会导致药液变色、有效成分降解；局部药液温度过低或静止时间过长，可产生颗粒沉淀或灭菌不彻底等不良效果。

试验前使用的热电偶应经过校正。试验中采用的各个参数（如灭菌条件 121℃×15min 或 115℃×35min）应与正常生产相同。

（1）热电偶校正　校正的目的是通过测量标准热电偶的误差值，修正热分布试验的结果。用于校正的主要仪器有温度干阱、基准水晶温度计、标准热电偶、多点温度记录仪、中心工作站等。连接上述仪器，将基准水晶温度计、标准热电偶放入温度干阱内，并向温度干阱中加入适量的专用油；根据灭菌温度设定温度干阱的加热温度，一般可设定为灭菌温度、灭菌温度-10℃、灭菌温度+10℃等三点；设定中心工作站的测量记录的时间间隔为10s，测量记录时间为5min；当温度干阱的温度达到灭菌温度-10℃时开始测量并记录基准水晶温度计和标准热电偶的显示值；依次将温度干阱的加热温度调至灭菌温度、灭菌温度+10℃，并按同样的方法测量；精度测定误差控制应≤0.5℃。

目前有成套的自动温度记录仪，包含软件、标准温度计、有线或无线的温度探头、干阱等系统，在验证前后全部探头在恒温炉中进行测试，自动记录相关数据，并提供分析结论。校验时可选择0℃和125℃两个条件，各探头校准偏差应小于±0.5℃。

（2）空载热分布试验　在空载下进行热分布试验，灭菌柜内不放置灭菌产品，即为空载。热分布试验的目的是确认灭菌柜内保持温度均匀性的能力和灭菌介质蒸汽的稳定性，测定灭菌腔内不同位置的温差状况，确定可能存在的冷点。

热分布试验采用10支或以上的标准热电偶作温度探头（较大灭菌器可选择15~20个探头），编号后通过验证接口固定在灭菌柜内不同位置。灭菌柜内以水平向和垂直向进行分割，选择有代表性的几何中心和角落，另外需在温度控制传感器相连的冷凝水排放口（可能的最冷点）放置探头。以10支装载为例，1支标准热电偶固定在温度控制和记录的传感器旁，

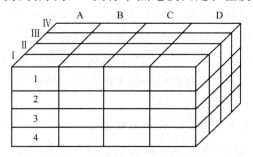

图 5-4　空载热分布试验

其余标准热电偶置于腔室各处，各标准热电偶的测温头不得与金属及其他表面接触（分布点图 5-4 及表 5-7 所示）。

表 5-7　标准热电偶分布

探头号	探头位置	探头号	探头位置
1	4-B-II	6	2-B-III
2	4-C-III	7	2-A-I
3	4-A-I	8	1-B-II
4	3-A-I	9	1-C-IV
5	3-D-IV	10	1-A-I

在空载状态下按预定的灭菌条件连续灭菌 3 次必须呈现均匀的热分布，没有冷点，全部温度探头的平均值＜1℃。如存在低于平均值 1℃ 及以上的点，则存在最冷点，要求最冷点温度大于要求温度。探头应覆盖被分化成体积大致一致的整个空间，有三个点必须监测：最冷点的产品探头、设备本身附带的温度探头、冷凝水排水口探头。

2. 满载热分布和热穿透试验

满载热分布探头与空载热分布测试放置同一位置，可监控灭菌介质的均匀性和稳定性。其标准为最冷点与灭菌腔平均温度间的差值应不超过±1℃。满载热分布可确定灭菌柜装载中的"最冷点"，热穿透是为了确认灭菌柜针对某品种能进行有效灭菌，了解灭菌程序对产品的实用性，合格标准应保证"最冷点"在预定的灭菌条件中获得足够的无菌保证值。

（1）针对过度杀灭法　采用过度杀灭法的灭菌工艺，满载热分布和热穿透试验可同时进行，以下仅以热穿透试验进行表述。测试时只需连续进行 3 次灭菌全过程，确保测试点持续到达足够的杀灭效力。

热穿透温度探头可根据热分布数据放置在可能"最冷点"的灭菌物中。同种物品灭菌（如水针剂）时探头应均匀分布；多种物品混装灭菌时探头放置点应具有代表性，获得的温度数据可最终确定"最冷点"。热穿透的探头数量无硬性规定，但最小 F_0 值必须大于 12min。每个循环从开始到灭菌的时间应保持一致，具有重现性。

对过度杀灭法，满载热分布数据主要用于考察随着使用时间延长设备本身的性能变化。满载热分布与热穿透测试同时实施时，热穿透探头数量和热分布探头推荐比例为 5∶1。

设备负载有一定的灵活性，实际生产中可能部分装载。对于均一的灭菌物（如胶塞），负载中的冷点较易识别，热探头一般分布在系统蒸汽最难到达的区域如几何中心、角落、柜顶部和底部，部分装载可视为已验证的整体装载的一部分。但多种物品混装、待灭菌物的包装方式和类型等，可能导致冷点的不同。因此，实施热穿透试验时，应明确装载布置图。

（2）针对残存概率法　采用残存概率法的灭菌方式，满载热分布和热穿透测试应分别实施，并制定详细的温度探头分布图。

满载热分布温度探头分布与空载一致。通常采用最小装载、最大装载、典型装载三种装载方式。每种装载需进行连续 3 次测试，证实温度分布的重现性。满载热分布要求同一时刻各点之间的差值不超过 2℃。

热穿透测试探头随灭菌器容积大小而变化。一般的装载托盘或装载车至少配制 10 个探头，全部插入相应的产品容器，将容器固定在难于穿透的位置进行测试。通过热穿透试验确认热点、冷点、选择的温度控制点之间的关系。热穿透数据可以证实负载内所获取的最高温度和最大 F_0，应不影响产品的质量稳定性；同时确保冷点达到足够的杀灭效果。

3. 微生物挑战性试验

确认蒸汽灭菌工艺的真实灭菌效果往往使用生物学手段，即生物指示剂法，又称微生物挑战性试验。热穿透数据确认负载后各位置温度接近，而微生物挑战试验可以进一步确认负载后各位置具有相同的杀灭微生物的效率。对于湿热灭菌程序，该试验是将一定量脂肪嗜热芽孢杆菌或生孢梭菌的耐热孢子接种入待灭菌产品中，在设定灭菌条件下进行灭菌。通常和热穿透测试同时进行。标定的生物指示剂也可用于 F_0 的计算，并证实温度探头所获取的温度测试数据。

生物指示剂应选择耐热性比产品初始菌更强的微生物。对于过度杀灭法，通常选择嗜热脂肪芽孢杆菌（*G. stearothermophilus*）或其芽孢，也可采用其他对湿热灭菌耐热性强的微生物。而在残存概率法中常用生物指示剂有生梭芽孢杆菌、史密杆菌和枯草芽孢杆菌 5230。

生物指示剂的耐热性和菌种浓度应通过测试确认。尤其是生物指示剂所处溶液或载体对生物指示剂的耐热性有影响时，应在验证试验中，对实际条件下生物指示剂的耐热性进行评估。

微生物挑战试验中，生物指示剂可放置于温度探头的测试点附近。灭菌后生物指示剂进行复活和培养，进行相关的微生物测试，证实灭菌程序可以实现低于 10^{-6} 的存活概率。

如对输液剂的蒸汽灭菌效果试验，接种的样品不少于 20 瓶，样品置于"冷点"，随同生产品种一起在较小 F_0 值下进行灭菌。样品在 30~35℃ 或 50~60℃ 条件下培养、计数，如微生物残存率小于 10^{-6}，则证明该灭菌条件可满足产品的 F_0 值。以上试验至少进行 3 次。

微生物挑战试验应注意：需明确生物指示剂的类型、来源、密度和 D 值；灭菌工艺是否采用残存概率法（生物负载法），是否测试被灭菌产品的初始菌；如发生意外（阳性），如何处理等。

拓展知识　湿热灭菌工艺程序的开发

目前，国内已开发应用的湿热灭菌工艺有：采用附加排气系统的饱和蒸汽灭菌工艺、采用附加真空系统的饱和蒸汽工艺、采用附加空气加压系统的饱和蒸汽灭菌工艺。湿热灭菌工艺程序开发时应根据灭菌前带菌量进行设计，基于对灭菌前产品所含微生物的耐热特性和数量以及产品的热稳定性，灭菌后产品的污染概率必须小于 10^{-6}。采用过度杀灭法应基于工艺程序能杀灭更加耐热微生物，并且再加上一定的安全系数。湿热灭菌条件有：①灭菌釜内热分布均一，要求从产品达到灭菌温度时起，直至加热结束，整个过程中温度都能够保持在 ±0.5℃ 的波动范围以内；②检查每种灭菌物装载方式的热分布是否一致；③灭菌釜内部及灭菌物的温度不得低于预定的灭菌工序所规定的温度；④确定灭菌釜抽真空所需的时间，满足热分布的要求；⑤确定灭菌物达到灭菌温度的时间；⑥确定灭菌后可以将设备冷却至

40℃以下所需的时间；⑦湿热灭菌的标准灭菌时间 F_0 不小于 8。湿热灭菌工艺选择决策树见图 5-5。

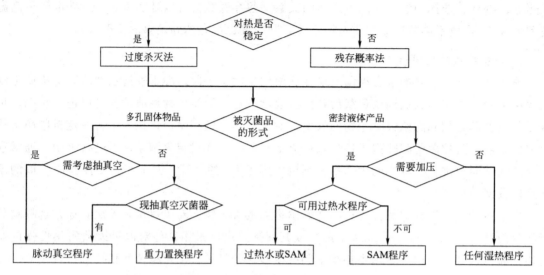

图 5-5　湿热灭菌工艺选择决策树

制药企业可根据产品设定的灭菌工艺选用不同的湿热灭菌器，其类型有下排式（饱和蒸汽）灭菌器、过热水灭菌器（分喷淋式和水浴式）、蒸汽/空气混合物（SAM）作为灭菌介质的灭菌器、脉动真空灭菌器等。

项目十一　干热灭菌工艺的验证

学习目标

【知识目标】
1. 掌握干热灭菌工艺验证的步骤。
2. 掌握干热灭菌工艺验证的评价指标。

【技能目标】
1. 能进行干热灭菌工艺验证结果判断。
2. 能进行干热灭菌工艺验证。

必备知识

在药品生产中，干热灭菌主要用于内包装用的玻璃容器或金属制品的灭菌和去热原，所使用的灭菌程序也应通过验证试验。干热灭菌是利用高温使微生物或脱氧核糖核酸酶等生物高分子产生非特异性氧化而杀灭微生物的。干热空气对微生物杀灭的效果远低于湿热蒸汽，因而干热灭菌需要更高的温度或较长的时间。干热灭菌法根据灭菌目的不同，可分为灭菌工艺和除热原工艺。

评价干热灭菌程序的相对能力时，灭菌效果必须保证 F_H 值大于 60min，去热原效果必须保证 F_H 值大于 120min。

干热灭菌程序的标准灭菌时间可由式（5-13）计算：

$$F_H = \int_{t_1}^{t_2} 10^{(T-170)/Z} dt \tag{5-13}$$

式中　F_H——参比温度 T_0 等于 170℃的标准干热灭菌时间；

　　　Z——温度系数，干热灭菌时，Z 值取 20；去热原时，Z 值取 54；

　　　t_1——物品升温至 100℃的时间；

　　　t_2——物品降温至 100℃的时间；

　　　T——物品温度。

《中国药典》（2010 年版）通则中提议的干热灭菌条件有：

（160~170℃）×2h 以上；（170~180℃）×1h 以上；250℃×45min 以上。

干热灭菌也可采用其他温度-时间的干热灭菌条件，灭菌效果验证应能证明无菌保证值 SAL 优于 10^{-6}。250℃×45min 干热灭菌也可除去热原，用于去热原工艺时，应能证明该灭菌条件可使内毒素下降至少 3 个对数单位。

一、干热灭菌设备

干热灭菌设备按对流方式设计可分为二类：一类是对流间歇式，即干热灭菌烘箱，可用于金属器具、设备部件的灭菌除热原；另一类是对流连续式，即隧道式干热灭菌器，可用于安瓿或西林瓶的灭菌。

1. 干热灭菌烘箱

干热灭菌烘箱适用于热稳定材料的灭菌或去热原，如玻璃容器、金属容器、某些不适合湿热灭菌的物品（如油和粉末等）。干热灭菌烘箱以电加热为主，主体结构由不锈钢制成的保温箱体、电加热丝、隔板、风机、空气过滤器等组成。这种设备的工作原理是将新鲜空气经过加热并经耐热的空气过滤器过滤后形成干热空气，在加热风机的作用下形成均匀地分布气流向灭菌腔室内传递（180℃，保持 1.5h），干热空气吸收灭菌物品表面的水分，通过排气通道排出，并在风机的作用下定向循环流动，达到灭菌干燥的目的。

2. 隧道式干热灭菌器

连续式干热灭菌器按加热方式可分为以红外线辐射加热为主的热辐射式和以对流加热为主的净化热空气式，主要用于玻璃瓶的灭菌及去热原。它们的共同特点是：设备设计的灭菌温度在 250~350℃，灭菌时间在 4~15min 内可调节。工作原理是将高温热空气流经高效空气过滤器过滤，获得洁净度 A 级的平行流空气，然后直接对玻璃瓶进行加热灭菌。这种灭菌方法具有传热速度快，加热均匀，灭菌充分，温度分布均匀，无尘埃污染源等优点。

图 5-6 为隧道式干热灭菌器示意图。本机为整体隧道式结构，由机架、过滤器、加热装置、风机、不锈钢传送带等部件组成，分为预热区、高温灭菌区、层流冷却区 3 部分。玻璃

瓶从入口进入干燥机隧道，由一条水平安装和二条侧面垂直安装的网状不锈钢传送带输送通过预热区预热，然后进入300℃以上的高温灭菌区灭菌干燥，最后在冷却区风冷后由出口处输出。玻璃瓶在出口处的温度应不高于室温15℃。

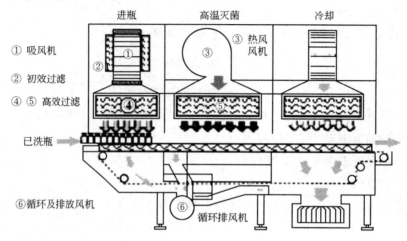

图 5-6　隧道式干热灭菌器示意图

二、干热灭菌的确认与验证

干热灭菌器的确认与湿热灭菌器的确认相似，进行设计确认、安装确认后，在运行确认时进行控制仪表及记录仪的校正和测试、控制器动作确认、整体空机系统确认、高效过滤器的定期完整性测试、空载热分布试验。性能确认需进行热穿透和满载热分布试验、微生物挑战性试验等项目。

1. 空载热分布试验

空载热分布试验的目的是证明设备空载时温度均匀度及设备冷点的测试。经过一组经校正的温度探头测定灭菌器腔室内各不同部位温度，并根据所测数据绘制温度分布图，便于发现冷点。测试条件与湿热灭菌相似，温度探头至少10支以上，安装时不与金属接触，至少有一支在设备自身的温度探头附近。空载热分布验证范围要求运行温度高于250℃时，灭菌腔室内各点的温差范围应不超过±15℃。试验连续进行3次，证明热分布重现性。

2. 热穿透和满载热分布试验

干热灭菌设备的热穿透测试应选择规格和类型有代表性的材料进行测试，并适当降低灭菌效率。如干热烘箱，可降低设定温度、缩短灭菌时间；隧道式烘箱，可提高输送带速度、降低设定温度。

装载热分布试验是将待灭菌物品以典型装载方式运行，测定空气热分布状况和"冷点"、"热点"位置。这里的典型装载方式包括极端状态下的物品（难于穿透的物料，如捆扎较紧）和极端状态下的装载（即最大装载）。由于空气导热性差，不同灭菌物品的冷点和热点有可能变动。如物料的加热速度也不同，则更易发生这种现象。因此，对于干热烘箱，每次试验过程中都应该适当改变温度探头的位置，完整反映热穿透状况准确确定"冷点"。

干热灭菌的热穿透不仅与腔室内热分布有关，也与灭菌对象的特性、包装情况等密切相关。

热穿透测试时温度探头置于容器、物料、西林瓶或其他物品内部,可反映物品内表面温度。

热穿透和满载热分布应同时进行。试验中同时记录空气和灭菌对象的升温、降温的变化。指示热分布的温度探头可以说明装载情况下空气温度达到灭菌温度设定值所需的时间(t_1),而用于热穿透测试的温度探头可反映灭菌对象达到灭菌暴露温度时所需的时间(t_2)。显然,t_2 大于 t_1,即灭菌对象达到灭菌温度的时间滞后于空气达到灭菌温度的时间,且在最大装载时滞后值最大。因此,为保证灭菌对象能在灭菌温度下暴露足够长的时间,灭菌器的温度设定值常常高于灭菌、除热原过程中所要求的最低温度值。在验证文件中应体现产品暴露于最低灭菌温度的全部时间以及累积的 F_H 值。

容器类物品的灭菌过程,在热分布及热穿透测试中发现若干个冷点时,应在冷点区域放置足够的温度探头加以检测。当热分布和热穿透测试符合标准时,应连续运行 3 次,证明灭菌工艺(或除热原)具有重现性。重复试验时,应在冷点区域集中安放一定数量的温度传感器以证明"冷点"区域的最小 F_H 值达到规定。

3. 微生物挑战性试验

干热灭菌工艺的灭菌、去热原验证试验,可通过微生物或内毒素挑战试验证实,可以与热穿透同步实施,也可独立实施。

对灭菌工艺验证而言,可将生物指示剂放置在每一个冷点进行测试,也可选择负载中最冷点和最小 F_H 值放置,即最差条件。常采用枯草杆菌黑色变种芽孢进行测试。

对于除热原工艺的验证,生物指示剂一般选择大肠杆菌内毒素进行内毒素挑战性试验,以证明去热原的有效性。可用国产 9000EU/安瓿或 10^8 EU/瓶的工作对照品,操作时可将 1000 个单位(或以上)的内毒素标准接种入待去热原处理的物品中,放置于热电偶附近。去热原前后分别用鲎试剂检查,经去热原处理后,内毒素含量应下降 3 个对数单位。

内毒素灭活验证时,应在极端状态下的装载(最大装载),升温最慢的区域放置样品,每个点 2 个样品,且应有一只探头放置在最差点附近。由于除热原工艺条件比杀灭孢子的条件苛刻,因此进行内毒素挑战性试验时不必再进行生物指示剂挑战性试验。

拓展知识

一、环氧乙烷灭菌介绍

1. 环氧乙烷灭菌原理

环氧乙烷(EO)又名氧化乙烯,分子式为 CH_2OCH_2,沸点为 10.9℃,室温下为无色气体,具乙醚气味,在水中溶解度很大,可溶解聚乙烯和聚氯乙烯。环氧乙烷具较强的穿透能力,易穿透塑料、纸板及固体粉末等物质;作用于菌体后,可与蛋白质上的羧基、氨基、巯基和羟基发生烷基化作用,阻碍蛋白质的正常化学反应和新陈代谢;也可抑制生物酶活性,与 DNA/RNA 发生烷基化作用,从而使微生物灭活。灭菌作用快,对细菌芽孢、真菌和病毒等均有杀灭作用,属高效灭菌剂。但环氧乙烷具可燃性,与空气混合时,当空气含量达 2.0%(V/V)即可发生爆炸;因此应用时需用惰性气体 CO_2 或氟利昂稀释。环氧乙烷商品有环二氧化碳合剂（含环氧乙烷 10%、二氧化碳 90%）、环氟合剂（含环氧乙烷 12%、氟利昂 88%）。

环氧乙烷液体接触人体皮肤会引起刺痛、冷感、产生红肿、水泡甚至灼伤；吸入过量的环氧乙烷气体可发生急性中毒，可引起头晕、头痛、恶心和呕吐，严重者可引起肺水肿。因此，在工作环境中应控制环氧乙烷气体的残留浓度，容许残留浓度为 $2mg/m^3$。

2. 环氧乙烷灭菌的应用范围

环氧乙烷气体灭菌是将待灭菌物品暴露在充有环氧乙烷气体的环境中，使之达到灭菌的目的。环氧乙烷灭菌是一种比较可靠的低温灭菌方法。在药品生产中，环氧乙烷气体灭菌工艺主要应用于以下几个方面：①用于某些物品的无菌制造工艺，如塑料瓶或管、橡胶塞、塑料塞和盖。②用于有最终包装的成品，如塑料或橡胶的给药器械。③用于工艺设备，如冻干粉针剂所使用的冻干机的无菌处理。注意含氯的物品以及能吸附环氧乙烷的物品不宜采用本法灭菌。

二、环氧乙烷灭菌程序及设备

1. 环氧乙烷灭菌周期

标准的环氧乙烷灭菌处理由 3 个不同阶段组成：预处理、灭菌和解析。常见的环氧乙烷灭菌周期如下。

（1）预处理　灭菌开始前，对房间或柜内需灭菌产品进行处理，以达到预定的温湿度。预定的温湿度应满足灭菌预处理的要求。灭菌物品放置应注意留有一定的空隙，便于灭菌室内热循环。

（2）抽真空　加热至灭菌温度后，抽真空排除灭菌室内的空气。达到设定的真空度 2～3min 后，保持一定的时间（≥5min）进行泄漏检测。要求压力升高不超过每分钟 0.3kPa。

（3）加湿　通过加湿装置的加湿作用，使灭菌湿度满足灭菌要求。通常保持相对湿度在 45%～65%（在 40℃时）。加湿需用不含污染物的蒸汽。

（4）加药　整个加药过程应保证环氧乙烷充分汽化，以气体状态进入灭菌室。环氧乙烷的加入量（浓度）和加入速度，应能控制和调节；加入环氧乙烷气体后，灭菌室的压力不应超过灭菌器的最高工作压力。

（5）灭菌　灭菌物品应在灭菌室中设定的温度、压力、湿度范围内保持预先设定的一段时间。整个灭菌过程应检测温度、压力、湿度、时间等各项参数，并形成记录。

2. 影响灭菌效果的因素

环氧乙烷气体的灭菌效果与气体浓度、温度、湿度、压力、暴露时间以及待灭菌物质的性质有关。

① 环氧乙烷浓度大，灭菌所需时间短。灭菌效果是由环氧乙烷分子间的碰撞及受灭菌的微生物决定的，因此一般而言，分子越多工艺越有效。但考虑到费用，工艺厂设计成较低的环氧乙烷浓度。目前常用浓度是 400～600mg/L。

② 与灭菌环境的温度、湿度和压力相关。温度为 55～65℃，相对湿度为 30%～60% 时，灭菌效果最好。温度升高，环氧乙烷杀菌作用增强，但温度升高到足以使环氧乙烷发挥

最大作用时，再升高温度杀菌作用也无明显增强。相对湿度小于25%，对芽孢不起作用，小于20%或大于80%，灭菌效果减弱。灭菌器内压力较大时，灭菌效果较好。

3. 环氧乙烷灭菌器

环氧乙烷灭菌器有A、B两种类型。其中A类灭菌器用户可编程灭菌器，适于工业生产中灭菌；B类灭菌器具有一种或多种预置工作循环周期，具有尺寸限定的灭菌器，通常灭菌室容积≤1m³。《中国药典》（2010年版）推荐的环氧乙烷的典型灭菌条件如表5-8所示。

表5-8 环氧乙烷的典型灭菌条件

项　　目	灭菌条件
灭菌温度	(54±10)℃
相对湿度	(60±10)%
灭菌压力	8×10^5 Pa
灭菌时间	90min

常见环氧乙烷器的灭菌程序如下：将待灭菌的物品置于环氧乙烷灭菌器内，按选择的灭菌条件，用注射用水润湿待灭菌物的表面并放置10min，以达到适当的相对湿度，减压排除灭菌器内的空气，预热至55℃，当器内真空度达到要求时，充入计算量的环氧乙烷混合气体，灭菌适当时间。灭菌结束后，将抽真空排除的残余环氧乙烷通入水中，生成乙二醇（可回收利用或排放掉），然后送入无菌空气置换环氧乙烷气体直到完全驱除。

灭菌后的物品应存放在受控的通风环境中，以使残留气体及反应产物降至规定限度。

三、环氧乙烷灭菌装置的性能确认

环氧乙烷气体灭菌装置的性能确认需进行物理性能确认、装载方式确认、微生物挑战以及残留物检测等。其中物理性能确认包含了真空速率试验、正压泄漏、负压泄漏、加湿试验、箱壁温度均匀性、空间温度均匀性以及满载温度均匀性。

1. 箱壁温度均匀性试验和空间温度均匀性试验

箱壁温度均匀性和空间温度均匀性试验方法类似，仅在温度探头上有所不同。箱壁温度均匀性使用贴触式温度探头直接贴触柜壁测得空柜室内表面的温度分布；空间温度均匀性则是在空灭菌室内放置一定数量的温度传感器，测定灭菌室空间温度。

如柜室可用体积≤5m³，测试时，将至少10支标准热电偶均匀置于灭菌腔室（或室壁）空间内各处，监测灭菌周期内腔室各处温度上升状态、到达设定温度的时间以及温度的变动状态，以确认空载状态下空间（或室壁）温度的均匀性和重现性。标准要求所有温度探头间温度的最大偏差≤±3℃。

2. 满载状态的温度均匀性试验

验证灭菌室满载时的温度均匀性是否符合要求。在灭菌室满载的条件下，将规定数量的温度探头均匀地分布在灭菌负载包装箱内，启动加热/循环系统，在达到灭菌工艺所需温度时，记录所有传感器的温度值。监测灭菌周期内腔室各处温度上升状态、到达设定温度的时间和温度的变动状态，以确认不同类型被灭菌品及其装载方式下腔室内的"冷点"位置、保温阶段各点的平均温度。标准要求所有温度探头间温度的最大偏差≤±5℃。

3. 加湿试验

由于环氧乙烷气体灭菌主要是灭菌气体黏附在待灭菌物品表面产生灭菌作用，因此灭菌操作前待灭菌物的表面最好是湿润的。性能确认时需验证加湿系统的有效性。灭菌柜内相对湿度范围一般设定在40%~60%。加湿用注射用水量的计算如下：

设灭菌柜内相对湿度为50%时，水蒸气分压力P_1可由式（5-14）确定：

$$P_1 = 0.5 P_0 \tag{5-14}$$

式中，P_0为设定温度下的饱和水蒸气压力，单位mmHg，1mmHg=133.322Pa。

加湿用注射用水量则由式（5-15）计算：

$$W = P_1 M_1 V / P_0 R T \tag{5-15}$$

式中　W——加湿用水量；

　　　M_1——水的分子量，18；

　　　R——摩尔气体常数；

　　　T——灭菌柜内温度，设定值；

　　　V——灭菌柜容积，m^3。

4. 泄漏试验

（1）正压泄漏试验　将环氧乙烷气体供气管路与压缩空气连接，在正常运转状态下，进行加压操作，然后确认保压阶段压力是否变化，同时可用肥皂液检查管路连接部位有无泄漏，以确认灭菌柜正压状态的密闭性。要求在空载、温度恒定条件下，加正压至+50kPa，保压60min，观察柜体压力变化，要求泄漏率≤0.1kPa/min。

（2）负压泄漏试验　将环氧乙烷气体供气管路与真空泵连接，在正常运转状态下，进行抽真空至-50kPa，保压60min，观察柜体压力变化，要求泄漏率≤0.1kPa/min。

5. 真空速率试验

验证真空度达到-15kPa、-50kPa所需时间，要求抽-15kPa时≤6min，-50kPa时≤30min。

6. 装载方式确认

与灭菌效果有关的装载方式包含了以下三层含义：灭菌产品及其包装形式；产品包装后在托盘上的装载方式；托盘在整个灭菌柜内的装载方式。生产企业需对待灭菌产品进行分类，同一类型的多种产品（相似的几何形状和材料）只需进行1~2种灭菌工艺验证，而不同类型的产品则每种均需进行灭菌工艺验证。

产品包装后在托盘上的装载方式应非常具体，根据装载方式对灭菌效率的影响，也可进行适当调整。一般来说，在规定装量基础上增减25%，对工艺生物学影响不大。根据工艺验证前物料的处理情况，如物料进行了充分的预处理，确保有足够的水分渗入产品，足够的温度渗透加热产品，则装载方式可有较多的可变性。一旦装载确定，应将温湿度探头放入物料，以监测与产品相关的环境条件。

7. 微生物挑战性试验

《中国药典》（2010年版）规定环氧乙烷灭菌法的生物指示剂为枯草芽孢杆菌孢子，其对环氧乙烷工艺具有较强的抵抗力。指示物包括指示卡、片、条、带、器等各种形式。市售有含孢子的菌膜纸条（每条含 1×10^6 个枯草芽孢杆菌，如 ATCC 9372）。

生物指示剂应放于产品最难灭菌的地方，并均匀分布。应尽量在灭菌周期完成后立即将生物指示剂从被灭菌物品中取出并进行培养。如产品设计不能将生物指示剂置于最难灭菌地方，则应采用能提供已知数量活芽孢的芽孢混悬液为产品染菌。灭菌完成后微生物性能验证可使用存活曲线法、部分阴性法、半周期法等通用方法进行，具体可见 GB 18279。

工艺验证方案包含了生物指示剂数据和产品灭菌数据，日常工艺监测可以只包括生物指示剂的数据。生物指示剂应确保足够的无菌保证水平（SAL），通常为 10^{-6}。

8. 残留物及灭菌换气次数（或时间）的确定

环氧乙烷气体是一种刺激黏膜及角膜、高浓度下会诱发溃疡或溶血的有害气体，因此必须确定完全除掉灭菌后容器中残留环氧乙烷气体的换气次数（或时间）。

环氧乙烷灭菌后除了对环氧乙烷残留量的检测外，还应检测灭菌剂的反应产物。有两种环氧乙烷的反应产物被认为是有毒的，环氧乙烷气体与氯反应生成 2-氯乙醇、与水反应生成亚乙基乙二醇。这些反应产物不易从容器及物料中去除。因此，要尽量减少这些反应产物的形成。就 2-氯乙醇而言，如果灭菌介质是环氧乙烷气体，含有氯的化合物的产品及包装材料就不能使用。

亚乙基乙二醇的形成与水分（以水的形式存在）的量相关。水的 pH 会影响亚乙基乙二醇的形成速度，反应速度通常比较慢。应尽量减少湿润过程中产品和包装内积聚的水，并且在完成灭菌后用排空腔体来除去湿气及环氧乙烷气体，以有效地减少产品中亚乙基乙二醇的形成。

测试方法一般采用高效气相法。限量：环氧乙烷 $\leqslant 1\times 10^{-6}$（体积分数）；2-氯乙醇 $\leqslant 20\times 10^{-6}$（体积分数）；亚乙基乙二醇 $\leqslant 60\times 10^{-6}$（体积分数）。

实践内容　　湿热灭菌工艺验证

【实践目的】

1. 掌握湿热灭菌工艺验证的项目。
2. 熟悉湿热灭菌工艺验证的操作过程。

【实践场地】

注射剂灭菌生产车间。

【实践内容】

XG1.0 安瓿灭菌器以压力蒸汽作为灭菌介质，采用多点置换排气升温方式，保证灭菌室内冷空气排出彻底，升温迅速均匀有效消除了因冷空气存在而造成的温度死角。该灭菌器广泛应用于制药企业、医疗单位对安瓿等液体制剂的灭菌处理。

灭菌器的验证主要包括安装确认、运行确认和性能确认三方面。安装确认主要检查灭菌柜主机、辅助设备、公用工程、仪器仪表等安装是否符合设计要求，灭菌柜有关资料和文件符合 GMP 的管理要求。运行确认主要检查灭菌柜各单元的性能及整机运行是否达到供货单位设计要求,性能确认主要验证灭菌柜在装载情况下不同位置的热分布状况,确定灭菌柜中冷点的位置;确定产品灭菌程序有关的参数,如温度、压力及灭菌时间等,以确保产品灭菌后达到低于 10^{-6} 的微生物污染率,同时验证灭菌器运行的可靠性及灭菌程序的重现性。主要包括空载热分布试验,负载热分布试验,热穿透试验、生物指示剂验证试验等。

1. 空载热分布实验

验证目的:在设备空载的情况下,检查腔室内的热分布情况,调查可能存在的冷点。

验证标准:最冷点温度与腔室平均温度之差应≤±1℃。

程序与记录

(1) 验证设备的校正

① 校正用标准仪器

仪器名称	生产厂家及型号	备注
油浴		
冰点槽		
标准温度计		

② 需校正的验证设备

设备名称	生产厂家及型号	数量	校正结果		备注
			验证前	验证后	
多点数据显示记录仪		1			
铂电阻		10			

(2) 将经过校正的 10 个温度探头编好号固定在灭菌柜箱体内的不同位置。温度探头的安放位置包括可能的高温点及低温点,如蒸汽入口处和抽真空口。另外的均匀地放在小车的不同层,所有的温度探头都不能与柜体表面接触,从而使温度的检测具有良好的代表性。

(3) 根据湿热灭菌柜 SOP 的方法,选择 3 次循环程序,设定 121℃ 30min 灭菌,试验前后都要将温度探头放进冰点槽和油浴缸中进行校正。

(4) 设置探头位置。

(5) 记录灭菌柜运行数据和验证控制器的运行数据。

2. 负载热分布试验

(1) 验证目的 在设备装载灭菌物品的情况下,将温度探头放在被灭菌的物品以外,确认灭菌柜内空气的热分布均匀性并确定装载中空气的"最冷点"。

(2) 验证标准

① 调查热分布均匀性,最高温度、最低温度与平均温度之差≤±1.5℃。

② 确定最冷点的空气的 $F_0 \geq 8$。

(3) 程序与记录 基本同空载热分布试验。

将经过校正的 10 个温度探头编好号固定在满载的灭菌柜箱体内的不同位置。温度探头的安放位置包括由空载热分布确定的高温点及低温点。另外的均匀地放在小车的不同层,所有的温度探头都不能与柜体表面接触。装载时应选用最难穿透物质的最大装载,从而使温度的检测具有良好的代表性。设置好循环程序和灭菌参数,探头放置位置同"空载热分布试验",运行并记录灭菌柜运行数据和验证控制器的运行数据。

3. 热穿透试验

(1) 验证目的　在热分布试验的基础上,将温度探头放在待灭菌的物品中,确定灭菌物品的 F_0 值符合要求。

(2) 验证标准　确定最冷点产品的 $F_0 \geq 8$。冷点 F_0 值和产品 F_0 的平均值之间的差值不超过 2.5。

(3) 程序与记录　基本同负载热分布试验。

将经过校正的 10 个温度探头编好号固定在满载的灭菌柜箱体内的不同位置的产品中。温度探头的安放位置与负载热分布相同,但所有的温度探头都应插在产品中并应与产品表面接触。装载时应选用最难穿透物质的最大装载,从而使温度的检测具有良好的代表性。设置好循环程序和灭菌参数,探头放置位置同"空载热分布试验",运行并记录灭菌柜运行数据和验证控制器的运行数据。

4. 生物指示剂试验

(1) 验证目的　确认灭菌方案是否合理。

(2) 验证标准

① 验证设定的灭菌是否赋予产品所必需的标准 F_0 值,即 $F_0 \geq 8$。

② 验证灭菌产品的微生物存活概率低于 10^{-6},即无菌保证值 ≥ 6。

(3) 程序与记录

① 所选定的生物指示剂为:嗜热脂肪芽孢杆菌。

② 测定所选用生物指示剂的 D 值 (1.8)。

③ 标定菌液浓度,稀释制备样品。

a. 依据公式:$F_0 = D_{121} \times \lg N$;($N$ 为每瓶样品中应接种得孢子数)

得出 $N = F_0/D_{121}$

b. 接种的样品数为 20 瓶,另外还有阳性对照品 2 瓶,阳性对照品中的孢子数为:50 个/瓶。

④ 将样品编好号,尽可能放在灭菌柜的"冷点"。其他位置的装载待灭菌的产品。

⑤ 根据湿热灭菌柜 SOP 的方法,选择 3 次循环程序,设定 121℃ 30min 来控制灭菌。

⑥ 将灭菌后的样品无菌过滤,置 50~60℃ 培养 48h、计数。阳性对照组应明显长菌,否则,验证试验无效。

⑦ 共进行 3 次孢子试验。试验结果应一致,否则应分析原因或重做。

⑧ 验证数据

项目		第一次验证	第一次验证	第一次验证
孢子数	标准	应 $<10^{-6}$	应 $<10^{-6}$	应 $<10^{-6}$
	实际			

续表

项目		第一次验证	第一次验证	第一次验证
F_0 值	标准	$F_0>8$	$F_0>8$	$F_0>8$
	实际			

注：实际的 $F_0=D_{121}(\lg N_0-\lg P)$ 计算，P 为微生物的存活概率。

附1：生物指示剂的使用方法和判定结果

（1）使用方法

① 将生物指示剂管放入标准检测包的中心，置于灭菌器的规定位置。

② 按规定的灭菌温度和时间进行灭菌处理。

③ 灭菌结束即刻将指示剂管取出，盖朝上垂直握于手中，用镊子夹住指示管下端尖部，将管内瓿夹碎，让培养液流出，浸没菌片，充分振摇。然后将置于56℃培养箱内或配套的微型培养器内，同时放一支未经灭菌处理的生物指示管作为阳性对照，一并培养48h，观察结果。

（2）结果判定

培养后当生物指示剂管内培养液由紫色变为黄色，即表示有菌生长，判定灭菌不合格；如仍为紫色即表示无菌生长，同时阳性对照生长正常，判定为灭菌合格。

（3）注意事项

① 生物指示剂管从压力蒸汽灭菌器内取出后需在室温下放10min左右，再将安瓿夹碎。

② 未用完的生物指示剂随时放入4℃冰箱内。

③ 本生物指示剂在4℃条件下存储。

附2：F_0 值的测定 $\Delta t=1\min$

时间/min	0	1	2	3	4	5	6	7	8~38
温度/℃	100	102	104	106	108	110	112	114	115
时间/min	39	40	41	42	43	44	45	46	
温度/℃	114	112	110	108	106	104	102	100	

$$F_0=1\times\{[10^{(100-121)/10}]+[10^{(102-121)/10}]+[10^{(104-121)/10}]+\cdots+[10^{(100-121)/10}]\}$$
$$=8.41(\min)$$

规定 $F_0\geqslant 8$ 合格，$8.41\geqslant 8$，因此该灭菌柜符合标准。

【实践要求】

1. 空载热分布实验最冷点和腔室平均温度差值。

2. 装载热穿透实验最冷点和差值。

3. 生物指示剂实验结果。

任务六 制剂生产工艺验证

项目十二 片剂生产工艺验证

学习目标

【知识目标】

1. 掌握工艺验证的定义。
2. 熟悉工艺验证的一般步骤。
3. 掌握片剂生产工艺验证要素及评价参数。
4. 熟悉片剂生产工艺要点。

【技能目标】

1. 能按计划实施片剂各工序的工艺验证。
2. 会进行片剂验证方案的制定。

必备知识

生产工艺验证是保证生产的物料符合规定用途的关键因素,即取得质量保证重要环节。质量保证的基本原则如下:①产品的质量、安全性和有效性必须是在设计和制造中得到的;②质量不是通过检查或检验成品所能得到的;③必须对生产过程的每一步骤加以控制,以使成品符合质量和设计的所有规格标准的概率达到最大程度。因此,只有对生产过程和生产过程的控制进行适当的设计和验证,药品生产企业才能持续不断生产出合格的药品。

工艺验证(process validation,PV)系指用文件证明生产工艺系统在其正常操作环境中能够实现预定功能。工艺验证管理目标是通过工艺关键性分析,识别验证过程中需注意的高风险区域。这些高风险区域应该是和产品安全性、有效性的关键质量属性相关联的。实施生产工艺验证的目的是为系统控制提供文件化的证据;评价生产方法;保证工艺/产品达到标准;保证可靠性;保证产品均一性。

口服固体制剂包括片剂、胶囊剂、干混悬剂、颗粒剂、散剂、膜剂和滴丸剂等。其中又以片剂、胶囊剂、颗粒剂三种固体制剂为主,而颗粒剂是湿法制粒压片的基础,胶囊剂与片剂的差别主要在于胶囊填充工序,因此口服固体制剂工艺验证仅以片剂生产工艺验证为例进行介绍。

片剂生产由于受原辅料晶型、粒度、工艺条件及设备性能等因素影响较大,因此必须对生产过程中的设备进行验证,确认其有效性和重现性;必须对工艺及分析方法的可靠性进行验证,以确保含量的均一性;必须对因原辅料供应商的变更进行原工艺的再验证,必要时须做产品稳定性考察;片剂属非无菌制剂,验证还应包括产品的卫生学标准。在片剂的生产过程中必须对生产设备进行有效的清洁。特别是在更换品种时,清洁的效果必须用验证来确定。关于设备清洁验证的内容已有详细介绍,不再重复。

以下将从片剂生产工艺出发,主要介绍片剂生产工艺验证及相关设备确认。

一、片剂的生产工艺

片剂的主要工艺步骤包括:原辅料的预处理(包括粉碎、过筛、称量等)、制粒(干法制粒、湿法制粒)、干燥、整粒、总混、压片、包衣、包装等。片剂生产车间的工艺平面布置见图6-1。

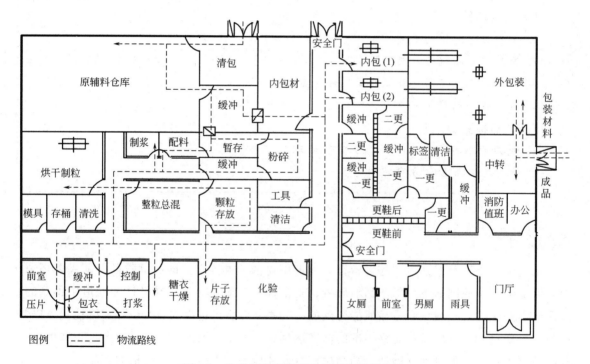

图6-1 片剂生产车间工艺平面布置示意图

片剂生产过程强调工艺流程的衔接顺序与空气洁净度级别的协调。从图6-1中可以看出,片剂生产按一般生产区、控制区工艺卫生要求划分生产区域,原料粉碎、过筛、配料、制粒、压片、包衣、分装等工序划为"控制区",其他工序划为"一般生产区"。控制区的洁净级别确定为D级。

1. 原辅料的预处理

原辅料预处理主要是将原辅料经粉碎、过筛处理，使之符合工艺生产要求。

原辅料必须检验合格后方可使用。原辅料生产商的变更应通过小样试验，必要时须通过验证。原辅料应经缓冲区脱外包装或经适当清洁处理后才能进入配料室。配料室应有捕尘装置和防止交叉污染措施。

粉碎使用设备为粉碎机，当所购原辅料本身为块状不能正常称量，或粒度不符合要求时需进行粉碎处理。

过筛使用设备为振荡筛。可使用一层或两层筛网。使用一层筛网，目的为筛去可疑杂质；两层筛网，上层孔径较大，下层孔径较小，可筛分出一定目数的物料。

称量过程主要使用称量罩及各种天平和地秤。称量罩为称量过程提供单独的层流空间，可减小药品交叉污染的可能，又可减少房间内的粉尘，同时可保证洁净区的环境不受污染并保护称量人员的安全。天平和地秤作为计量工具，是药品生产必不可少的。

2. 制粒

制粒是将原辅料经一定的加工制成颗粒，使之符合工艺生产要求。如采用直接粉末压片则无需此工序。

制粒可分为湿法制粒和干法制粒。湿法制粒是目前制药行业最普遍的制粒方法，设备有快速搅拌制粒机，配套湿法整粒机（如摇摆式制粒机等）。即是将混合和制粒两道工序在同一台设备上实现。物料在制粒锅内经搅拌桨的搅拌充分混合，随着黏合剂的加入以及剪切刀的剪切作用逐渐形成软材，并进一步形成符合工艺要求的湿颗粒。由于通过湿法制粒机制成的湿颗粒经常形成较大的团块，此时就需要通过湿法整粒机对其进行整粒。湿法整粒机主要由搅拌齿轮和一定孔径的筛网组成，通过湿法整粒机可以有效地控制湿颗粒的粒径，以满足下一工序以及工艺的要求。也有一步制粒机集混合、制粒、干燥于一体。干法制粒过程使用的设备主要为干法制粒机。其工作原理是利用原辅料本身所含的结晶水，直接将物料挤压成片，再经过粉碎、分级过筛等措施制成满足制药企业工艺要求的干颗粒。

3. 干燥

干燥是将湿颗粒干燥，使颗粒水分符合工艺要求的过程。干燥阶段使用的设备通常有流化床干燥机或烘箱。流化床干燥为现阶段大多数新建厂房的首选方法。工作原理为在密闭容器内，由于热气流的作用，使湿颗粒悬浮并呈流化状循环流动，对其高效干燥，水分不断蒸发，重复进行，形成较均匀的球状颗粒，从而完成干燥工序。另外增加底喷，侧喷装置后，可在流化床干燥室内完成制粒过程。

烘箱干燥在大多数旧厂房中应用较多，但因其干燥周期长，干燥后的颗粒结块严重等缺点，目前在制药企业中的应用越来越少。

4. 整粒

湿颗粒经过流化床干燥或烘箱干燥后，通常会有大颗粒或团块存在，此时就需要进行干法整粒。干法整粒原理同湿法整粒，只是颗粒的状态不同。

5. 混合

混合阶段使用的设备主要为混合机。混合机的种类较多，常见的有方锥混合机、V形混合机、提升混合机、三维混合机等。不管使用的是哪种混合机，其原理基本相同，都是将两种或两种以上的物料经过重力、搅拌等作用使其混合均匀，以满足工艺的要求。

另外，由于混合工序通常需搬动较重的物料，而混合机又较高大，为节省人力通常将提升上料机和混合机一起使用。

6. 压片

压片阶段使用的设备主要为压片机，辅助设备有金属检测仪、抛光机等。现在应用较多的是高速旋转压片机，压片速度可达到每小时 20 万片，通过安装不同的模具，可将颗粒压制成圆片或异型片，是适合批量生产的基本设备。金属检测仪和抛光机常配合压片机一起使用，从压片机出来的药片可直接连接金属检测仪和抛光机进行金属检测剔除、抛光。

7. 包衣

包衣阶段使用的设备主要为高效包衣机。高效包衣机可以对片剂进行有机薄膜包衣、水溶性包衣、缓释性包衣、控释性包衣等多种包衣。新型的包衣机大多采用有孔设计，可在几个小时内完成上百千克的片剂的包衣工作，包衣效率显著提高。全过程自动化控制较高，保证工艺质量的稳定性。

8. 包装

包装阶段使用的设备可分铝塑包装线和瓶装线两大类。

（1）铝塑包装线 主要有全自动泡罩包装机、装盒机、包膜机等。全自动泡罩包装机通过程序控制采用全自动程序控制，自动成型，PVC 与铝箔自动进给，采用专用下料器将药片准确地落入成型后的泡罩中，避免了通用下料器将药片打碎，或者充填率低的现象。充填的药片的泡罩进入成像检测系统，而检测系统连续采集图像，将采集到的图像同程序中储存的标准图像进行对比，存在异常的将自动进行剔除。该成像检测系统可以将缺粒、半粒、片面上有较大破损、刻字不一样的不合格品自动剔除，有效地保证了产品质量。装盒机和全自动泡罩机联动，可以同时完成说明书的折叠、小盒开盒、泡罩装盒、打印批号、在线剔除等功能。装好的药盒进入全自动包膜机中进行包膜，包膜机可以根据不同的包膜形式设定每层的盒数与层数，大大提高了包装工序的工作效率。

（2）瓶装线 主要有理瓶机、全自动数粒机、旋盖机、封口机、贴标机等。理瓶机可以通过转动自动将瓶子整理。数粒机自动数粒，药片可准确地进入药瓶中，通过程序控制保证每一瓶的药片数量都能够达到设定数量，当数量与设定数量不符时，程序可将药瓶自动剔除以保证产品质量。旋盖机可自动将瓶盖整理并进入瓶盖输送轨道，当药瓶到达瓶盖下方时，瓶盖自动盖在药瓶上，通过旋盖轮将瓶盖旋紧。旋盖机可以自动检测瓶盖中有无铝箔、瓶盖是否旋紧，当盖子中没有铝箔或未旋紧时可自动将其剔除。全自动封口机可自动将瓶盖中的铝箔封在药瓶上，封口温度可调节，保证封口质量。贴标采用全自动贴标机，在设备上通过自动控制将批号打印在指定区域后将不干胶标签贴在瓶子上，保证了贴标的效率及每一瓶的质量。在贴标工序可增加条码扫描装置，自动识别标签上的条形码，当条形码与标准条形码不一致时，自动剔除，并报警，整个过程自动化程度高，大大提高了生产效率。

二、工艺验证的阶段及一般步骤

工艺验证实施前要有经审核批准的书面的验证方案，说明验证的方法及所要收集的数据资料。收集数据资料的目的必须明确，数据资料必须真实可靠。验证文件应该指出生产过程有足够的重复次数以证明其重现性，而且在连续运行3次要规定准确测定变化的情况。

在2010版GMP中引入设计确认的概念，体现了质量应通过设计实现，而不仅仅靠最终检验把控，即"质量源于设计"的理念。GMP中规定确认或验证的范围和程度应经过风险评估来确定，从而将"质量风险管理"与确认和验证活动相结合。因此扩充了工艺验证的含义，根据2010版GMP，对照美国FDA工艺验证指南，可将工艺验证分为三个阶段见表6-1。

表6-1 法规对工艺验证阶段性的要求

	第一阶段	第二阶段	第三阶段
2010版GMP	第一百四十一条 采用新的生产处方或生产工艺前，应当验证其常规生产的适用性。生产工艺在使用规定的原辅料和设备条件下，应当能够始终生产出符合预定用途和注册要求的产品	第一百四十四条 确认和验证不是一次性行为。首次确认或验证后，应根据产品质量回顾分析情况进行再确认或再验证。关键的生产工艺或操作规程应当定期进行再验证，确保其能够达到预期结果	第一百四十二条 当影响产品质量的主要因素，如原辅料、与药品直接接触的包装材料、生产设备、生产环境（或厂房）、生产工艺、检验方法等发生变更时，应当进行确认或验证。必要时，还应当经药品监督管理部门批准
FDA 2011版工艺验证指南	工艺设计阶段，基于从开发和放大试验活动中得到的知识确定工业化生产工艺	工艺确认阶段，对已经设计的工艺进行确认，证明其能够进行重复性的商业化生产	持续工艺核实阶段，工艺的受控状态在日常生产中得到持续的保证

一般提及工艺验证仅指工艺验证的第二阶段，下面也主要介绍工艺验证第二阶段，简称工艺验证。

工艺验证的一般步骤如图6-2。

1. 工艺验证需求

工艺验证方法通常有三种：前验证、同步验证和回顾性验证，根据生产情况不同选择不同的方法，具体内容见项目一认识验证。一般而言前验证是首选方法，即生产新产品前或旧产品的某一个生产过程发生了变动，且可能影响到产品特性的，在经过变更程序进行评估并批准后，应采用前验证的方式进行工艺验证。当新产品同原来已经验证过的产品的规格不同，或者片子的形状不同，或者该产品的工艺已经很成熟时，可在正常生产过程中对工艺进行适当验证，即同步验证。已积累批生产、检验、控制数据的已上市产品基于历史生产数据进行验证，即回顾性验证，目前不推荐采用。

2. 确认已完成工艺验证前提准备

（1）厂房和公用系统已完成确认 厂房验证的项目包括建筑物和环境，主要验证厂房的设计、结构监控和维护系统是否适合本产品生产。

空气净化系统、工艺用水系统等公用系统的确认。工艺用水系统的主要验证内容是储罐及用水点水质（化学项目、电导率、微生物）、水流量、压力等指标符合要求；空气净化系统的主要验证内容是确认悬浮粒子、微生物、温湿度、换气次数、送风量、静压差等指标符合要求。

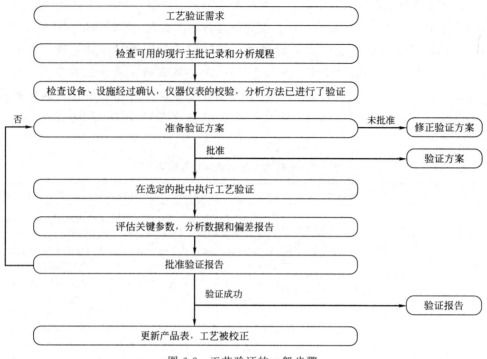

图 6-2 工艺验证的一般步骤

（2）设备已完成确认　生产设备已完成安装确认、运行确认。需经过设备确认的包括过筛机、粉碎机、混合制粒机、沸腾干燥器、干燥箱、混合器、压片机、包衣机、铝塑泡罩包装机等。主要确认新设备运行有效、老设备的关键仪表得到必要的校准。

仪器仪表的校准，涉及的仪器包括分析仪器、天平、地秤、硬度仪、水分仪、崩解仪等。主要确认新仪器经过有效的验证，原有仪器经过必要的校准和维护。

（3）分析方法通过验证　分析方法的主要验证内容包括：确认成品质量标准在新产品申报时是否已完成方法验证；半成品检验方法是否已通过验证；原辅料标准是否是药典规定的法定标准或经过验证的分析方法。

（4）原辅料、内外包装材料供应商已通过质量审计　原辅料供应商应通过质量审计，同时检测原辅料是否符合有关标准。原辅料生产商的变更应通过小样试验，必要时须通过验证。内包装材料如无毒聚氯乙烯、铝箔，也应检测其内包装材料是否符合有关标准。

（5）人员已经过相关的培训　人员培训通过培训记录和评估记录来体现，确认参与生产的相关人员均接受过技术培训。

（6）标准规程和操作程序等已确立　标准规程和操作程序是生产工艺的体现。按操作规程和操作程序等进行岗位操作和设备操作，完成片剂各工序生产。

3. 确定关键工序及关键工艺参数

并不是所有的工艺步骤都需要验证；要将验证的重点放在关键工艺步骤上。关键工序包括：任何改变产品形状的步骤；所有影响产品均一性的步骤；所有影响鉴定、纯度或规格的步骤；包括延长储存期的步骤。

对于工艺验证，药企应对生产工艺有充分的理解，识别出所有对产品质量、操作性及促生产成本产生影响关键工艺参数（critical process parameters，CPP）。同时关键工艺参数 CPP 的识别应具有一定的科学性并经过充分证明。

工艺验证中所包含的关键工艺参数，必须明确且在验证期间必须严密监控，因其可能会影响产品质量；关键工艺参数设定的限制条件，应符合市场认可的限额、稳定性的规格、放行的规格及验证的范围。

以湿法制粒工艺为例，其关键工序及控制参数示例见表 6-2。

表 6-2　湿法制粒工艺关键工序及关键控制参数示例

工序	工艺参数	考察指标
备料	如需要，粉碎/过筛的目数	物料粒度分布，水分
湿法制粒	批量；制粒机切刀和搅拌的速度；添加黏合剂的速度、温度和方法；原辅料加入顺序；制粒终点的判定；湿法整粒方式和筛网尺寸；出料方法	粒度分布、水分、松紧密度（如需要）；如可能，可采用 PAT 技术（过程控制技术）进行在线监测
干燥	批量；进风温度、湿度和风量；出风温度；产品温度；干燥时间；颗粒水分	水分
整粒	筛网尺寸；整粒类型；整粒速度；颗粒的粒度分布	粒度分布，水分
混合	批量；混合速度；混合时间	混合均匀度
分料	（无）	含量均匀度
压片	压片机转速、主压力；加料器转速	外观，片重，片重差异，片厚，脆碎度，水分，硬度，溶出度/崩解度，含量均匀度
包衣	包衣液的制备：投料顺序；温度和搅拌时间；过滤网孔径 预加热：片床温度；排风温度及风量；转速；预加热时间 喷浆：进风温度及风量；锅内负压；片床温度；蠕动泵转速；浆液温度和雾化压力；喷浆量；排风温度及风量；锅体转速 干燥：进风温度；锅内负压；片床温度；排风温度和风量；锅体转速；干燥时间 冷却：进风温度；锅内负压；片床温度；排风温度和风量；锅体转速；降温时间	外观，包衣增重，水分，硬度，溶出度/崩解度

4. 工艺验证方案

工艺验证方案的基本要求：①保证重现性和规模，一般至少连续三批商业批量的验证；②进行"最差情况"下的挑战性研究；③验证方案应尽可能的简捷、具体；④提供的检测报告应包括所有信息；⑤尽可能地确定关键变量和变化范围；⑥具体的取样方法；⑦可靠的检测方法；⑧明确操作人员并进行培训（尤其是增加的特定项目）；⑨验证方案可以采取多种形式，按实际情况设计验证方案。

工艺验证应考虑工艺的生产能力、产品均一性/均匀性、产品纯度、产品质量，可以适当分组（按产品、工艺、设备的最差情况分类，以减少工作负荷）。

工艺验证方案的要素如下。

① 工艺概述。

② 研究概述。

③ 所用的具体设备/设施（包括测量仪、监测仪/记录设备）及其校验状态。

④ 需监测的变量。

⑤ 使用的物料，何时何地、如何使用及使用多少。
⑥ 产品的生产特性/需监测的方面及检测方法。
⑦ 可接受限度。
⑧ 时间表。
⑨ 人员职责。
⑩ 记录和评价结果的详细方法，包括统计分析。

验证方案中的试验部分要尽可能地全面清楚地描述，要采用列表的办法，可接受标准和分析结果，用统计学方法评价试验结果。

验证方案应经验证相关部门进行审核并经质量负责人批准。根据验证方案中列出的项目进行逐一验证，并及时记录验证结果。每个验证项目结果均应经过审核。

5. 工艺验证报告

工艺验证报告需将工艺（包括详细的关键步骤）完整记录下来。按照方案规定汇总所有的原始数据，对生产和最终检测结果详细总结，包括失败的试验数据；当不能包括原始数据时，应说明原始数据的来历和如何找到原始资料。方案中未规定的附加工作或相对于验证方案的偏移（意料之外的观察结果）都应该记录在验证方案中，并做出评价、总结讨论。充分真实描述对现有程序与控制方法所采取的任何纠正措施或变更。将结果和预设目标进行对照和审核，明确陈述结论，说明数据是否表明了该工艺与方案中建立的条件相符合，以及工艺是否处于足够受控状态。在完成所有的修正或重复工作后，由负责验证的小组/人作出正式的接受/拒绝验证结果的决定。

工艺验证报告中还需提出评价和建议，包括再验证的时间建议。验证报告需经验证相关部门和质量部门的审批。

6. 工艺验证后续工作

验证完成后，根据稳定性方案留样进行考察，并对稳定性数据进行评估。根据三批的稳定性数据确定产品的有效期。针对新产品，有效期可执行生产批上的暂定效期，待获得足够的稳定性数据支持后再确定有效期。

如验证不成功，则应进行调查。只有找出验证不成功的原因后，才可进行验证方案的修订并重新进行验证。

在完成某一工艺的工艺验证后，需定期进行再验证。有的药企规定在没有发生变更和偏差的情况下，对生产工艺进行 3 年一次的再验证。再验证的目的也是为了保证工艺处于"验证"状态，即工艺处于可控状态。

如在工艺验证再验证阶段，物料、设备、设施、工艺等发生了较为重大的变更，应根据变更控制程序要求进行相关的再验证。

三、湿法制粒压片工艺验证

以最常见的湿法制粒压片工艺为例，介绍湿法制粒压片工艺验证。某产品，采用快速搅拌制粒，并进行了普通薄膜包衣，活性成分占总片重不足 25%。下面将对关键工序的工艺过程中的工艺参数及中间控制标准进行验证。根据表 6-2，制粒、干燥、混合、分料、颗粒存放周期验证、压片、包衣、素片存放周期验证等为关键工序。以下主要介绍八个工序的验证。

1. 湿法制粒

关键工艺参数：喷黏合剂速率和喷液时间等。

接受标准：制备符合要求的颗粒。

2. 干燥

关键工艺参数：进风和出风温度，干燥时间。

验证方法：物料温度到达终点温度后，停机，取样检测水分。

验证的项目：颗粒水分，粒径分布。

测定粒径分布是为了对产品做一了解，为以后商业生产提供一定的数据指导，并不作为确切要达到的指标。

接受标准：水分符合既定标准（产品研发设计阶段中确定水分的标准）。

取样计划：干燥完成后，取样测定水分及粒径分布。

干燥终点判断可以干燥时间，亦可以物料温度。

3. 混合

生产过程中有的是一步混合，有的是几步混合。对于一步混合，在混合完成时进行评估。而存在几个混合阶段时，一般选择在最后一步混合后进行评估。

关键工艺参数：混合时间、混合转数。

验证方法：按生产指令一次加入物料，然后再转速下混合 x 转或混合 xx min。按计划在混合容器中取样。

验证的项目：混合均匀度。

检测方法：经验证的测定混合均匀度的方法。

接受标准：85%～115%，相对标准偏差 RSD≤5.0%。当第一份样品检测不合格时，应按照 OOS（检验结果偏差）管理程序进行调查，确定非实验室偏差后再对第二份、第三份样品同时进行检验，对三份样品的数据进行评估，确定是否符合要求。

取样计划：取样时间在最终混合阶段的各个验证时间点。取样点根据混合容器的构造、设计取样点，但取样点必须有代表性。一般取样点 6～10 个，每个取样点重复取样 3 份。如图 6-3 所示方锥形混合筒的取样点示例。

取样量为 1～3 倍的单位剂量。

4. 分料

采用方锥形混合筒混合完成后可直接将混合容器转移至压片工序进行压片，则无分料工序。而采用其他混合设备一般不能直接转移至压片工序，需将物料分卸至几个小型中转容器，由于颗粒或物料的大小、形状和密度等的不同，可能在分离流动或振荡的过程中将粗糙和精细的物料分开，导致物料分离或分层。因此，需进行卸料过程的验证，证明在分料后物料不分层。

验证方法：卸料后在中转容器中取样。

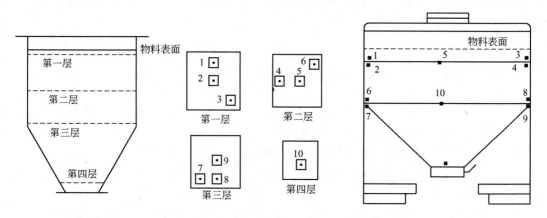

图 6-3 方锥形混合筒取样点示意图

验证项目：混合均匀度。

检测方法：同混合阶段。

接受标准：同混合阶段。

取样计划：取样时间分布在分料阶段各个验证时间点。取样点应根据中转容器的构造，设计取样点。同样取样点必须有代表性。

取样量同混合阶段，为 1~3 倍单位剂量，每个点取样 3 份。

5. 颗粒存放周期验证

根据产品生产工艺设计及生产计划对颗粒存放周期进行适当的验证，以确保颗粒在车间正常条件下存放周期内的产品质量稳定。

验证方法：取验证批的一部分物料，存放在适当的包装形式下（依产品性质而定），把物料置于车间正常条件下存放一定周期。

验证项目：颗粒形状、水分、含量、有关物质。

取样周期：在拟定存放周期内，在不同时间段进行取样，已确定合适的存放周期。

取样位置：颗粒表面下 Xcm（选取有代表性的位置）。

接受标准：颗粒无结块，水分、含量、有关物质等指标符合规定标准。

6. 压片

在正常商业化大生产时压片阶段的中间控制都要在验证中进行证实。

关键工艺参数：压片机转速。

验证方法：按验证参数进行压片。

验证项目：片剂常规检验（外观、片重、片重差异、片厚、硬度、脆碎度），含量、含量均匀度，崩解/溶出度，水分等。

接受标准：按处方研发的标准控制压片过程中片剂标准。

取样计划：间隔一定时间取样。

如某产品批量 100kg，设定压片机转速下计划 3.5h 全部压完。则取样时间为分别为 0.5h、1h、1.5h、2h、2.5h、3h、3.5h。

7. 包衣过程

关键工艺参数：喷浆速度、片床温度、进风温度等。

验证方法：按设定参数对片子进行包衣。

验证项目：包衣片外观，包衣增重，崩解或溶出。

接受标准：外观良好，包衣增重符合要求，崩解或溶出符合既定要求。

8. 素片的存放周期验证

药企根据车间生产能力和生产安排，对素片进行存放周期验证。如某产品车间完成压片后，一般在10d内进行包衣，则在进行验证时，可以进行为期10d或14d的存放周期验证。

验证方法：取验证批的一部分素片，把素片置于车间，存放一段时间。

验证项目：素片的外观、水分、脆碎度、含量、有关物质、崩解度、溶出度。

取样位置：选择有代表性位置取样。

接受标准：外观良好，水分、脆碎度、含量、有关物质、崩解度、溶出度符合要求。

拓展知识　　物料的质量监控

物料包括生产过程中的起始原料、辅料、包装材料等。化学原料、中药原药材及其提取物、辅料及包装材料都应有质量标准，除了国家颁发的法定标准、行业制定的行业标准外，企业应根据生产实际需求制定切实可行的企业内控标准。

1. 物料的采购

制药企业应按规定的质量标准购进物料。对符合本企业制定的原辅材料和包装材料标准、质量稳定、信誉可靠的生产厂家，经对其评估审定后，可作为本企业的主要物料供货单位，同时将该供应系统纳入企业药品生产的管理中。

制药企业应对供货商实行质量审核，制定质量审核规程。审核的重点应了解供货商的生产车间、生产工艺、中间控制情况及防止交叉污染和混淆的措施。对直接接触药品的包装材料、容器，还应审核其是否有国家主管部门核发的《药用包装材料容器生产许可证》。对标签印刷厂应重点审核是否有防止差错和混淆的措施。

2. 化学原料药的质量监控

（1）药品纯度　药品纯度及其化验方法、杂质限度及其检测方法是药品生产研究的一项重要内容。某些药品若含有微量杂质，即存在对疗效的影响和毒副作用等潜在危险，应根据原料药的质量标准检测。

（2）药品的稳定性　化学原料药容易受外界的物理和化学因素影响，引起分子的变化。例如，某些药品（如阿司匹林）在一定的湿度、温度、光照下发生水解、氧化、脱水等现象，造成药品失效或增加毒副作用。因此，药品在储运中也应考虑药品稳定性问题。

（3）药品的生物有效性　有的药物因晶型不同而产生药物在体内吸收、分布及其动力学变化过程的差异，即药物的生物有效性不相同。例如无味氯霉素有A、B、C 3种晶型及无定型,其中 A、C 为无效型,而 B 及无定型为有效型。原因是有效型口服给药时易为胰脂酶水解,释出氯霉素而显示其抗菌作用,而 A、C 型结晶不能为胰脂酶所水解,故无效。

3. 中间产品的质量监控

生产过程中的中间产品的质量控制简称为中间控制或在线控制。它是过程控制的重要组成部分,其目的在于监控药品生产全过程,及时查明并纠正可能导致中间产品和成品质量变异的偏差。如片剂的重量差异、崩解时限、混合均匀度等质量控制。

中间控制与成品控制的项目、检测方法、标准均不完全相同。如企业可将崩解度试验作为中间检测项目,而将溶出度试验作为成品检测项目;中间控制宜采用快检方法,而成品控制则采用全检方法;中间控制标准较成品控制标准更为严格,例如片剂的主药标示量为 90.0%～110.0% 时,中间控制标准可定为 95.0%～105.0%,只有当中间控制标准符合内控标准时,最终产品才能放行。

4. 药品包装用材料、容器的质量监控

国家药品监督管理局 2000 年 4 月颁发了《药品包装用材料、容器管理办法》。该办法将药品包装用材料及容器分为Ⅰ类、Ⅱ类、Ⅲ类,Ⅰ类指直接接触药品且直接使用的药品包装用材料及容器;Ⅱ类指直接接触药品,但便于清洗,在实际使用过程中经清洗后消毒灭菌的包装用材料及容器;Ⅲ类指Ⅰ类、Ⅱ类以外其他可能直接影响药品质量的药品包装材料及容器。制剂包装的目的是使制剂不受周围环境的影响,不受微生物的污染,不进入异物,以保证制剂的稳定性、有效性和安全性。所以药品包装用材料、容器的供货商发生变更时,也应进行再验证。

实践内容 制粒工序工艺验证

【实践目的】

1. 掌握制粒工序工艺验证的要素。
2. 熟悉制粒工序工艺验证的操作过程。

【实践场地】

固体制剂制粒车间。

【实践内容】

制粒工艺常用设备有湿法混合制粒和流化制粒,本次工艺以快速湿法制粒机、烘箱干燥、整粒机为验证对象,根据干颗粒性质进行评价。快速湿法制粒机是利用粉体物料与黏合剂在圆筒形容器中由底部混合浆充分混合成湿润软材,然后由侧置的高速粉碎切割成均匀的湿颗粒。

1. 操作过程

(1) 制粒 将称量好的物料投入湿法制粒机锅内,按阿司匹林片制粒工艺规程进行制粒,确定的混合时间、混合转速、剪切时间、剪切转速、规定的黏合剂的用量。

(2) 干燥 将制得颗粒放入烘箱内,设定干燥温度和时间,进行干燥。

(3) 整粒　取干燥后颗粒进行整粒。

2. 取样计划

干燥完成后，从不同烘盘处取样，进行干燥失重测定。整粒完成后，各取三个样进行粒径分布和振实密度的测定。

3. 检测方法

干颗粒质量控制检测项有干燥失重、固体密度、粒径分布；总混后颗粒的质量控制检测项目有固体密度和粒径分布，方法相同。

(1) 干燥失重　一般取4～5g样品量平铺样品盘，采用红外水分测定仪进行测定。

(2) 固体密度　于100ml量筒中缓缓加入供试品50～100ml，记录供试品重量及供试品体积，按下式计算松装密度：松装密度＝供试品重量/供试品体积；将量筒放入振实仪，选择振动方式（振动距离3mm，振动频率250次/min），振动500次，记录供试品振动后体积；继续振动750次，若前后两次体积差在2%以下，便可判为终点，若达不到要求，继续振动750次直至达到终点。记录最后一次振动后的体积，按下式计算振实密度：

$$振实密度＝供试品重量/供试品最后一次振动后体积$$

(3) 粒径分布　按要求选择合适规格的分析筛，称定并记录各个分析筛及底盘的皮重。将分析筛按孔径从大到小，从上至下排列，最下面放底盘。一般称取50～100g供试品，放入最顶端的分析筛中，将准备好的一系列分析筛放入振动筛，振动约5min后，将分析筛小心移下，称定每个分析筛及底盘中样品重量。若两次测定中，所用分析筛中样品重量差均在5%以内，便可判断为终点，计算样品的颗粒分布率。若达不到此要求，则继续振动5min直至达到要求。

【实践要求】

记录颗粒中间品的测试结果，并评价是否符合要求。

项目十三　小容量注射剂生产过程验证

学习目标

【知识目标】

1. 掌握小容量注射剂的生产工艺验证要素及评价参数。
2. 熟悉小容量注射剂的生产工艺要点。

【技能目标】

1. 能实施小容量注射剂各工序工艺验证。
2. 会制定小容量注射剂工艺验证方案。

必备知识

注射剂是指一类最终产品采用湿热灭菌法制备的灭菌液体制剂,按其分装量的大小可分为小容量注射剂和大容量注射剂两类,除了配液、过滤、设备清洗等共性作业外,它们的制备方法和对质量控制的要求都不一样,因此验证将分别叙述。

小容量注射剂是指装量小于 50ml、以注射用水为主要溶剂、最终产品采用湿热灭菌法制备的灭菌液体制剂。大部分小容量注射剂的热稳定性较差,特别是药物分子结构中具有酚羟基、烯醇的药物,在氧、金属离子、光线、温度等作用下降解速度加快,虽采取加入抗氧剂和采用惰性气体保护等措施仍不能完全解决热敏问题。因此很多品种不得不采用流通蒸汽 30min 或 15min 的灭菌条件,产品的无菌保证存在很大的质量风险。为保证产品的安全性,必须在生产全过程实施防污染措施。

一、生产过程管理要点

1. 生产环境的空气洁净度要求

① 浓配、粗滤工序的环境要求:D 级。
② 稀配、精滤工序的环境要求:C 级。
③ 安瓿的最终处理、灌封工序的环境要求:C 级背景下的局部 A 级。

2. 注射用水

70℃以上循环保温,储存时间不超过 12h。

3. 滤材

① 药液用孔径为 0.22~0.80μm 级微孔滤膜过滤。不得使用含有石棉的滤材。
② 砂棒按品种专用,同品种连续生产时,要每班次清洗灭菌。
③ 使用 0.22μm 微孔滤膜时,先用注射用水漂洗或压滤至无异物脱落,并在使用前后分别做起泡点试验。

4. 设备、管道与容器

与药液接触的设备、管道与容器按清洁规程做清洁处理。

5. 控制工艺过程的时限

① 灭菌后的安瓿宜立即使用或在洁净环境中存放,安瓿储存不得超过 2d。
② 药液自溶解至灭菌应在 12h 内完成,已灌装的半成品应在 4h 内灭菌。

6. 惰性气体与压缩空气

直接与药液接触的惰性气体与压缩空气需经净化处理,所含微粒、杂菌数应符合规定。

二、工艺流程

小容量注射剂的洗灌封联动工艺流程及环境区域划分见图 6-4。

三、生产环境验证

受控环境的验证包括洁净区的性能确认和净化空调系统、制水系统的能力确认,此外惰

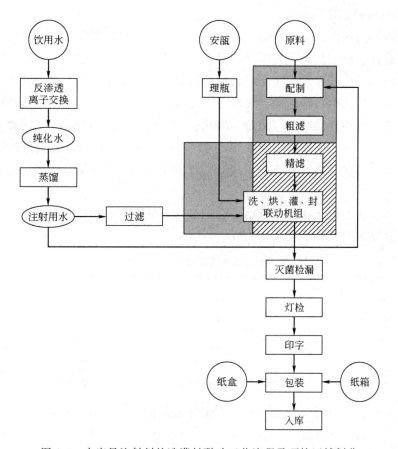

图 6-4　小容量注射剂的洗灌封联动工艺流程及环境区域划分

性气体、压缩空气等工业用气体也需要进行验证。

1. 洁净区的性能确认

按生产工艺要求对洁净区的尘粒和微生物含量、温度、湿度、换气次数等进行监测。洁净区空调净化系统验证的项目与标准如下，各项验证方法见任务二项目三。

① 相邻房间之间的压差控制在≥5Pa（0.5mm H_2O），用倾斜式微压计测定。

② 与室外大气之间的压差控制在≥10Pa（1mm H_2O），用 U 形管、倾斜式微压计测定。

③ 室温控制在 18～28℃。

④ 室内相对湿度控制在 45%～65%。

⑤ C 级区的悬浮粒子按 GB/T 16292—2010 方法测定，大于或等于 0.5μm 的粒子应≤350000 个/m³，大于或等于 5μm 的粒子应≤2000 个/m³；浮游菌数应≤100 个/m³。

⑥ 换气次数应大于或等于 25 次/h。

2. 制水系统验证项目与标准

制药用水按《中国药典》的规定项目验证，制药企业应按照《中国药典》或参照欧美国家药典制定企业的内控运行标准。各项验证方法见任务二项目四。

3. 生产用气体验证项目与标准

许多小容量注射剂产品对氧敏感，在生产工艺中常采用充二氧化碳、氮气保护的方式来解决稳定性问题；有些工艺设备的内部还需要通入压缩空气。因此为了确保直接与药液接触的惰性气体、压缩空气的质量，应先对其供应商确认，并在此基础上进行验证。

(1) 惰性气体验证项目与标准　无论是选用市售氮气和二氧化碳，还是选用自制氮气和二氧化碳，在使用前均需经纯化、除菌等净化处理，以确保符合产品工艺的要求。氮气须经 $3\mu m$、$0.45\mu m$、$0.22\mu m$ 三级过滤器过滤，再经一次水洗、一次气水分离后方可供给用气点使用；二氧化碳气体须经两次水洗、一次气水分离，再经 $0.22\mu m$ 级过滤器过滤后方可供给用气点使用。

取样验证部位一般设定在用气点前，验证应包括纯度、微粒和菌检等项目，根据用气点工艺要求，可接受的合格标准见表6-3。

表6-3　惰性气体验证可接受标准

验证标准	验证对象	氮气	二氧化碳
	纯度	含量在99.9%以上	含量在99%以上
	微粒	目检合格	目检合格
	菌检	$<1CFU/m^3$	$<1CFU/m^3$

(2) 压缩空气验证项目与标准　在小容量注射剂生产过程中，压缩空气常用于安瓿清洗程序。未经净化处理的压缩空气中存在着大量的水分、尘粒、细菌，甚至存在变质的润滑油，所有这些污染物混合在一起对药品质量危害极大，因此必须严格控制压缩空气的水分、油分和尘粒数。通常采用的净化流程为：第一步预过滤，用于去除液态水和油污，精度达 $3\mu m$；第二步降温冷冻处理，使压缩空气中的尘粒、油滴、水滴在一定露点温度下形成废液除去；第三步采用高效过滤器过滤，目的是进一步去除油污、液态污水和微粒，精度可达 $1\mu m$，油雾含量少于 $0.1mg/m^3$；第四步采用活性炭吸附过滤，目的是吸附高效过滤器不能除去的油蒸汽；最后根据用气点工艺要求选择合适精度的终端过滤器过滤。

取样验证部位一般设定在用气点前，验证应包括微粒、菌检及油雾等项目，根据用气点工艺要求，可接受的合格标准见表6-4。

表6-4　压缩空气验证可接受标准

验证标准	验证对象	压缩空气
	微粒	目检合格
	菌检	$<1CFU/m^3$
	油雾	$<0.1mg/m^3$

四、药液过滤系统验证项目与标准

药液过滤系统的验证，主要是通过滤器的完整性以及过滤后产品的不溶性微粒、热原、微生物、澄明度检查是否均符合标准,证明所采用的过滤系统能否达到预期的工艺要求。

1. 药液过滤系统验证项目与标准

药液配制系统应:①配制设备需密闭;②计量装置准确,不对系统造成污染;③材质稳定;④系统清洗、消毒功能完善;⑤搅拌密封严密,搅拌均匀;⑥阀门、管道连接严密,无死角且装卸方便。

药液过滤系统验证项目与标准见表6-5。

表6-5 药液过滤系统验证项目与标准

项目	澄明度	不溶性微粒允许数		热原	菌检
		$25\mu m$	$10\mu m$		
标准	药液澄明度符合产品工艺要求	≤2粒/ml	≤20粒/ml	符合《中国药典》规定	≤10CFU/100ml

2. 过滤器的完整性试验

过滤器的完整性试验及滤器适用性,按起泡点试验方法验证。详见任务二项目五。

3. 过滤系统关键工艺的取样点

过滤系统关键的取样点在药液配制后未加炭粉前、膜过滤后。

4. 取样数量和方法

(1) 取样方法 配制药液,药液按过滤SOP操作,在过滤前后分别取样。

(2) 取样量

① 过滤前 按浓配法配液,在未加炭粉前,用250ml洁净干燥具塞的玻璃瓶取3个批次样品,每个样品取样100ml,观察澄明度。

② 过滤后 当药液经微孔滤膜过滤后,用250ml洁净干燥具塞的玻璃瓶取3个批次样品,每个样品取样100ml,测试不溶性微粒。

5. 验证数据汇总

将测试数据按表6-6格式汇总。

表6-6 过滤工艺验证数据

日期	机号	品名	规格	批号	澄明度		菌检		热原		不溶性微粒				结论	检验人
											$25\mu m$		$10\mu m$			
					滤前	滤后	标准	实测	标准	实测	标准	实测	标准	实测		

6. 验证结果

根据以上验证数据进行汇总分析后,即可确定药液过滤系统的适用性。对于热敏性产品来说，采用除菌过滤的方法来降低灭菌前微生物污染水平和防止产生耐热菌株，虽然最终产品的灭菌程序的 F_0 偏低，产品应仍能达到药典规定的无菌保证要求。验证应能提供这一方面的数据资料。

五、关键设备验证

小容量注射液生产的关键设备有洗灌封联动线、灭菌设备等。设备验证在安装确认、运行确认完成后，即转入工艺验证阶段。设备的工艺验证是指在设定的工艺条件下进行的模拟生产过程。灭菌设备详见灭菌工艺验证，以下介绍安瓿洗灌封工艺验证。

1. 概述

安瓿洗灌封工艺所用设备由超声波清洗机、安瓿灭菌器及多针拉丝灌封机组成。

（1）超声波清洗机　安瓿的洗涤生产上常采用超声波清洗与加压喷射汽水洗涤相结合。安瓿超声清洗机洗瓶采用的循环水、新鲜注射用水、压缩空气均通过净化过滤，终端过滤精度为 $0.2\mu m$。设备采用超声波清洗技术，利用超声波空化作用所产生的机械摩擦力，清除用一般洗瓶工艺难于清除的瓶内外黏附较牢的物质。超声波清洗后再采用水、气压力交替喷射清洗，（压缩空气的压力，一般为 $294.2 \sim 392.3 kPa$（$3 \sim 4 kg/cm^2$）。采用超声波洗与加压喷射气水洗涤法洗涤安瓿时要保证压缩空气的洁净度，应经过焦炭（或木炭）、瓷圈、砂棒等滤过，如其中带有尘埃及润滑油雾，则反而污染安瓿，出现"油瓶"。净化压缩空气在使用前必须检查其质量，一般是将经净化处理的压缩空气通入 200ml 注射用水中，5min 后检查注射用水的澄明度，肉眼可见异物不得超过 3 个，水面不得有油状漂浮物。将净化压缩空气针头直接冲入空安瓿中 $3 \sim 5 min$，安瓿内壁不得潮湿。

目前安瓿清洗工艺如下：安瓿在进瓶区通过喷淋装置将安瓿内注满纯化水→进入清洗槽中，超声波洗涤→绞龙进瓶→凸轮提升瓶→机械手夹瓶→机械手将安瓿翻转 180°（瓶口朝下）→高压的循环水冲洗瓶子的外壁→第一组喷针插入瓶内，第一次冲循环水（或吹压缩空气）→第二组喷针第二次冲循环水→第三组喷针第一次吹压缩空气→第四组喷针第一次冲注射用水→第五组喷针第二次吹压缩空气→第六组喷针第三次吹压缩空气→（瓶外壁吹压缩空气）→机械手翻转瓶→同步带出瓶。

（2）隧道式干热灭菌器　隧道式干热灭菌器的工作原理见灭菌工艺验证部分。安瓿进行干热灭菌及去热原的灭菌温度应控制在 $280 \sim 350℃$，使细菌内毒素下降 3 个对数单位以上。

（3）安瓿灌封机　灌封机设光发射及接收装置，可同时对 6 支安瓿进行充氮灌装及封口作业。自动挡时具有缺瓶止灌、高位停车及计数等功能，手动控制挡时，缺瓶时可不止灌，也可使拉丝钳或针架暂停高位。本机上方自带 100 级的空气净化装置，主机及进瓶输送带均可无级变速，选择层流保护时，当风机达到一定风量时主机才可启动及正常运行。

安瓿灌封机的工作原理是：采用直线间歇式灌装及封口，安瓿（或小瓶）通过连接板依次进入进瓶传送带、绞龙，并以间歇运动的方式被送至各个工位。5 个工位依次为：①前充气工位；②灌液工位；③后充气工位；④预热工位；⑤充气—拉丝—封口工位。在灌液工位，6 个不锈钢柱塞泵通过灌装针将药液注入安瓿，装量可通过手轮调整。在预热工位，安瓿在滚轮的作用下自转，喷嘴吹出的液化气与氧气的混合燃烧气体将其预热。在拉丝封口工位，安瓿顶部进一步受热软化，被拉丝头拉丝封口，最后被推至瓶板，送入瓶盘内。以上全部作业均处于百级层流罩的保护下完成。

2. 验证目的

① 经联动机洗瓶工序后，安瓿中微粒、微生物、内毒素下降水平应达到预定要求。

② 通过对尘粒数的测试，证明联动机层流罩下（干热灭菌及灌装机）能达到局部百级，满足生产工艺的要求。

③ 通过隧道式干热灭菌器干热灭菌程序的验证，证明该设备在设定生产工艺条件下，能稳定运行并达到预期的去热原要求。

3. 验证内容

（1）空载联动线尘粒数的测试　在风机及输送带运行条件下（不洗瓶、不加热）不同时间测定各测试点的尘粒数，每升$\geqslant 0.5\mu m$的尘粒数应小于或等于3.5粒，并无$\geqslant 5\mu m$的尘粒数。空载联动线尘粒数的测试记录如表6-7所示。

表6-7　空载联动线尘粒数的测试记录

设备名称				编　号	
洁净度级别	测定项目	测定标准/(粒·L^{-1})		测定位置	测定值/(粒·L^{-1})
100级	尘粒数	$\geqslant 0.5\mu m$	$\leqslant 3.5$		
		$\geqslant 5\mu m$	0		

（2）洗瓶及干热灭菌程序的验证

① 洗瓶验证项目　包括进水、套用水水质检查，灭菌瓶检测。洗瓶验证项目及合格标准见表6-8。

表6-8　洗瓶验证项目及合格标准

工序	取样点	测定项目	合格标准		
			澄明度	细菌数	细菌内毒素
进水	联动机进水处 0.45μm过滤前	澄明度、细菌数	符合注射剂标准	<100CFU/ml	
	联动机进水处 0.45μm过滤后	澄明度、细菌数	同上	<100CFU/ml	
	联动机套用水 储槽内过滤前	澄明度、细菌数	同上	<100CFU/ml	
	联动机套用水 储槽内过滤后	澄明度、细菌数	同上	<100CFU/ml	
洗瓶	联动机待洗瓶处	细菌数	同上	<50CFU/ml	
	联动机三洗后	澄明度、细菌数	同上	<5CFU/ml	
烘瓶	隧道烘箱出口	澄明度、细菌内毒素	同上	无菌	鲎试剂法显阴性

② 进水、套用水取样　用经清洁液浸泡洗净、无毛点注射用水冲洗3次后，再经干热灭菌的100ml具塞三角烧瓶取样。进水取样点位于联动机进水处，过滤前后分别取样；套用水取样点位于套用水储槽处，过滤前后分别取样。取样量约为取样瓶体积的2/3，盖塞

送检。

③ 安瓿取样　用灭菌镊子分别在联动机洗瓶岗位抽检待洗瓶 20 支、隧道进瓶处抽检已洗湿瓶 20 支、在灌封机进瓶处抽检干安瓿 20 支，置于无菌容器中密闭送检。

拓展知识

一、小容量注射剂产品验证

小容量注射液的生产过程包括原辅包装材料检查、配制、过滤、洗瓶、干热灭菌、灌封、产品灭菌、检漏、灯检、包装、入库等过程。一些共性作业，如洗瓶、干热灭菌不必按品种进行验证，只有特殊品种的配液、灌装、产品灭菌、在线清洗需单独制定验证方案。对于同类产品，在有代表性的产品验证完成后，其他产品不必照搬该品种的验证方案进行过多的重复性验证试验，而可根据产品的具体情况对验证方案作适当调整。黏度及溶解性相同的产品，其配制及灌装差异甚小，一般可在试生产中适当多取一些样品进行检测，看工艺过程是否与有代表性的产品一样处于良好的受控状态，应收集的数据不得少于 3 个连续批号。

1. 验证目的

通过各工序监控点测试的数据分析证明生产工艺是否能确保产品的质量。

2. 验证内容

（1）验证项目与标准　按照设定的生产工艺试生产 3 批，测定产品装量、澄明度、菌检、含量、pH 值及其他理化指标，必须符合表 6-9 各项下的可接受标准。

表 6-9　验证项目与标准

验证项目	可接受标准	验证项目	可接受标准
装量	法定标示量	含量	该品种法定标准含量
澄明度	≥98.0%	pH 值	该品种法定标准 pH 值
菌检	无菌	其他理化指标	法定标准或企业内控标准

（2）澄明度　对灭菌后产品按灯检 SOP 进行澄明度检查（表 6-10），记录缺陷品数（玻屑、色点、纤维等），统计澄明度合格率。

表 6-10　澄明度检查记录

测定日期	批号	灌封数	缺陷品			澄明度	装量	菌检
			玻屑	色点	纤维			

澄明度合格率(%)＝成品产量/(成品产量＋缺陷品)

(3) 装量　经联动机灌封并灭菌后的产品,每批次按不同灌封针头抽样6支,测其装量,每支均应达到企业内控标准。

(4) 菌检　灌封灭菌后成品按抽样程序抽样检验应为无菌。

3. 验证结果与评估

通过对试生产3批所测含量、pH值、澄明度、装量、菌检数据的统计分析,对产品验证中出现的偏差提出评估意见,经研究得出该生产工艺是否允许投入常规生产运行的结论。

二、小容量注射剂清洁验证

小容量注射剂清洁验证的目的是确认按所制定的清洁SOP操作,能达到防止交叉污染和保证注射剂质量的要求。

配液是容易产生交叉污染的工序,其相关的容器、管路、滤器、玻璃管、双嘴过滤瓶等均需清洁。这里以配液工序的清洁验证为例,说明小容量注射剂清洁验证的实施过程。

1. 清洁程序

首先用饮用水冲洗使用过的工具和管路,然后用重铬酸钾硫酸洗涤液浸泡整个表面积,浸泡时间应不低于15min,再用饮用水冲至pH值呈中性、用注射用水冲洗瓶内壁3次,取最后1次淋洗水样作为清洗效果验证的样品。

2. 清洁验证的可接受标准

本例因采用重铬酸钾硫酸液为清洁剂,其清洁能力极强,故不再检测产品的残留量,而主要控制重铬酸钾硫酸液的残留量。可接受标准确定为:重铬酸钾残留物$\leqslant 10\times 10^{-6}$,pH值与注射用水的pH值一致,杂菌数$\leqslant 25$CFU/ml,内毒素$\leqslant 0.25$EU/ml。

3. 验证的实施

(1) 取样容器的准备　取100ml具塞三角瓶先用重铬酸钾硫酸液浸渍15min后,用饮用水冲洗至pH呈中性,用注射用水冲瓶内壁及外塞共3次,每次50ml,最后在烘箱内250℃干燥1h,冷却待用。

(2) 取样　用上述已经处理的100ml具塞三角瓶,对最后一次淋洗水取样,样品共取两份,一份供化学分析,另一份供杂菌及内毒素分析。

(3) 检测方法　重铬酸钾残留物检测参照《中国药典》(2010年版)附录,用分光光度法测定重铬酸钾浓度。

(4) 验证结果　根据最终淋洗水的残留物、杂菌、内毒素均能达到预定指标,确定所制定的清洁SOP能达到预定的清洁要求,该SOP可批准用于日常生产。

项目十四　大容量注射剂生产过程验证

学习目标

【知识目标】
1. 掌握大容量注射剂的产品验证要素及评价参数。
2. 熟悉大容量注射剂的生产工艺要点。

【技能目标】
1. 能实施大容量注射剂各工序工艺验证。
2. 会制定大容量注射剂工艺验证方案。

必备知识

大容量注射剂是指供静脉滴注、装量在100ml以上、最终产品采用湿热灭菌法制备的灭菌液体制剂。大容量注射剂的容器有瓶型与袋型两种，其材质有玻璃、聚乙烯、聚丙烯、聚氯乙烯或复合膜等。本项目主要讨论玻璃瓶包装的大容量注射剂生产过程的验证。

大容量注射剂对无菌、无热原、不溶性微粒控制及高纯度的质量要求较小容量注射剂高，因此大容量注射剂的生产过程验证也较为复杂。下面主要从生产管理和质量控制、生产过程验证项目、工艺验证等几个方面讨论大容量注射剂验证的基本要求和一般程序。

一、生产管理和质量控制

1. 生产特殊要求

① 由于产品直接进入人体血液，应在生产全过程中采取各种措施防止微粒、微生物、内毒素污染，确保安全。

② 生产过程中使用的主要设备，包括灭菌设备、过滤系统、空调净化系统、制水系统均应验证，并按标准操作规程要求维修保养，实施监控。

③ 直接接触药液的设备、内包装材料、工器具（如配制罐、输送药液的管道）等的清洁规程须进行验证。

④ 当工艺或设备有重大变更时，其有效性应经过验证并需定期进行再验证。

⑤ 灭菌程序对每种类型被灭菌品的有效性应当验证，并定期进行再验证。

2. 工艺流程及环境区域划分

玻璃瓶装最终灭菌大容量注射剂工艺流程及环境区域划分见图6-5。

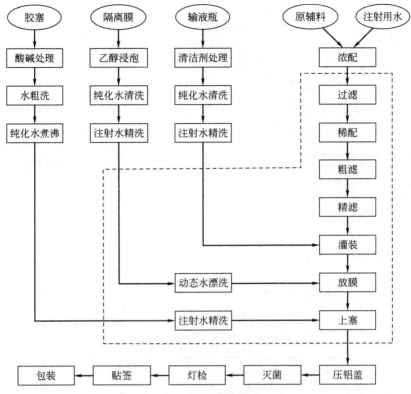

图 6-5 玻璃瓶装最终灭菌大容量注射剂工艺流程及环境区域划分

3. 质量控制要点

大容量注射剂生产的质量控制要点如表 6-11。

表 6-11 大容量注射剂生产质量控制要点

工序	质量控制点	质量控制项目	频　次①
制水	纯化水	电导率、pH 值、氯化物	2h/次
		《中国药典》全项	每周 1 次
	注射用水	pH 值、氯化物、铵盐、电导率、硫酸盐、钙盐	2h/次
		内毒素、微生物	每天 1 次
		《中国药典》全项	每周 1 次
洗瓶	过滤后纯化水	澄明度	定时/班
	过滤后注射用水	澄明度	定时/班
	洗瓶过程	水温、水压、毛刷、清洗剂浓度	定时/班
	洗净后瓶	残留水滴、淋洗水 pH 值、瓶清洁度	定时/班
配液	配制原辅料	复核	每批
	药液	主药含量、pH 值、澄明度	每批
	微孔滤膜	完整性试验	使用前后
灌封	涤纶薄膜	洗涤水澄明度、氯化物	定时/班
	灌装后半成品	药液装量、澄明度、铝盖紧密度	定时/班
	灌装后半成品	微生物污染水平	每批

续表

工序	质量控制点	质量控制项目	频　次[①]
灭菌	灭菌柜	标记、装量、排列层次、压力、温度、时间、记录	每柜
	灭菌前半成品	外壁清洁度、标记、存放区	每柜
	灭菌后半成品	外壁清洁度、标记、存放区	每柜
灯检	灯检品	澄明度	定时/班
		灯检者工号、存放区	定时/班
包装	贴签	内容、外观、使用记录	每批
	装箱	数量、装箱单、印刷内容	每批

注：① 根据验证和监控的结果调整。

二、生产过程验证工作要点

大容量注射剂生产过程验证工作包括厂房及设施、生产设备、工艺过程及人员等方面（表 6-12）。

表 6-12　大容量注射剂生产过程验证要点

内容分类	验证的对象	验证工作要点
厂房及设施	净化空调系统	高效过滤器检漏、压差、换气次数
	生产厂房	洁净度、压差、换气次数、温湿度、达到规范标准
	纯化水系统	供水能力达设计标准，水质达到《中国药典》标准
	注射用水系统	供水能力达设计标准，化学、微生物、热原及不溶性微粒达到《中国药典》标准并作澄明度检查
	灭菌冷却水	微生物、水温及供水能力
	氮气系统	纯度、微生物、微粒
生产设备	洗瓶机	洗瓶效果：最终淋洗水样的澄明度、不溶性微粒、微生物、细菌内毒素、pH值、氯化物
	洗塞机	洗塞效果：最终淋洗水样的澄明度、不溶性微粒、微生物、细菌内毒素
	配制罐	性能：搅拌、喷淋清洁的效果、升降温速度
	灌装机	速度、装量、充氮性能
	过滤设备	除菌能力、灌装前后过滤器完整性检查
	压盖设备	完整性外观检查、容器密封性检查（三指法拧盖不得有松动）
	灭菌柜	热分布、热穿透、灭菌程序是否达到设定标准
工艺过程	灭菌工艺	灭菌工艺条件（温度、时间、放置数量、排列层次）
	在线清洁	清洗消毒效果：活性成分残留量、不溶性微粒、微生物、细菌内毒素
	生产工艺变更	稳定性、化学指标均一性、澄明度、灭菌前微生物
	主要原辅料变更	对供应商质量审核、活性成分含量、稳定性、热原
人员	操作人员	培训、考核合格者上岗

三、关键设备验证

1. 洗瓶机

国内最终灭菌大容量注射剂的生产一般采用玻璃瓶清洗后直接进行灌封的工艺,因此玻璃瓶在灌装前应采取措施消除如纸质纤维、布质纤维、不溶性微粒、微生物及热原等污染物质。根据国产输液用中性玻璃瓶(以下简称输液瓶)在质量上存在洁净度较差等不足的现状,清洗工艺一般有两种选择,一种是使用低浓度碳酸氢钠或氢氧化钠作清洁剂的清洗工艺,一种是不使用清洁剂的清洗工艺。

(1) 洗瓶工艺　无论是使用清洁剂的清洗工艺还是不使用清洁剂的清洗工艺,清洗的工艺流程基本相同。清洗工艺由预洗段和精洗段两部分组成,预洗段先将空瓶去盖,用套用纯化水刷洗瓶外表面1次,然后用纯化水刷洗瓶内表面1次、淋洗1次;精洗段分别用套用注射用水(80℃)洗瓶外表面1次、内表面2次,新鲜注射用水(80℃)洗瓶外表面1次、内表面2次,最后用经 $0.22\mu m$ 级膜滤器过滤的新鲜注射用水(80℃)淋洗瓶内表面2次。为了提高成品收得率,在预洗段和精洗段之间增设人工目检,以剔除不符合要求的输液瓶。

(2) 输液瓶精洗机　洗瓶生产线往往由预洗机和精洗机组成,为了提高输液瓶清洁的环境要求,精洗机采用隧道式装置,设置层流罩,控制隧道腔室的洁净度。输液瓶进入精洗机时被倒置,先通过淋洗头淋洗,然后经除菌过滤的压缩空气来吹除瓶内外的水珠,精洗完毕的输液瓶在滴水状态下送往灌装机。这类精洗机通常跨区安装,进瓶口安装在一般控制区,清洁瓶出口处安装在万级区与灌装机传送带相连。

(3) 输液瓶精洗机的性能确认　隧道式精洗机在运行时,腔室洁净环境为B级,背景环境为C级,在进瓶口设置抽风机,洁净空气流向安排与进瓶方向相反,即由出瓶口流向进瓶口。为了确保洁净瓶免受C级环境的两次污染,必须维持腔室对C级区的正压差大于10Pa。所以,输液瓶精洗机的性能确认应包括对气流方向、压差的确认。

精洗机验证的最终目的是清洁后输液瓶的清洁度。玻璃输液瓶清洁到什么程度可认为达到要求,目前国内外尚无一个统一的标准。比较切合实际的办法是先根据经验设定一个清洁程序,让输液瓶经过完整的清洁程序清洁后,灌装适量注射用水,振摇,取水样,再按《中国药典》(2010年版)规定的输液剂质量要求进行澄明度、微生物、细菌内毒素、pH值等项检验,最后做出评价。

在评价精洗机的性能时,微生物污染水平这项指标值得重视。输液瓶在清洗过程中虽然使用了80℃注射用水进行淋洗,但仍然存在某种程度的微生物污染。这和清洗前输液瓶的成型生产、包装、储运过程中的污染状况相关,应对清洗前输液瓶的微生物污染水平及耐热性进行监控,必要时应当在清洁程序中增加灭菌/去热原措施。

2. 洗塞机

由于胶塞在产品的储存、运输甚至使用过程中和产品直接相接触,因此胶塞是导致输液剂产品污染微生物和热原的另一个潜在因素。对于最终灭菌产品而言,胶塞应当具有和输液瓶相同的高清洁要求。

胶塞分天然橡胶塞与合成橡胶塞两类。天然橡胶塞为便于成型并具有一定的理化性质而加有固化剂、塑化剂等附加剂，这些成分均可能在产品灭菌或储藏过程中溶出。氯化丁基橡胶塞、溴化丁基橡胶塞等合成胶塞是天然橡胶塞的替代品，它主要克服了天然橡胶塞需要内衬隔离薄膜的缺点，但是其成型配方中仍需添加若干填料，仍未从根本上解决溶出物污染问题。胶塞和玻璃输液瓶相比表面比较粗糙，对微生物、热原物质及其他污染物有更强的吸附力；又不能经受180℃以上干热灭菌条件达到去热原的目的；使用清洁剂等辅助手段清洗胶塞又会带来清洁剂残留的处理难题，因此胶塞的清洁程序具有其特殊性。

目前国内大都采用气流及水流搅动的漂洗方法来清洗胶塞。清洁程序为：漂洗→硅化→121℃湿热灭菌20min→无菌空气干燥→冷却。整个清洁—干燥过程由一简单的程序控制器控制。清洗时，胶塞由加料口装载，卸载时，洗塞机需倒转。清洁过程中，水、压缩空气和蒸汽均从底部送入，污水从排水口溢出，经总管内的管道排入地漏。

气流及水流搅动可使胶塞表面的污染物解吸或洗脱，使沾在胶塞表面的不溶性微粒松弛，然后被水冲走。硅化可避免胶塞溶出物污染、克服表面润滑性能差等问题，硅化、灭菌、干燥过程一体化可实现清洗程序受控。

洗塞机的验证项目应包括制水系统、湿热灭菌条件、无菌空气、干燥温度等性能确认，胶塞清洗的合格标准是干燥前的最终淋洗水应达到表6-13的标准。

表6-13 洗胶塞最终淋洗水测试项目与标准

项目	澄明度	不溶性微粒允许数		热原	菌检
		25μm	10μm		
标准	澄明度符合产品工艺要求	≤2粒/ml	≤20粒/ml	鲎试验法呈阴性	≤10CFU/100ml

3. 灌装机

灌装机是大容量注射剂生产的关键设备之一，安装确认和运行确认的内容和其他设备确认的要求相似。在设备安装确认和运行确认之后，验证的重点是确定不同装量规格的灌装速度及其装量差异可以接受的波动范围。影响灌装准确度的因素很多，如待灌装液体的黏度、温度、相对密度、溶解的气体、装量等。验证方法是通过水的模拟灌装试验和产品的灌装试验，确认产品在适当灌装速度下是否能达到预定的准确度。

4. 压盖机

输液剂的无菌保证不仅依赖于过滤、灭菌等工艺的可靠性，而且取决于产品的密封性，后者需通过加塞和压盖作业来实现。使用翻边式天然橡胶塞的输液剂压盖通常很紧密，但对于使用T形胶塞的输液剂而言，其压盖松紧度波动的范围较大，瓶口外径及瓶子高度公差范围较大时更是如此。为了改善压盖的效果，确保每一瓶产品的密封性，在验证过程中必须调整好压盖机锭子上下弹簧的压力并且在压盖作业中保持这个合适的压力范围。压力低于这个范围时，产品的密封性得不到保证；高于这个范围时，有可能造成瓶口破裂。为确保输液剂加塞压盖的质量，应对容器密封性进行检查。

压盖机的扭力矩检测数据并不能完全说明容器压盖封口的密封性。从确保输液剂无菌状态的观点来看，微生物挑战性试验是一个比较直观而行之有效的验证方法。具体的方法有气溶胶法、浸泡法等，生物指示剂可以用大肠杆菌等。

（1）气溶胶法　气溶胶法是将按正常生产条件模拟灌装无菌培养基、加塞、压铝盖的产品放置在一个装载有特定微生物的气溶胶腔室内，在一定的温度、压力和相对湿度下放置一定时间，然后检查微生物的生长情况。

（2）浸泡法　浸泡法是一种比较简便的方法。

① 取样　在常规生产条件下，用灌装线灌装150瓶无菌培养基（3%胰蛋白胨大豆肉汤），如包装规格为500ml时，每瓶的灌装量为400ml。然后将样品加塞、压盖，121℃灭菌15min。

② 菌液准备　配制一定量的3%的胰蛋白胨大豆肉汤。将此培养基倒入一只足以放置150瓶样品的容器中。再将此培养基于35℃下接种大肠杆菌，并在30~35℃下培养48h。当培养基出现混浊时，测定大肠杆菌在培养基中的浓度。

③ 试验方法　将样品浸入上述菌液中，再在该温度下培养14h。然后取出样品，分别用水及消毒剂淋洗后目检，同时再次测定大肠杆菌在培养基中的浓度。阳性对照组用样品1瓶，接种50个左右的大肠杆菌，在35℃下培养48h后观察结果。

④ 结论　检查样品中培养基是否出现混浊，并应检查出现混浊的样品瓶是否破裂。除瓶子破裂可作例外处理后，样品均不得长菌，否则按密封性试验不合格论。阳性对照组应观察到明显长菌，否则该试验无效。

拓展知识

一、大容量注射剂的产品验证

产品验证的最终目的不是简单地检验产品质量，而是通过确认产品质量，验证在设定工艺条件下产品质量的可靠性和重现性。在大容量注射剂生产工艺中，影响产品质量的关键因素是如何控制灭菌前的微生物污染以及产品的不溶性微粒污染。因此在产品验证中，应当将这些关键因素作为重要项目，列入验证计划。

1. 灭菌前的微生物污染监控

（1）监控的原因

① GMP的要求　产品灭菌前监控微生物污染是GMP的要求。世界卫生组织GMP（1992年版）规定，应制定产品灭菌前微生物污染的控制标准，并提议在可能的条件下采用无菌滤膜在灌装前过滤药液。我国药品生产质量管理规范指南（2001年版）对非无菌操作条件下生产的产品规定，每批产品必须在灌装作业前后分别取样，严格监控灭菌前微生物污染的水平。

② 产品工艺的要求　在非无菌操作条件下生产的注射剂，产品工艺要求严格控制耐热菌株污染，灭菌后的无菌保证值不仅与灭菌前产品的微生物污染程度有关，而且取决于细菌的耐热性。因此对灭菌前微生物污染的状况实施监控是对产品做无菌评价的先决条件。

③ 产品质量的要求　控制灭菌前微生物污染的程度是控制产品热原污染的重要手段。

（2）监控的标准　世界卫生组织的 GMP（1992 年版）和我国 GMP 都没有对灭菌前产品的微生物污染程度做出具体的规定。所以制药生产企业在日常生产中应积累批产品灭菌前微生物污染的数据，并以灭菌后产品污染率低于 10^{-6} 的要求及热原检查符合药典规定为最低目标，确定企业内控标准。美国 cGMP（current GMP，现行或动态药品生产管理规范）采用的标准如下。

① 每 100ml 药液中污染菌不得超过 100 个。

② 在设定的灭菌程序下，污染菌的耐热性（即 D 值）不应导致灭菌后产品的微生物污染概率大于 10^{-6}。

（3）监控方法

① 取样瓶　分别使用普通输液瓶和灭菌输液瓶，普通输液瓶是指产品灌装线上使用的清洁瓶。目的是当出现监测结果超标时，判断污染是来自生产系统（如配制系统、灌装系统及相应的在线灭菌系统）还是来自污染了的输液瓶。

② 取样方法　从每批产品灌装开始、中间及结尾各取一瓶灌封好的产品做灭菌前微生物监控检查。

③ 试验方法

a. 污染水平检查：用 $0.22\mu m$ 的无菌滤膜经灭菌的 5% 吐温充分湿润后，定量过滤药液，将此滤膜移至营养琼脂平板上，在 30～35℃ 培养 3～7d，观察污染菌数。

b. 耐热性检查：用 $0.22\mu m$ 的无菌滤膜经灭菌的 5% 吐温充分湿润后，过滤药液样品。将此滤膜转移入无菌试管中，在沸水浴上煮沸 30min，然后在硫乙醇酸盐肉汤中 30～35℃ 下培养，观察是否有耐热菌生长。

④ 讨论　当微生物污染水平超标时，应对污染菌进行鉴别，调查污染菌的来源并取相应纠正措施。当发现药液存在耐热菌污染时，应测定污染菌的 D 值或采用定时沸腾法将它和已知生物指示剂的 D 值作比较，然后根据灭菌的 F_0 值及污染菌的耐热性对产品无菌做出评价。

2. 不溶性微粒监控

《中国药典》（2010 年版）规定了 100ml 以上的静脉滴注用注射剂，每毫升中含 $10\mu m$ 以上的微粒不得超过 20 粒，含 $25\mu m$ 以上的微粒不得超过 2 粒。产品中的不溶性微粒主要来源于原辅料、容器、胶塞以及生产过程。因此监控点应包括过滤系统的完整性、胶塞和输液瓶的清洁作业、配制系统及灌装系统的清洁作业、T 形胶塞自动供塞轨道的清洁作业等。

在产品验证阶段应当制定一个合适的抽样计划，以便弄清在实际生产过程中造成不溶性微粒污染的主要因素并采取必要的纠正措施。如在检测产品澄明度时，应当对目检中观察到的各种微粒进行分类统计，以考察不同运行参数/条件对结果的影响。如回滤/内循环时间，以 40min 为好还是需要 1h；灌装线淋洗清洁一般需要多少升才能达到清洁目的等。

二、大容量注射剂的在线清洁与在线灭菌验证

在线清洁与在线灭菌是大容量注射剂生产中的共性作业。为了保证消除活性成分的交叉污染，降低不溶性微粒、微生物及热原对注射剂的污染，在线清洁与在线灭菌验证是工艺过

程验证不可或缺的组成部分。

1. 在线清洁

在一个预定的时间内,将一定温度的清洁液和淋洗液以控制的流速通过待清洁的系统循环而达到清洁目的手段称为在线清洁。在线清洁中,待清洁系统的位置不变、安装基本不变,只有局部因清洁的需要作临时性变动,清洁程序结束后,即恢复原样安装。在线清洁方式适用于灌装系统、配制系统及过滤系统等清洁,当更换批号或品种时,上述系统的清洁就显得更加重要。

(1) 在线清洁程序的确认 在线清洁往往使用专用设备,包括储罐、增压泵、自动控制阀、管路和单独的控制及监测系统。待清洁的对象不同,所需要的清洁设备也可能不同,因此应根据不同的清洁对象设计相应的清洁程序。在线清洁的验证实际上是确认清洁程序的可靠性和重现性。

下面以配液及过滤系统在线清洁的程序为例说明其清洁流程。

在线清洁时,清洁罐内的清洁液通过增压泵输送至配液罐,由配液罐顶部预置的喷淋头对全罐内壁进行淋洗,也可通过自动控制阀门实现对配液输送管路的冲洗,并按照在线清洁程序决定清洁终点。

在线清洁程序应包括确定清洁条件、选择清洁剂、设计清洁工具,并根据在线清洁过程中待监测的关键参数和条件(如时间、温度、电导、pH 值和流量)来确定监控方法及监控仪表。另外,在线清洁还涉及微生物污染方面的问题,尤其是清洁后不再作进一步消毒或灭菌的系统,应特别注意避免微生物污染的风险。

清洁剂的选择取决于待清洁设备的表面及表面污染物的性质。在大容量注射剂生产中,碳酸氢钠可作为注射剂的原料、氢氧化钠则常用来调节注射剂的 pH 值,它们兼备去污力强及易被淋洗掉的特点,因而常常成为在线清洁中首选的清洁剂。

(2) 在线清洁的合格标准 合格标准通常可以用物理指标及化学指标两个方面来表示。

① 物理标准 配制系统及灌装系统最终淋洗水的澄明度检查及不溶性微粒检查应符合《中国药典》的要求。

② 化学标准 可采用分析方法能达到的灵敏度能力、生物学活性限度等方法来确定活性成分的残留量限度,采用最终淋洗水中细菌数小于 25CFU/ml、细菌内毒素小于 25EU/ml 作为确定微生物污染限度的指标。

2. 在线灭菌

由于在线灭菌所需的拆装作业很少,容易实现自动化,从而减少操作人员因误操作所致的污染,大容量注射剂生产中管道输送线、配制柜、过滤系统、灌装系统、冻干机和制水系统等均可采用在线灭菌手段。

(1) 在线灭菌程序的确认 和在线清洁验证一样,在线灭菌验证往往也需要一些专用设备,如供汽设备、排冷凝水的设备和监控灭菌程序的设备等。在线灭菌验证的目的是确认在线灭菌程序的可靠性和重现性。

下面以配液及过滤系统在线灭菌的程序为例说明其灭菌流程。在线灭菌时,纯蒸汽发生器提供的纯蒸汽由灭菌接口进入配液系统管路和配液罐,也可通过自动控制阀门改变蒸汽走向，并按照在线灭菌程序决定灭菌终点。

在线灭菌程序的验证应首先确定在线灭菌的冷点位置，其次应说明待灭菌系统中哪些设备不宜在线灭菌，如上述配液及过滤系统中的回滤泵、循环泵是不宜进行在线灭菌的。验证中采取的相应措施是：对确定的冷点位置处设置标准热电偶监控冷点温度滞后时间，通过延长在线灭菌时间、分步灭菌等措施纠偏；回滤泵、循环泵等不宜进行在线灭菌的设备可采用改变蒸汽走向或暂时短路的方法来排除。

（2）在线灭菌设备的性能确认　设计在线灭菌验证项目时，除了在线清洁程序确认外，还应包括在线灭菌设备的性能确认、在线清洁的合格标准等内容。

在线灭菌设备的性能确认是通过设定的灭菌程序在待灭菌系统中的运行来实现的。通常可采用物理法、菌膜法或二者结合的方法。

① 物理法　将标准热电偶探点安装在各个有代表性的位置，如管路系统允许，应尽可能安装在管路内壁，在管路系统不允许的情况下，也可安放在管路外壁，但其外侧应用保温材料包扎。在略低于设定的灭菌条件（主要指灭菌温度）下运行灭菌程序，运行确认该灭菌条件下的冷点位置的 F_0 值仍能达到合格标准。

② 菌膜法　将一定浓度和耐热性的嗜热脂肪芽孢杆菌膜片放置在各个有代表性的位置，按设定的在线灭菌程序运行，然后将菌膜片取出，作无菌检查。如所有菌膜均无存活孢子，则可根据灭菌前菌膜片中嗜热脂肪芽孢杆菌的孢子数及 D 值，计算各点位置的 F_0 值；如尚有少数菌膜仍有孢子存活，则应按公式 $F_0=D(\lg N_0-\lg N)$ 计算冷点处的 F_0 值。其中 N_0 及 N 分别为灭菌前及灭菌后每片菌膜存活的孢子数。

（3）在线灭菌的合格标准

① 在线灭菌程序的 F_0 应不低于15；

② 在线灭菌程序的无菌保证值应大于6。

三、大容量注射剂在线清洁验证方案示例

1. 验证目的

某企业大容量注射剂配制和灌封生产线按清洁规程进行在线清洁后的清洁效果能稳定达到预定要求。

2. 产品与规格

设定配制和灌封生产线原来生产氨基酸注射液，后转产葡萄糖注射液。各种规格的产品中的水最难溶解物质列表如表 6-14。

表 6-14　产品中的水最难溶解物质

产　品	规　格	活性成分	水最难溶解物质
复方氨基酸注射液	5%	氨基酸	胱氨酸
复方氨基酸注射液	8%	氨基酸	胱氨酸
复方氨基酸注射液	12%	氨基酸	胱氨酸
葡萄糖注射液	5%	葡萄糖	—
葡萄糖注射液	10%	葡萄糖	—

3. 在线清洁规程

（1）适用范围　该清洁规程适用于复方氨基酸注射剂转产葡萄糖注射剂时，在线清洁配液和灌封生产线。

（2）清洁剂的选择　最初清洁剂为碳酸氢钠，最终清洁剂为注射用水。

（3）清洁时间　略。

（4）最难清洁部位　灌装头。

（5）最难清洁物质　复方氨基酸产品中胱氨酸的溶解度最小，确定为最难清洁物质。

（6）清洁的可接受标准

① 最终淋洗水中的总氨基酸浓度小于10mg/L。

② 最终淋洗水的澄明度与不溶性微粒应符合《中国药典》注射剂通则要求。

③ 最终淋洗水的微生物污染量应小于10个/100ml。

④ 特殊表面残留物浓度应小于$10\mu g/cm^2$。

4. 取样计划

① 在生产12%氨基酸注射液后按清洁规程实施清洁。

② 按取样位置图的指示用普通取样瓶、无菌取样瓶各取两瓶最终淋洗水样品，每瓶500ml。普通取样瓶样品用于总氨基酸浓度、澄明度及不溶性微粒检查，无菌取样瓶样品用于微生物污染量的检查。

③ 特殊表面取样方法　按擦拭取样位置图的指示取表面残留物样和表面微生物样。应先取微生物样，后在邻近位置取残留物样。

④ 各项取样完成后，填写取样记录表。（略）

5. 验证结论

验证试验应连续进行三次，根据样品检测结果，对照可接受标准确认在线清洁程序的可靠性和重现性。

项目十五　粉针剂生产过程验证

学习目标

【知识目标】

1. 掌握粉针剂的工艺验证要素及评价参数。
2. 熟悉粉针剂的生产工艺要点。

【技能目标】

1. 能实施粉针剂各工序工艺验证。
2. 会制定粉针剂工艺验证方案。

必备知识

水溶性灭菌制剂在一般的储存条件下药物的化学降解过程都较快,产品的有效期较短。辅酶A、注射用抑肽酶等一些酶制剂及血浆等生物制品由于其热敏性原因均不宜采用最终灭菌的工艺手段。因而需制成粉针剂。

冻干粉针剂的生产是一种较为特殊的生产过程,一个完整的冻干粉针剂生产工艺包括注射剂生产中的通用工艺,如配制、过滤、灌装、清洗、灭菌等,这些内容的验证已介绍过,因此,本项目将重点讨论冻干设备和冻干工艺的验证。

一、冻干设备的确认

冻干工艺的技术参数要求最终都是由执行该工艺过程的设备来完成的,因此在冻干工艺验证之前,应对冻干机所包括的机械设备的设计能力进行确认,确认设备的各种控制功能符合设计要求;检查并确认设备所用材质、设计、制造符合GMP要求;检查设备的文件资料齐全且符合GMP要求;检查并确认设备的安装符合生产要求,公用工程系统配套齐全且符合设计要求;确认设备的各种仪器、仪表经过校正且合格;证明各设备的运行状况、系统整体运行时的各种参数和运行的可靠性都能够满足产品工艺的要求。

1. 冻干机制冷性能的确认

冷冻是通过制冷剂在系统内的循环来实现的。制冷剂在制冷机内压缩,由气态变换为液态后进入冷凝器中,液化了的制冷剂经冷却器继续冷却,通过膨胀阀以喷雾的形式进入蒸发器,在液体转换为气体时,吸收大量的蒸发潜热而制冷,被蒸发的制冷剂又按上述方式返回到制冷机内,实现循环制冷。

在冻干工艺的不同阶段,制品冻结与干燥过程的温度通常需要在-40~50℃变化,起水分捕集作用的真空冷凝器内的温度需要始终维持在-70~-50℃,温度超过冻干工艺的控制范围时还需要再冷却,因此冻干机的制冷能力及控温能力需要通过验证来确认。

冻干机制冷性能的确认通常需在空载与模拟满载两种状态下进行。

(1) 空载运转时冷却能力的确认 空载状态下,冻干箱内的搁板或真空冷凝器降温速度的确认试验,一般安排在设备经过较大检修后进行。在进行此项确认之前,首先应检查制冷系统管路、装置有无泄漏,冷冻机试运转时各部分压力、冷却水温度是否正常,在此基础上使主冷冻机满负荷运行,对冻干箱内搁板或真空冷凝器进行冷却降温。空载状态下主冷冻机的冷却能力应达到下列参数值。

① 冻干箱搁板的降温速度:主要检查并确认板层的降温速率应符合设计要求,试验程序如下:a. 将导热油进口的温度设定为20℃,稳定一段时间(一般为10~15min);b. 空载状态下,按照冻干机使用标准操作规程操作,对搁板进行制冷;c. 记录搁板温度到20℃的时间,当温度降至-40℃时,记下时间;d. 然后连续制冷2h,记录搁板的最低温度;e. 对冻干机搁板降温速率进行评价,应符合标准要求。

② 真空冷凝器的降温能力:真空冷凝器的降温能力应能够达到低于-70℃的水平。

(2) 满载运转时冷却能力的确认 该项确认试验在空载运转状态确认后进行。首先根据正常生产品种确定冻干箱的满载量，然后在试验用平底托盘内加入相当于满载量体积的注射用水，移至冻干箱搁板上，开启主冷冻机100%功率，对冻干箱降温，测定相关降温数据。参数标准如下。

① 冻干箱搁板的降温速度　导热介质的温度从10℃降至−35℃所用时间不得超过100min；导热介质的温度从10℃降至−45℃所用时间不得超过120min。

② 真空冷凝器的降温能力　真空冷凝器的降温能力应能达到低于−55℃的水平，制品处方中如含有较多有机溶媒时，真空冷凝器应能达到低于−65℃的水平。

(3) 真空冷凝器最大捕集水分的能力确认　冻干机在安装确认时已在说明书中获悉真空冷凝器最大捕集水分的能力数据，但是由于制品的工艺条件不同、配套的公用工程条件也不一样，因此必要在更换品种或在新产品的扩大生产时，再进行最大捕集水分的能力确认。确认试验是建立在满载运转试验基础上的过载试验方法，即往平底托盘中加入超量的水，当真空冷凝器中结满冰时观察系统运行情况，然后停车，将托盘中剩余水称重，然后通过计算来确定。

2. 冻干机控温能力的确认

冻干机在制品的一次干燥阶段以及二次干燥阶段中，当导热介质温度超限时必须进行精确的补偿控制，一般要求补偿控温精度为±1.0℃。控温能力确认试验的方法与冻干机制冷性能确认类同。

(1) 板层温度均一性及温控能力验证　主要检查和确认冻干机空载运行时板层温度的均一性、温控能力应符合设计要求。

参数标准为空载运转状态下，开启电加热器100%功率，导热介质升温速度应大于25℃/h，升温幅度超过50℃，板层各点之间温差不大于±1℃，板层间平均温差不大于±1℃。

试验程序如下。

① 将测温探头紧贴在板层上的测温点，要求测温探头与板层充分接触。

② 空载状态下启动冻干机，对板层加热，进行温度均一性分布测试，每个板层温度测试点分别为五个（为每个板层的两条对角线），一次测三个测温点，调整方向后再做一次。

③ 在板层温度升到20℃（或某一个温度值）时，记录每个板层的实测温度数值。

④ 评价板层温度的均一性应符合标准要求。

(2) 满载运转时导热介质升温速度的确认　主要检查和确认板层的升温速率应符合设计要求。参数标准：首先根据正常生产品种确定冻干箱的满载量，然后在试验用平底托盘内加入相当于满载量体积的注射用水，移至冻干箱搁板上，开启电加热器100%功率，导热介质升温速度应大于20℃/h。试验程序如下。

① 满载状态下，按照冻干机使用标准操作规程操作，首先开启真空系统对前箱进行抽真空，同时对前箱进行制冷。

② 当真空度达到10Pa和板层温度达到−40℃时，启动电加热，全功率对前箱板层进行加热。

③ 记下当时的温度和时间，当温度升至20℃时，记下时间。

④ 对冻干机板层升温速率进行评价。

(3) 导热介质的控温精度确认　参数标准：在导热介质升温过程中，若按指定的控制速率升温，其温度控制精度应在±1.0℃的范围内波动。

(4) 冷凝器降温速率和最低温度验证　此项目主要检查和确认冷凝器的降温速率应符合设计要求。试验程序如下。

① 在空载状态下，按照冻干机使用标准操作规程操作，对冷凝器进行制冷。

② 记下冷凝器温度到20℃时的时间，当温度降至－40℃时，记下时间。

③ 然后连续对冷凝器制冷2h以上，记录冷凝器的最低温度。

④ 对冻干机冷凝器降温速率和极限最低温度进行评价应符合质量标准。

3. 真空系统的性能确认

冻干工艺的干燥过程，必须在冻干箱内水蒸气分压低于该温度下饱和水蒸气压的条件下运行。当冻干箱内温度在－50℃左右时，物体表面的压力需控制在4Pa以下的低真空状态，此时气体的流动呈现黏性流。为了达到4Pa以下的低真空状态，冻干机一般需配置回转真空泵和前置真空泵（罗茨泵）组成的两级真空泵机组，因为回转真空泵的抽气能力低，故作为初级真空泵，前置真空泵为二级真空泵。

(1) 真空泵抽气速率的确认　通过对真空度上升速度的测定，判断真空系统工作性能应符合设计要求。真空泵抽气速率确认的方法如下。

① 在一个大气压下，冻干箱加热至干燥状态。在开始后箱制冷的同时开启真空泵，对真空泵进行暖泵预热。

② 在后箱温度到达－45℃时，打开小蝶阀，3min后打开大蝶阀，对箱体进行抽真空处理。

③ 记录冻干箱体真空度从105Pa抽真空至133Pa压力所需的时间。

④ 继续抽真空2h，记录极限真空度。

⑤ 对抽气速率和极限真空度进行评价应符合质量标准，单位为L/min。

(2) 真空泵机组的性能确认

① 初级真空泵的单机性能　空载状态下，要求从运转开始10min内使冻干箱的压力从10^5Pa降至6.7Pa以下。

② 两级真空泵机组的性能　空载状态下，初期抽气速率应在20min内使冻干箱的压力达到13.3Pa以下，6h内使冻干箱的极限压力达到1.33Pa以下。

(3) 控压精度确认　制品在一次干燥或二次干燥阶段，均要求正确控制系统的压力。在一次干燥阶段，控制压力恒定的目的是使冰晶体匀速升华；在二次干燥阶段，控制压力的目的是强化从搁板到制品容器的热传导，以降低制品的残留水分。控压试验一般采用气体导入控制法，通过导入适量气体（空气或氮气）来平衡抽气系统的能力，恒定冻干箱内的压力。主要的确认内容是N_2（或空气）控制阀的调节能力和无菌氮气（或空气）过滤器的过滤性能。一般冻干工艺的控压精度为±3Pa。

(4) 真空系统泄漏率确认　泄漏通常是外部气体通过泄漏点进入真空系统内造成的，冻干机密封的可靠性是通过检查真空系统的总泄漏率来评价的。真空泄漏率试验的方法是：测定包括冻干箱、真空冷凝器和主要真空管路的容积,在空载状态下启动两级真空泵机组,保持冻干机的极限压力(系统压力达到1.33Pa以下)一段时间后,关闭真空冷凝器阀门,记录从关闭阀门起的3min之内,每分钟系统内压力的升高值。真空系统泄漏率的参数标准为系统内压力升高值不得大于200L·μmHg/s。

具体实施时冻干机运行确认的主要项目包括运行参数确认、冻干工艺程序确认、控制系统及安全功能测试等。其中运行参数确认的项目至少应包括冻干箱箱体内的最低压力、允许最大真空泄漏率、搁板间的最大温差、搁板的降温速度和最低温度、真空冷凝器的降温速度和最低温度等。冻干工艺程序确认的项目至少应包括干燥程序试验、在线清洗—灭菌程序试验等。

二、冻干工艺验证

冻干工艺验证的目的是在确认冻干机运行参数的基础上,冻干程序是否能始终如一地生产出符合质量要求的制品。制品的冻干工艺参数较多,验证时选择足量的关键工艺参数进行考察是较为恰当的方法。

冻干程序验证包括冻结速度、制品温度与冻干时间、冻干压力等内容,并根据上述工艺参数的变化情况评价对制品质量的影响,以便确认产品冻干工艺的适应性和重现性。

(1) 冻结速度　冻干机的制冷能力影响制品的冻结速度,并最终影响制品冻结质量。因此制品在冻结阶段的冻结速度应通过验证试验确认。

结晶性制品总是希望冻结速度不要太快,以使晶核较大,有利于形成大块冰晶体,加快升华速度。但是冻结速度太慢时结晶太大,可能造成晶核数量减少,影响制品的均匀性;相反,冻结速度太快可能使一些呈无规则网状结构的高分子药物在药液中迅速定型,有机溶剂迅速溢出,从而影响制品的复水性能。因此需要对药液的冻结速度进行验证,以确定符合制品成型工艺要求的降温速度。

(2) 制品温度与干燥时间　制品在冻干过程中的温度一般由放置于玻璃瓶内的标准热电偶来测定。制品温度虽然能够被直接测量,但它是通过搁板的温度变化间接受控的,因此验证试验应测定不同冻干阶段的搁板温度与制品温度,以及搁板的温度梯度的变化对制品温度的影响,最终确定制品温度控制范围参数,确保最终产品的质量。

制品温度的验证分为以下几个方面进行。

① 一次干燥阶段的制品温度　在一次干燥过程中,升华需要热量。理论上,传递到制品上的热量应与升华所耗热量相平衡。如果传递到制品上的热量太多,将导致制品温度明显升高,可能引起冻结制品底部熔融,使制品的热传递严重受阻,制品的水分含量偏高。反之,若热量太少,则会降低冰晶的升华速率。

理想的制品温度应能保证热量匀速地自下而上传递,干燥匀速地自上而下推进。因此,确认一次干燥阶段的制品温度必须结合对制品冻干效果的影响来验证。

② 二次干燥阶段的制品温度和干燥终点的确定　在二次干燥阶段中,制品温度逐渐上升,最后与搁板等温。如果制品升温速度较快,干燥迅速,继续干燥将会使制品接受高温的时间延长,导致制品严重分解或变色;反之,如果干燥温度或干燥时间不够,则制品中的水

分残留量超过标准。因此，该阶段验证试验的目的是确定二次干燥阶段的制品温度范围及干燥终点，还应通过验证试验确定干燥终点的方法是否合适。

确定干燥终点多采用经验法或制品水分残存量法。经验法是制品干燥过程的后期，切断冻干箱与真空泵间通道，观察冻干箱内压力改变的速度。若压力的变化速度小于 5Pa/3min 时，则确定为已达到干燥终点，该方法只能获得大致的干燥终点。制品水分残存量法是通过测定同一制品不同干燥时间的制品水分残存量来确定干燥终点的，该方法存在必须中断冻干作业取样，检验耗时较长等缺点。如果将经验法和制品水分残存量法结合起来确定干燥终点，是一种较为理想的判断方法。

③ 二次干燥阶段的真空度　冻干工艺运行的证明，二次干燥阶段的真空度应低于一次干燥阶段的真空度，原因是在较低真空度条件下，箱内可形成空气的热对流，作为搁板间接热传导的补充，有利于干燥过程的顺利进行。出于同样的原因，当制品冰层较厚时，真空度可高一些；当制品冰层较薄时，真空度可低一些。二次干燥阶段的真空度应结合制品温度一起确认。

④ 真空冷凝器的工作温度　在冻干工艺运行时，真空冷凝器是特殊意义上的真空泵，它在抽取箱体内水蒸气的同时，把水蒸气冻结成冰。真空冷凝器的工作温度和制品溶液中的有机溶媒的量有关，如乙醇的蒸汽分压比水蒸气分压还高时，其工作温度就应控制得低一些。一般在一次干燥阶段，真空冷凝器的工作温度应在 $-75 \sim -50$ ℃，正常的工作温度一般控制在 -60 ℃左右为宜，此时制品的温度大约在 $-35 \sim -10$ ℃。真空冷凝器的工作温度的验证实质上就是针对不同品种的制品，根据真空冷凝器内蒸发表面温度与仪表上测量温度，比较得出真空冷凝器的工作温度是否合适的结论。

拓展知识　冻干机的在线清洁—灭菌验证

由于冻干工艺制造的药品多为无菌产品，在整个冻干过程中，制品始终都暴露在由冻干箱与真空冷凝器组成的冻干机中。因此在制品的冻干工艺过程中，需要把冻干箱与真空冷凝器组成的冻干机作为一个无菌空间来管理。对冻干机进行清洁与灭菌是十分必要的，清洁与灭菌的有效性应通过验证来确认。

1. 冻干机的在线清洁验证

冻干机的在线清洁应根据清洁规程设定的清洗程序和清洗周期，对冻干箱和冷凝器的内表面进行清洁处理。冻干机的在线清洁方法一般采用手工清洁或自动清洁方法。一般 $5m^2$ 以上的冻干机由于体积较大，手工清洁不易操作等原因，大多采用自动清洁系统。该系统是在手工清洁作业的基础上，实施作业过程的自动控制。自动清洁是在一个预定的时间内，将清洁液或淋洗液以受控的流速通过干燥箱箱体和真空冷凝器进行循环冲洗。日常清洁维护时取最后一次淋洗水水样检验清洁剂残留量，并对清洗表面做擦拭试验，目测检查有无可见异物。

2. 冻干机在线灭菌验证

冻干机的在线灭菌一般采用饱和蒸汽灭菌和环氧乙烷气体灭菌等方法。

饱和蒸汽灭菌条件设定为121℃、绝对压力 $2.05×10^5$ Pa。其验证可采用湿热灭菌工艺的验证方法进行，主要验证方法有热分布试验和生物指示剂验证试验等。其热分布试验为空载热分布，且增加箱内的标准热电偶探头数目，其总数应在10~20个，固定在箱内的不同位置。按121℃、15min的灭菌条件连续灭菌3次，确定"冷点"位置，且冷点与各测温点的平均温差应小于±2.5℃。生物指示剂试验是在热分布试验的基础上，将装有 10^6 个嗜热脂肪芽孢杆菌的密封安瓿10~20个，放置于冻干箱内各层搁板上的指定位置，其中包括冷点位置，然后按121℃、15min的灭菌条件进行蒸汽灭菌。灭菌结束后按照《中国药典》规定的"无菌检查法"对样品进行无菌检查，结果为阴性则确认灭菌完全；如为阳性则需查找原因，调整灭菌程序，适当延长灭菌时间，重新进行验证试验。

环氧乙烷混合气体灭菌也可作为冻干机的在线灭菌方法。环氧乙烷属高效灭菌剂，具有杀菌谱广、灭菌能力强的特点，对微生物的繁殖体、细菌芽孢有较强的杀灭效果。但环氧乙烷具可燃性，当与空气混合时，其中空气含量达2.0%（V/V）则易引起爆炸。关于环氧乙烷的灭菌程序、灭菌装置的性能确认等内容已有阐述，下面主要讨论环氧乙烷灭菌机灭菌自控程序的可靠性验证。

（1）典型灭菌自控程序　将冻干系统内的真空度调节至 $8×10^5$ Pa，以避免灭菌过程中有毒气体外逸；然后用注射用水润湿冻干箱和真空冷凝器，放置10min左右，保持相对湿度在（60±10）%；充入环氧乙烷混合气体，灭菌90min；最后用新鲜的无菌空气置换冻干机内的环氧乙烷混合气体，观察并记录每一个步骤和仪器仪表运行状况。试验应进行3次，然后对环氧乙烷灭菌机的自控程序的可靠性做出评价。

（2）灭菌自控程序的可靠性评价　一般用生物指示剂验证试验进行可靠性评价。灭菌前，在冻干箱内各层搁板的指定位置和真空冷凝器内的适当位置放置盛有菌膜的培养皿，每个培养皿盛有两片菌膜，每片菌膜含有 $1×10^6$ 个枯草芽孢杆菌（如NCTC 10073、ATCC 9372），并放入经过校验、带记录装置的温湿度计。灭菌完成后，从冻干箱和真空冷凝器内取出培养皿密封送检，将其中一片菌膜做无菌检查，以判别枯草芽孢杆菌灭活的情况。若无菌检查呈阳性结果时，应取另一片做微生物计数试验，以检查菌膜片中的细菌残存数目；若无菌检查呈阴性结果，则说明灭菌完全，微生物计数检查可以不做。验证合格标准参见《中国药典》（2010年版）附录。

任务七 药物质量分析方法的验证

项目十六 检验方法的验证

【学习目标】

【知识目标】
1. 掌握检验方法验证的常用术语。
2. 熟悉检验方法验证的主要内容。
3. 了解检验方法验证的来源。

【技能目标】
1. 能说出各种常用术语的定义。
2. 会进行检验方法的验证。

必备知识

在药品的生产过程中，原料、中间体、成品均需进行检验，检验结果既说明了过程受控，也作为评价产品质量的重要依据，检验结果应准确可靠。而检验方法的验证为检验结果的准确及可靠提供了有力保障。药品质量标准分析方法验证的目的是证明采用的方法适用于相应的检测要求。方法验证是一个实验室研究过程，通过实验数据，证明所用的试验方法准确、灵敏、专属和重现。

国内外在检验方法的验证方面已有了许多法规、规定。如美国 FDA 1994 年 11 月公布了《色谱方法的验证》(validation of chromatographic methods)；1987 年 2 月公布新品注册相关的《送样及上报检验方法验证资料指南》(guidance for submitting samples and analytical data for methods validation)；人用药品注册技术要求国际互认协会（ICH）1995 年 3 月颁布了《分析方法的验证》(text on validation of analytical procedures)，规定了需进行验证的方法的种类和应考察的项目，还对分析方法、专属性、准确度、精密度、重现性作出明确定义,从而统一了各国药典和法规对这些术语的解释;作为对《分析方法的验证》的补充、扩展。《中国药典》(2010 年版)附录ⅩⅨ A 规定了《药品质量标准分析方法验证指导原则》。以上均为实施检验方法验证的重要依据。

2010 版 GMP 中对此作了如下规定。

第二章第三节第十二条"检验方法应当经过验证或确认"。

第七章第一百三十九条"企业的厂房、设施、设备和检验仪器应当经过确认,应当采用经过验证的生产工艺、操作规程和检验方法进行生产、操作和检验,并保持持续的验证状态"。

一、检验方法验证的意义

检验方法的验证是质量保证体系的重要组成部分,它的必要性至少可从以下 4 个方面来认识。

1. 药品标准的建立和执行需要经验证的检验方法

众所周知,药品标准由两部分基本内容组成:一是项目的规格标准或限度;二是相应的检验方法和操作步骤。新品开发建立的药品质量标准必须同时包括这两个方面的内容。只有项目的规格标准或限度,没有具备一定准确度、精密度和重现性的检验方法、操作步骤,就不成其为药品质量标准。对于现行版药典收载品种的质量标准,我国 2010 年版药典二部"凡例"第二十三条有明确规定"本版药典正文收载的所有品种,均应按规定的方法进行检验;如采用其他方法,应将该方法与规定的方法做比较试验,根据试验结果掌握使用,但在仲裁时仍以本版药典规定的方法为准。"这里所说的与规定方法的比较试验,其实际含义即是用其他方法进行分析时,必须对该方法进行验证并确认该方法可靠准确时方能使用。

2. 工艺过程的监控需要经验证检验方法

从质量保证的观点出发,厂房、设备、工艺经过验证投入正常运行后,应当对已验证过的状态进行监控。这种监控包括以下方面。

(1) 工艺环境　例如,冻干制及粉针无菌分装区洁净级别的监控。

(2) 生产作业　如无菌过滤器使用前后的完好性检查;又如对输液产品而言,能综合反映工艺环境、生产作业、人员个人卫生等状况的灭菌前药液含菌量的监控。

(3) 介质　如氮气的纯度控制、生产用水的质量控制。

(4) 原料和辅料的质量监控　如药用级大豆油中脂肪酸组分的测定;气雾剂生产用的氟利昂中水分的检查;某些原料晶型的检查以及往往被忽视的原辅料细度的检查等。

另外,成品检验结果的统计分析可用于证明已验证工艺的受控状态,如一些固体制剂含量均匀度检查、含量测定、溶出度测定、崩解时限、注射剂的澄明度等都能从某个方面反映工艺过程的受控状态。所有这些都离不开检查方法,没有经过验证的、可靠的检验方法,药品质量保证将是一句空话。

3. 药品的商业交换需要经验证的检验方法

药品的商业交换需要验证的检验方法是不言而喻的,生产单位的检验结果与使用单位或监控管理部门的检验结果应在允许范围之内。如抗生素、肝素钠的商业交换以效价为单位结算费用，如果检验结果不准确，不仅可能带来经济上的损失，更重要的是影响到企业的信誉。

由于方法没有验证，厂方自己的内控方法没有和法定的方法进行验证和对照，供需双方检验结果不一致，引起纠葛，甚至导致客户大批退货事件的发生也是不足为怪的。总之，法定的、经过验证的方法是药品进行商业交换的必要条件。

4. 药品生产验证需要经验证的检验方法

药品生产验证中不论何种剂型都涉及检验方法的检验。分析检验工作通常被人们比作一个人的眼睛，通过分析检验才能对药品质量作出判断。如果检验方法没有经过检验，在准确性和重现性上存在问题，无论如何进行检验都是徒劳的，对药品质量的评价是盲目的。药品生产验证中使用的检验方法应经过验证后方能使用。

为确保工艺的可靠性和重现性，工艺必须验证；同样，为确保检验方法的准确性和重现性，检验方法同样必须进行验证。除了新建立的质量标准需经验证，在药品生产工艺变更、制剂组分变更、原分析方法进行修订时，检验方法也需进行验证。

二、方法验证的前提条件

方法验证应符合以下几个前提条件。
（1）仪器　已经过校验且在有效期内。
（2）人员　人员应经过充分的培训，熟悉方法及所使用的仪器。
（3）参照品　参照品的来源一般有 3 个：购自法定机构（如中国生物制品检定所）的法定参照品；购自可靠的供应商，如 Sigma，Merck 等；自备参照品，其纯度和性能可自行检测或由法定检验机构检测。
（4）材料　所用材料，包括试剂、实验用容器等，均应符合试验要求，不给实验带来污染、误差。如进行高效液相色谱分析时，所用试剂应为色谱级；检查铁盐时使用的盐酸不得含有铁盐等。
（5）稳定性　应在开始进行方法验证前考察试验溶液和试剂的稳定性，确保在检验周期内试验溶液和试剂是稳定的。使用自动进样器，一般是预先配制好一系列样品溶液置进样器中，依次进样。这时要确保进样周期内样品溶液是稳定的。

随着科学技术的发展，仪器分析在检验方法中所占的比例越来越大。为保证分析数据的可靠性，仪器的确认也就显得越来越重要。仪器的确认一般分为安装确认、运行确认、性能确认、预防性维修和再确认 5 个方面。

三、检验方法验证的内容

1. 检验仪器的确认

检验仪器是一统称，它实际分为两类。一类是测量仪器，只进行测量，不涉及分析过程。如计时器、温度计、天平、pH 计、分光光度计、HPLC 中的检测器等。计量仪器如容量瓶、移液管、滴定管等通常也归入此类。另一类是分析仪器，它不仅进行测量，还有一分析过程。如 HPLC 系统，它先将样品组分进行分离，然后再用检测器进行检测。测量仪器只需进行安装确认和校正，无需进行其他确认步骤。分析仪器的确认一般分为安装确认、运行确认、性能确认、预防性维修和再确认 5 个方面。

2. 检验方法的验证内容

需验证的分析项目有鉴别试验、杂质定量检查或限度检查、原料药或制剂中有效成分含量测定，制剂中其他成分（如防腐剂）的测定。药品溶出度、释放度等检查中，如溶出量测试方法不同于含量测定方法，也应另做必要的验证。验证内容有准确度、精密度（包括重复性、中间精密度和重现性）、专属性、检测限、定量限、线性和耐用性。视具体方法拟定验证的内容，见表 7-1。

表 7-1　检验项目和验证内容

验证项目	定量分析	杂质测定		溶出度或释放度	鉴别
		定量	限度检查		
准确度	＋	＋	＊	＊	－
精密度	＋	＋	－	＋	－
专属性	＋	＋	＋	＊	＋
检测限	－	－	＋	＊	－
定量限	－	＋	－	＊	－
线性	＋	＋	－	＊	－
范围	＋	＋	＊	＊	－

注："＋"表示作要求；"－"表示不作要求；"＊"表示需根据实验特性决定是否作要求。

(1) 准确度　准确度是指用该方法测定的结果与真实值接近的程度，一般用回收率表示。准确度的测定至少要取方法范围内的 3 个浓度级别，每个浓度级别至少要测定 3 次。如某方法的范围是 80%～120%，则应取 80%、100%、120% 3 个浓度，每个浓度测定 3 次，计算 9 个测定结果的回收率及相对标准偏差，回收率及相对标准偏差均应在规定限度之内。

① 原料药含量分析　可通过分析已知纯度的对照品或样品进行测定；用本法所得结果与另一已验证的方法所得结果进行比较。

② 制剂中各组分的含量分析　按制剂处方取适量各组分进行有机混合得一混合物进行测定，从而确定方法的准确度。若不可能得到处方中所有组分，可往制剂中加入已知量的被分析物进行测定；另一方法是把此方法的分析结果与另一已建立准确度的方法的分析结果进行比较。

③ 杂质的定量分析　往样品中加入已知量的杂质进行测定；若不可能得到某种杂质或降解产物，可把此方法的分析结果与另一已验证的方法的结果进行比较来确定。杂质的量可用杂质与主药响应值的比值来表示。

(2) 精密度　精密度指在规定的测试条件下，同一个均匀样品，经多次取样测定所得结果之间的接近程度。精密度一般用偏差、标准偏差或相对标准偏差（变异系数）表示。精密度又分为重复性、中间精密度、重现性 3 类。在相同条件下，由同一分析人员测定所得结果的精密度称为重复性；在同一实验室，不同时间由不同分析员用不同设备测定结果的精密度，称为中间精密度；在不同实验室由不同分析人员测定结果的精密度，称为重现性。

① 重复性　方法重复性的确定至少要取方法范围内的 3 个浓度级别，每个浓度级别至少要测定 3 次；或取 100%的样品浓度至少测定 6 次。应自样品制备开始制备 6 份样品溶液，所得结果的相对标准偏差即为方法重复性。自动进样器重复性的测试，一般取同一样品溶液至少重复进样 10 次，其相对标准偏差不应大于 1%。

② 中间精密度　中间精密度主要是为考察随机变动因素（如时间、人员、设备等）对精密度的影响，但不必对每个可能的影响因素进行单个的考察，可设计方案对其进行统一考察。色谱分析方法由于受外界因素的影响较大，故一般需考察中间精密度，至少应在两种不同条件下进行考察（如不同时间，更换实验人员等）。

③ 重现性　一般实验室不进行此项考察，只有当分析方法将被法定标准采用时，才进行重现性试验。建立药典分析方法时常需通过协同检查得出重现性的结果。如紫外分光光度法中吸收系数 $\Sigma 1\% 1cm$ 的确定，需通过 5 个以上实验室分析，测定结果符合数理统计要求，才能采纳使用收入标准。

准确度和精密度之间没有必然的联系。测量的精密度不能说明测量值与真值的关系，精密的测量值不一定是准确的，因为引起测量值远离真值的误差可能会对一系列的测量发生同样的影响，而不影响精密度，这即是系统误差的概念。

（3）专属性　专属性系指在其他成分（如杂质、降解产物、辅料等）可能存在下，采用的方法能准确测定出被测物的特性。

对于鉴别试验，应证明当样品中含有被分析物时呈正反应，当不含被分析物时呈（阴性）负反应。必要时，需证明与被分析物结构相似或相近的物质均不呈正反应。

对于杂质的测定，一般取含一定杂质量的样品进行分析，证明此杂质测定其具有适宜的准确度和精密度即可。

对于含量分析，可通过加入一定量的杂质或赋形剂至样品中，通过分析证明结果不受影响。若杂质或降解产物为未知物，可将样品用强光照射、高温、高湿、酸碱水解或氧化的方法进行加速破坏，而后将此样品进行分析，将分析结果与另一个经验证的方法或法定方法的结果进行比较。含量测定应比较两方法的分析结果，杂质测定若有色谱图，则应对比杂质峰的形状。

（4）检测限指样品中被测物能被检测出的最低量

① 非仪器分析目视法　通过用已知浓度的样品分析来确定可检出的最低水平作为检测限。

② 仪器分析方法　可以非仪器分析所用的目视法来确定检测限，也可用已知浓度的样品与空白试验对照，以信噪比为 2∶1 或 3∶1 来确定检测限的最低水平。不论用哪种方法，均需制备相应检测限浓度的样品，反复测试来确定。

（5）定量限　定量限系指样品中被测物能被定量测定的最低量，其测定结果应具一定准确度和精密度。

杂质和降解产物用定量测定方法研究时，应确定定量限。

① 非仪器分析方法　与检测限的非仪器分析方法所用方法相同，只是所得结果需符合一定的准确度和精密度要求。

② 仪器分析方法　一般以信噪比为 10∶1 时相应的浓度作为定量限的估计值，然后配

制相应定量限浓度的样品，反复测试来进行确定。

（6）线性　线性指在设计的范围内，测试结果与试样中被测物浓度直接呈正比关系的程序。应在规定的范围内测定线性关系。可用一储备液精密稀释或分别精密称样，制备一系列的供试品（至少5份不同浓度的供试品）进行测定。以测得的响应信号作为被测物浓度的函数线性回归，求出回归方程及相关系数。

（7）范围　范围指能达到一定精密度、准确度和线性，测试方法适用的高低限浓度或量的区间。分析方法的范围应根据具体分析方法以及对线性、准确度、精密度的结果和要求确定。无特殊要求时，通常采用以下标准。

① 对于原料药和制剂的含量测定，范围应为测试浓度的80%～120%。

② 杂质测定，范围应为测试浓度的50%～120%。

③ 含量均匀度，范围应为测试浓度的70%～130%，根据某些剂型的特点（如气雾剂），此范围可适当放宽。

④ 溶出度范围应为标准规定范围的±20%。如某一剂型的溶出度规定，1h后溶出度不得小于20%，24h后溶出度不得小于90%，则考察此剂型的溶出度范围应为0～110%。

⑤ 若含量测定与杂质检查同时测定，用百分归一化法，则线性范围应为杂质规定限度的—20%至含量限度的20%。

（8）粗放性　分析方法的粗放性（ruggedness）指在不同实验条件下（如不同实验室、不同实验员、不同仪器、不同批的试剂、不同的分析温度、不同时间等）对同一样品进行分析所得结果重现性。此实验条件应仍在方法规定的限度内。将在不同实验条件下所得结果的重现性与方法的重复性进行比较，来衡量分析方法的粗放性。

（9）耐用性　耐用性（robustness）指测定条件有小的变动时，测定结果不受影响的承受程度。典型的变动因素有：被测溶液的稳定性、样品提取次数、时间等。液相色谱法中典型的变动因素有：流动相的组成和pH值、不同厂牌或不同批号的同类型色谱柱、柱温、流速等。气相色谱法变动因素有：不同厂牌或批号的色谱柱、固定相、柱温、进样器和检测器温度等。如果测试条件要求比较苛刻，则应在方法中写明。

拓展知识　　检验方法验证过程

1. 验证方案的制定

检验方法的验证方案通常由研究开发实验室提出，由质检实验室会签。没有开发实验室的药厂应由质检实验室负责方法开发的人员或其他有经验的技术人员起草。根据产品的工艺条件、原辅料化学结构、中间体、分解产物查阅有关资料，提出需验证的项目、各项目的指标要求及具体的操作步骤。最后经有关人员审批后方可实施。

2. 验证的实施

应由有一定理论知识和操作经验的实验室操作人员进行验证。实验室操作人员在接收到已经批准的验证方案后，首先应进行做好以下准备工作。

① 检查所涉及的仪器是否经确认并在有效期内。

② 检查所涉及的参照品是否齐全并在有效期内。
③ 检查所用容器、试剂等都符合实验要求。
④ 检查样品溶液是否稳定,若不稳定则需首先确认样品溶液的有效期,或采用新鲜配制的方法。

准备工作结束后,即可根据验证方案中规定的项目及方法进行验证,得出实验结果。所记录的实验结果应能真实反映实验情况。每个结果后均应有操作人员签名确定,必要时须由第二个人复核。

3. 验证报告

方法验证结束后,应由方法开发人员写出验证报告,将试验数据资料进行汇总分析,对检验方法作出正确的评价。验证报告需包括实验目的、验证要求、所用仪器名称、品牌及设定条件、所用试剂、具体操作方法、结果及结论。试验中的主要偏差应有适当的解释。原始记录及图谱应附在报告后。报告需由实验室操作人员、方法开发人员签字确认,最后经部门负责人批准方可生效。

4. 经验证的检验方法

检验方法验证的最终产物是一个经过验证的方法。方法验证结束后,此方法可正式批准,投入日常使用。

实践内容　　检验方法的验证方案制定

【实践目的】
1. 熟悉检验方法的验证适用的情况。
2. 熟悉检验方法验证的具体项目。
3. 掌握各种检验方法需做的对应的验证项目。

【实践场地】
教室。

【实践内容】
选取本课程及其他并行课程中涉及的一种或几种检验方法,进行验证方案的制定。

【实践要求】
说明检验方法的具体过程,明确该方法需采取的具体项目及具体实施方案。

参 考 文 献

［1］ 国家食品药品监督管理局药品安全监管司，国家食品药品监督管理局药品认证管理中心组织．药品生产验证指南．北京：化学工业出版社，2003．
［2］ 国家药典委员会．中华人民共和国药典（二部）．北京：中国医药科技出版社，2010．
［3］ 国家食品药品监督管理局药品认证管理中心．药品 GMP 指南．北京：中国医药科技出版社，2011．
［4］ 何国强主编．制药工艺验证实施手册．北京：化学工业出版社，2012．
［5］ 徐文强，杨文沛主编．药品生产过程验证．北京：中国医药科技出版社，2008．
［6］ 徐荣周，缪立德，薛大权，夏鸿林主编．药物制剂生产工艺与注解．北京：化学工业出版社，2008．
［7］ 胡英，夏晓静主编．药物制剂综合实训教程．北京：化学工业出版社，2014．
［8］ Destin A. LeBlanc. Validated Cleaning Technologies for Pharmaceutical Manufacturing. CRC Press Incorporation，2000．